ID 2020
마지막 구원 열차

저자 이 형 조

도발리즘의 주요 리더는 클라우스 슈밥이 설립한 세계경제포럼이다. 그는 그들의 모든 목적을 가진 '회전 바퀴'를 만들었다. 그 위에서 우리는 다음의 세 가지 '프로젝트'를 볼 수 있다. Covid19에 이어 Global Governance, 그리고 Internet Governance가 그 뒤를 이었습니다.

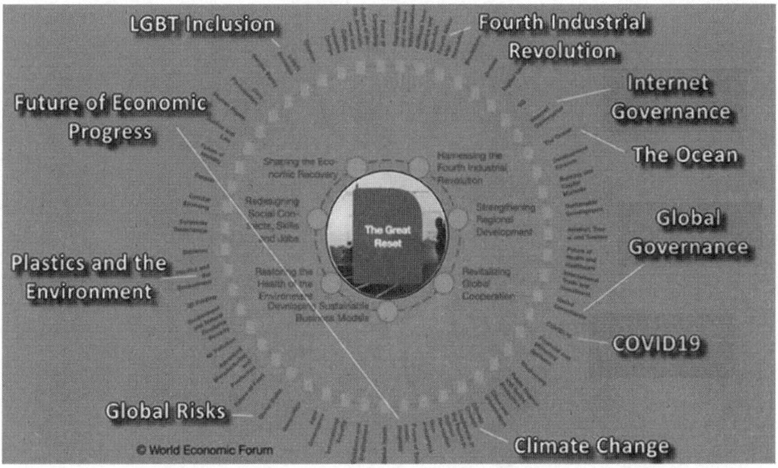

클라우스 슈밥이 이끄는 세계경제포럼(WEF)이 계획한 세계 리셋 과정
코비드19-세계정치정부-세계디지털정부-4차산업혁명완성-공산주의 유토피아

"그리스도가 나타나게 하고 그리스도에게 오게 하라"
-세계제자훈련원-

마지막 구원 열차 티켓 선물

ID2020이란 무엇인가?

유엔이 2030년까지 지구상에 있는 모든 사람들에게 디지털 신원을 제공하자는 UN 2030 지속가능개발목표(SDG)를 실현하기 위해 민간부문과 공공부문이 파트너십 형태로 구성한 컨소시엄을 말한다. 이 프로젝트는 블록체인을 이용하여 세계 15억 명의 난민들과 개발도상 국가 저소득민들에게 현재 거주지에서 기본적인 교육 및 의료 서비스를 받게 하기 위해 자신의 신분을 증명할 수 있는 서류를 가질 수 있게 하는 것을 목표로 하고 있다. 원래 디지털 화폐인 비트코인의 거래 원장 작성을 위해 개발된 블록체인이란 기술을 사용하여 디지털 신분증 속에 암호 디지털 화폐, 신분증의 고유번호, 원격의료 시스템, 위치추적, 생체리듬 정보 전달 장치 등이 포함된다. 협력업체는 록펠러 재단, 마이크로소프트, 세계백신면역연합(GAVI), 직원 수 50만 명을 자랑하는 세계적인 다국적 기업 액센츄어(Accenture), 그리고 세계적인 미국의 디자인 회사 아이데오(IDEO.ORG), 월드뱅크 등 40개 이상의 다국적 기업들이 포함되어 있다.

2017년 6월 19일 뉴욕 UN 본부에서 열린 ID2020 2차 정상회담에서 시제품 시연회를 가졌다. 코비드-19와 함께 추진되고 있는 세계보건면역여권 프로그램이 ID2020속에 추가되고 있다. ID2020 사업을 총괄하는 사람이 바로 빌 게이츠이다. 세계적인 대형 제약회사 빅 파마(Big Pharma)는 기술 산업과 공식적으로 제휴하여 디지털 생체 인식과 면역화를 결합하고 있는데, 이는 곧 인간이 전(全) 지구적인 식별 매트릭스를 통해 생체 인식 마이크로칩이 이식되고, 이를 통해 추적과 통제를 병행하게 될 것이라는 것을 의미한다. 2015년 9월 UN 총회에서 채택한 "2030 Agenda"에는 UN이 지향하는 5대 가치인 ①사람(People), ②지구 환경(Planet), ③경제 발전(Prosperity), ④평화(peace), ⑤파트너십(Partnership)과 이를 이행하기 위한 수단인 개발재원에 대한 논의가 포함되어 있다.

바야흐로 세상은 성경에서 언급하고 있는 마지막 심판인 "The Day"를 향하여 빠른 속도로 가고 있다. 이제 우리 성도는 마지막 구원열차를 타고 천년왕국을 향해서 출발할 때가 되었다. 이 책이 마지막 구원열차에 승차할 수 있는 티켓을 서로 주고 받을 수 있는 선물이 되기 바란다.

년　　월　　일

________________에게 선물로 드립니다.

ID2020 기술 자문인 사임

2020년 5월 29일 ID2020 기술자문인 엘리자베스 르니에리스 하버드 대학 버크만 클라인 센터에서 근무하는 연구원이자 국경을 넘나드는 데이터 보호와 프라이버시 분야의 전문가가 사임을 발표했다. 그가 사임을 할 수밖에 없는 이유는 다음과 같다.

"불투명성, 기술만능주의, 기관의 영향력, 코비드-19 면역 증서에 블록체인을 적용함으로써 발생하는 리스크, 정부에서 블록체인 기반 코비드-19 면역 증서나 면역 여권을 ID2020에 채택하면 시민들의 인권과 자유에 심각한 문제를 초래할 것이다."

-엘리자베스 르니에리스-

팬데믹으로 인한 프라이버시 침해와 관련한 르니에리스의 우려는 2020년 4월 중순에 발간된 백서에도 나타나 있다. 르니에리스는 바이러스에 항체가 있다는 것을 증명하는 면역 증서 도입이 사람들의 프라이버시, 집회 결사 및 이동의 자유를 침해할 수 있다고 주장했다.

WHO 면역 증서와 디지털 보건 여권

면역 여권이나 증서는 코비드-19 항체 검사에서 양성이 나오면 개인이 받을 수 있는 디지털 또는 물리적인 문서다. 병을 겪고 나서 항체가 생기면 어느 정도 면역력이 생긴다. 그러나 코비드-19에도 항체의 효과가 있는지, 면역이 얼마나 오래 지속하는지는 아직 연구 단계에 있다. 면역 여권은 사람들이 직장으로 돌아가고 더 큰 이동의 자유를 누릴 수 있게 해줄 수 있다. 2020년 4월 말 세계보건기구(WHO)는 면역 여권에 관해 "코비드-19에 감염된 후 완치 판정을 받고 항체를 보유한 사람들이 다시 감염되지 않는다는 증거는 아직 없다"고 경고한 바 있다. 그러나 이스라엘과 칠레 같은 국가와 수많은 국가에서 경제를 활성화시키기 위해 WHO의 경고를 무시하고 증서를 도입하겠다고 밝혔다. 심지어 유엔의 ID2020 프로젝트조차도 세계인들이 사용할 수 있는 통일된 디지털 보건면역여권을 준비하고 있다.

마지막 때 되어질 일들이 준비되고 있다

"저가 권세를 받아 그 짐승의 우상에게 생기를 주어 그 짐승의 우상으로 말하게 하고 또 짐승의 우상에게 경배하지 아니하는 자는 몇 이든지 다 죽이게 하더라 저가 모든 자 곧 작은 자나 큰 자나 부자나 빈궁한 자나 자유한 자나 종들로 그 오른손에나 이마에 표를 받게 하고 누구든지 이 표를 가진 자 외에는 매매를 못하게 하니 이 표는 곧 짐승의 이름이나 그 이름의 수라 지혜가 여기 있으니 총명 있는 자는 그 짐승의 수를 세어 보라 그 수는 사람의 수니 육백 육십 륙이니라"(계13:15-18)

"너희는 스스로 조심하라 그렇지 않으면 방탕함과 술취함과 생활의 염려로 마음이 둔하여지고 뜻밖에 그 날이 덫과 같이 너희에게 임하리라 이 날은 온 지구상에 거하는 모든 사람에게 임하리라 이러므로 너희는 장차 올 이 모든 일을 능히 피하고 인자 앞에 서도록 항상 기도하며 깨어 있으라 하시니라" (눅21:34-36)

"그러므로 너희가 선지자 다니엘의 말한바 멸망의 가증한 것이 거룩한 곳에 선 것을 보거든 (읽는 자는 깨달을찐저) 그 때에 유대에 있는 자들은 산으로 도망할찌어다 지붕 위에 있는 자는 집안에 있는 물건을 가질러 내려 가지 말며 밭에 있는 자는 겉옷을 가질러 뒤로 돌이키지 말찌어다 거짓 그리스도들과 거짓 선지자들이 일어나 큰 표적과 기사를 보이어 할 수만 있으면 택하신 자들도 미혹하게 하리라 보라 내가 너희에게 미리 말하였노라 그러면 사람들이 너희에게 말하되 보라 그리스도가 광야에 있다 하여도 나가지 말고 보라 골방에 있다 하여도 믿지 말라 번개가 동편에서 나서 서편까지 번쩍임 같이 인자의 임함도 그러하리라" (마24:15-16)

성경은 이미 마지막 심판 때 지구상에 거하는 모든 사람들이 받을 시험에 대하여 기록하고 있다. 전염병, 666이란 디지털 신분증을 통한 매매, 전쟁 그리고 예루살렘 성전 건축과 그곳에서의 배도가 곧 세상의 마지막 심판 시대라고 하였다. 코비드-19를 통해서 시작된 신세계질서는 예수님이 심판하실 마지막 적그리스도의 나라이다.

프롤로그(Prologue)

"코비드-19" 하나님의 마지막 심판의 시작인가?

2000년 전에 예언한 하나님의 심판

"알지 못하던 시대에는 하나님이 허물치 아니하셨거니와 이제는 어디든지 사람을 다 명하사 회개하라 하셨으니 이는 정하신 사람으로 하여금 천하를 공의로 심판할 날을 작정하시고 이에 저를 죽은 자 가운데서 다시 살리신 것으로 모든 사람에게 믿을만한 증거를 주셨음이니라 하니라"(행17:30-31)

사도 바울은 2000년 전에 아테네에서 전도를 하면서 하나님께서는 천하를 공의로 심판할 날을 정하시고 예수님을 보내사 다 회개하라 명하셨다고 선포를 하고 있다. 성경은 이 복음이 땅끝까지 전파되면 그런 심판이 있을 것을 예언한다.

코비드-19는 하나님의 마지막 심판인가? 과연 하나님은 코비드-19를 통해서 인류의 심판을 시작하셨는가? 이 질문은 우리 모두에게 아주 중요한 것이다. 만약 이 질문이 사실이라면 우리는 이 시대를 어떻게 살아야 하는가? 과연 지금까지 살아 왔던 라이프 스타일을 어떻게 바꾸어야 하는가? 이것이 이 책을 쓰게 된 목적이다.

하나님의 심판인 코비드-19

코비드-19는 하나님의 심판의 시작이 맞다. 그 이유는 다음과 같다.

"다니엘아 마지막 때까지 이 말을 간수하고 이 글을 봉함하라 많은 사람이 빨리 왕래하며 지식이 더하리라"(단12:4)

하나님께서는 다니엘에게 세상 마지막에 있을 심판에 대한 70이레 비밀을 가르쳐 주시고 그 책을 인봉하라고 하셨다. 그리고 그 인봉이 떼어져 심판이 시작될 때 있을 두 가지 사건을 말씀하셨는데 하나는 많은 사람이 빨리 왕래하고 또 하나는 지식이 더할 것이라고 하셨다. 많은 사람이 빨리 왕래 한다는 것은 대중교통 수단의 초음속화이고, 지식이 더한다고 하는 것은 지식과 정보화시대의 도래를 말한다. 만일 코비드-19가 18세기에 일어났다면 이렇게 세상 모든 곳으로 순식간에 확산 될 수 있었을까? 코비드 19는 발병 한 달 만에 전 세계로 확산되었다. 그 이유는 다니엘이 예언한 대중교통 수단과 지식과 정보화시대가 열렸기 때문이다. 팬데믹이란 전 세계적으로 확산된 전염병이란 뜻이다.

성경은 이미 하나님의 마지막 심판은 지구상에 거하는 모든 사람들에게 임할 것을 말씀하고 있다. 지구상에 거하는 모든 이들에게 전염이 되고 이를 알리기 위해서는 대중교통 수단과 지식과 정보화시대가 열려야 하는 것이다. 이것이 바로 팬데믹이란 뜻이다. 성경은 이미 지구 전체를 상징하는 온 세상과 지구상에 거하는 모든 이들에게 마지막 심판과 시험의 때에 일어날 팬데믹에 대하여 기록하고 있다.

"네가 나의 인내의 말씀을 지켰은즉 내가 또한 너를 지키어 시험의 때를 면하게 하리니 이는 장차 온 세상에 임하여 땅에 거하는 자들을 시험할 때라"(계3:10)

"너희는 스스로 조심하라 그렇지 않으면 방탕함과 술취함과 생활의 염려로 마음이 둔하여지고 뜻밖에 그 날이 덫과 같이 너희에게 임하리라 이 날은 온 지구상에 거하는 모든 사람에게 임하리라"(눅21:34-35)

성경에서 예언한 세 가지 팬데믹 심판과 새로운 나라

성경은 마지막 심판 때 세 가지 팬데믹이 올 것을 예언 했다. 전염병과 전쟁과 기근의 팬데믹이다.

"내가 칼과 기근과 염병을 그들 중에 보내어 그들로 내가 그들과 그 열조에게 준 땅에서 멸절하기까지 이르게 하리라 하시니라" (렘 24:10)

"내가 보매 청황색 말이 나오는데 그 탄 자의 이름은 사망이니 음부가 그 뒤를 따르더라 그들이 땅 사분의 일의 권세를 얻어 칼과 기근과 전염병과 땅의 짐승들로써 죽이더라"(계6:8)

코비드-19는 절대로 끝나지 않는다. 세상의 모든 질서를 완전히 뒤엎어 버릴 것이다. 이것을 신세계질서라고 한다. 이것은 이미 하나님께서 허락하신 심판이다. 코로나 팬데믹은 기아 팬데믹으로 발전하고 기아 팬데믹은 전쟁 팬데믹으로 넘어간다. 제 3차 세계대전을 통해 세계 인구 2/3가 사라지고 마지막 적그리스도의 나라인 신세계질서가 지상에 7년 동안 세워진다. 예수님이 재림하셔서 세상을 심판하시면 지금 우리가 살고 있는 3차원의 우주는 사라지고 새로운 나라가 세워진다. 이것이 바로 천년동안 세워지는 영광스런 교회의 나라이다. 소설 같은 이야기로 들릴지 모르지만 이보다 더한 성경의 예언은 지난 6000년 동안 문자대로 이루어져 오고 있다.

하나님이 코비드-19를 통해 세상을 심판하신 이유

성경은 이미 두 가지 사건을 통해서 세상 마지막에 하나님의 심판을 경고하셨다. 소돔과 고모라의 심판과 노아의 심판이다. 예수님께서도 자신이 세상을 심판 하실 때 일어날 현상을 롯 때와 노아 때로 비유하기도 하셨다.

"노아의 때에 된 것과 같이 인자의 때에도 그러하리라 노아가 방주에 들어가던 날까지 사람들이 먹고 마시고 장가 들고 시집 가더니 홍수가 나서 그들을 다 멸망시켰으며 또 롯의 때와 같으리니 사람들이 먹고 마시고 사고 팔고 심고 집을 짓더니 롯이 소돔에서 나가던 날에 하늘로부터 불과 유황이 비오듯 하여 그들을 멸망시켰느니라 인자가 나타나는 날에도 이러하리라" (눅17:26-30)

마지막 시대 세상을 휩쓸고 있는 동성애와 음행은 소돔과 고모라 그리고 노아 시대 심판이 가까이 다가 왔음을 경고한다. 2020년 한 해 동안 낙태로 숨진 아이가 4,250만 명이라고 한다. 2015년 6월 26일 기독교 국가인 미국 연방법원은 동성애 법을 합법화 시켰다. 먹고 마시고 사고 팔고 심고 집짓고 하는 물질만능과 황금만능주의가 사람들의 영혼을 사고 파는 시대가 되었다. 돈만 벌 수 있다면 자신의 몸은 물론 영혼까지 파는 시대가 되었다. 그래서 하나님이 세상 심판을

시작하신 것이다. 디모데 후서 3장에서는 마지막 고통의 시대가 되면 사람들이 짐승화 되고 동물화 될 것을 기록하고 있다.

"너는 이것을 알라 말세에 고통하는 때가 이르러 사람들이 자기를 사랑하며 돈을 사랑하며 자랑하며 교만하며 비방하며 부모를 거역하며 감사하지 아니하며 거룩하지 아니하며 무정하며 원통함을 풀지 아니하며 모함하며 절제하지 못하며 사나우며 선한 것을 좋아하지 아니하며 배반하며 조급하며 자만하며 쾌락을 사랑하기를 하나님 사랑하는 것보다 더하며 경건의 모양은 있으나 경건의 능력은 부인하니 이 같은 자들에게서 네가 돌아서라"(딤후3:1-5)

왜 하나님은 교회를 심판하시는가?

성경은 하나님의 세상심판이 교회로부터 시작된다고 기록하였다. 하나님이 유다를 심판하실 때도 성소에서부터 시작하셨다. 왜냐하면 세상 타락의 원인은 진리의 기둥과 터인 교회가 무너졌기 때문이다. 교회는 세상의 빛이고 소금이다. 세상에는 빛과 소금이 있는 한 절대로 어두움이나 더러운 세균들이 번식할 수 없다. 그러나 빛이 꺼지고 소금이 짠 맛을 잃어버린 순간 순식간에 세상은 어두움이 판을 치고 세균들이 번식하게 된 것이다.

"하나님의 집에서 심판을 시작할 때가 되었나니 만일 우리에게 먼저 하면 하나님의 복음을 순종하지 아니하는 자들의 그 마지막은 어떠하며"(벧전4:17)

"그들에 대하여 내 귀에 이르시되 너희는 그를 따라 성읍 중에 다니며 불쌍히 여기지 말며 긍휼을 베풀지 말고 쳐서 늙은 자와 젊은 자와 처녀와 어린이와 여자를 다 죽이되 이마에 표 있는 자에게는 가까이 하지 말라 내 성소에서 시작할지니라 하시매 그들이 성전 앞에 있는 늙은 자들로부터 시작하더라" (겔9:5-6)

현대교회는 사탄의 번영신학에 의해서 바알(물질)종교가 되어 버렸다. 하늘의 시민권을 가지고 세상에서 나그네와 같이 살면서 이웃을 사랑하고 복음을 전하면서 예수님이 본을 보여 주신대로 살지 않고 세상에 물질왕국을 세우는 일에 올인하고 있다. 신복음주의, 신칼빈주의, 신사도주의, 신정통주의 신학을 통해 세상에 물질왕국을 세우기 위해 킹덤아미(kingdomarmy)운동과 킹덤나우(kingdomnow)운동을 하면서 세상 국가들과 세상의 공산주의자들과 한 판 전쟁을 하고 있다. 구약 이스라엘이 바알 종교에 빠질 때 하나님은 이스라엘의 남북왕조를 심판 하셨다. 16명의 선지자들을 보내사 그들에게 구원의 말씀을 전했지만 그들은 끝내 거절하고 심판을 받은 것이다. 하나님은 예레미야를 통해서 그들이 손으로 지은 성전은 성전이 아니며, 그들이 드린 바알(물질숭배) 예배는 하나님을 오히려 괴롭게 하는 것이라고 고발을 했다. 만일 끝까지 회개를 하지 않으면 유다를 바벨론의 칼과 기근과 전염병을 통해서 심판 하실 것을 말씀 하셨다.

그러나 그들은 거짓 선지자들에게 속아 끝내 하나님이 그들의 죄악을 채찍질 하시고 구원하기를 원하시는 마지막 기회조차도 잃어버리고 망하고 말았다. 하나님은 마지막 교회 시대에도 바벨론이란 니므롯의 공산주의 세계정부를 통해서 타락한 교회를 채찍질 하셔서 깨끗하게 하시고, 구원하시기를 원하신다. 말세교회는 하나님께서 몽둥이로 사용하시는 세상 나라들의 채찍을 즐겨 받아야 한다. 그리고 본질을 속히 회복해야 그나마 기사회생 할 수 있다. 그렇지 않으면 정통으로 심판을 받아 녹이고 연단하는 과정을 통해 알곡과 가라지로 분리시키는 과정을 거쳐야 한다. 이것이 요한 계시록에 기록된 순교자들의 행렬이다. 이미 하나님은 라오디게아 교회를 통해서 경고하셨다. 금을 사서 부요하게 하고, 흰옷을 사서 벌거벗음의 수치를 보이지 않게 하고, 안약을 사서 눈에 발라 보게 하라고 하셨다. 미지근하여 기회주의자와 같이 세상과 하나님의 사이에서 맴돌지 말고 차든지 더웁든지 정확하게 세상에서 분리할 것을 경고하셨다.

"나 여호와가 이르노라 바벨론 왕 느부갓네살을 섬기지 아니하는 국민이나 그 목으로 바벨론 왕의 멍에를 메지 아니하는 백성은 내가 그의 손으로 진멸시키기까지 칼과 기근과 염병으로 벌하리라 오직 그 목으로 바벨론 왕의 멍에를 메고 그를 섬기는 나라는 내가 그들을 그 땅에 머물러서 밭을 갈며 거기 거하게 하리라 하셨다 하라 여호와의

말이니라"(렘27:8,11)

"내가 네 행위를 아노니 네가 차지도 아니하고 더웁지도 아니하도다 네가 차든지 더웁든지 하기를 원하노라 네가 이같이 미지근하여 더웁지도 아니하고 차지도 아니하니 내 입에서 너를 토하여 내치리라 네가 말하기를 나는 부자라 부요하여 부족한 것이 없다 하나 네 곤고한 것과 가련한 것과 가난한 것과 눈 먼것과 벌거벗은 것을 알지 못하도다 내가 너를 권하노니 내게서 불로 연단한 금을 사서 부요하게 하고 흰 옷을 사서 입어 벌거벗은 수치를 보이지 않게 하고 안약을 사서 눈에 발라 보게 하라 무릇 내가 사랑하는 자를 책망하여 징계하노니 그러므로 네가 열심을 내라 회개하라 볼찌어다 내가 문밖에 서서 두드리노니 누구든지 내 음성을 듣고 문을 열면 내가 그에게로 들어가 그로 더불어 먹고 그는 나로 더불어 먹으리라"(계3:15-20)

하나님께서는 바알을 섬기는 말세 교회를 심판하시기 위해 유엔이란 바벨론 세계정부를 예비하시고 계신다. 물질을 신으로 섬기는 공산주의자들이 제 4차 산업혁명을 통해 과학적 공산주의 유토피아 세계 정부를 세우고 있다. 그들을 통해 코로나 사태로 예배당 문이 닫히고 있다. 이것이 우연일까? 모든 입들을 마스크로 막고 있다. 이것이 우연일까? 예배당 문이 닫히고 원격예배를 드리니 좋아 하는 사람들도 있다. 이것이 우연일까? 은혜를 방종으로 받아 들이며 성전 예배가 번폐스럽다고 외쳤던 유다가 망했다. 물질을 신으로 섬기면서 그들은 여호와께 병든 제물, 곰팡이 핀 빵들, 불알 터진 양들을 가져왔다. 여호와는 그것을 총독에게 바쳐 보라고 하셨다. 그래서 그들은 바벨론 포로로 끌려가 70년 동안 녹이고 연단하는 과정을 거쳐야 했다. 말세교회가 이 과정을 거치는 것이 7년이란 환난을 통과 하면서 겪어야 할 과정인 것이다. 그때 저와 여러분들은 어디에 있을까요? 요한 계시록 18장4절에서 사도 요한은 바벨론에서 나와 그가 받을 심판을 받지 말라고 경고를 하고 있다. 과연 당신과 나는 바벨론이란 장망성이란 도시에서 탈출할 수 있을까요?

율법은 신약의 교회의 그림자인 이스라엘 백성들에게 형제에게 이자를 받지 말고, 해롭게 하지 말고, 사랑하고, 착취하지 말고, 노예가 되어도 자유케 하고, 음행하지 말라고 하였다. 그러나 그들은 가난한 형제들에게 고리대금을 붙이고, 착취하고, 속이고, 재판을 통해 억울하게 하였고, 음행하고, 심지어 가난한 사람들을 신 한 켤레로 팔았다.

"은으로 힘없는 자를 사며 신 한 켤레로 가난한 자를 사며 찌꺼기 밀을 팔자 하는도다"(암8:7)

예수님은 채찍으로 성전 앞에서 짐승들을 쫓아내시고 환전상들의 상을 엎으시면서 거룩한 아버지의 집을 도적과 강도의 굴혈로 만들었다고 진노 하셨다.(요2:13-21)

오늘날 말세 교회 역시 예수님께서 재림하셔서 정결케 하여야 할 대상이다. 이미 유다가 망하기 전에 그러했듯이 말세 교회안에는 사치, 허영, 폭력, 음행, 증오, 탈취, 사기, 속임, 거짓, 위선, 카지노 도박장과 같은 장소가 되어 버렸다. 그래서 말세 교회는 지금 하나님의 심판을 받고 있는 것이다.

참다운 예배의 본질, 죄인이 하나님과 회복이 이루어지는 것

예배의 본질은 죄인이 하나님을 만나 회복이 이루어지는 것이다. 아무리 찬송을 하고, 기도를 하고, 헌금을 해도 예배를 통해서 죄인이 의로운 사람으로 회복이 되지 않는다면 그 예배는 바알숭배일 뿐이다. 어떻게 예배를 통해서 죄인들이 의인으로 회복이 될 수 있는가?

구약의 예배는 아벨의 제단으로부터 골고다까지 예배자가 희생제물을 드리면 하늘로부터 불이 내려와 그 제물을 태우므로 완성이 된다. 여기에서 사용되는 희생제물은 예배자 자신이다. 피 흘림이 없은 즉 사함이 없다는 원리로 비록 양이나 염소들이 죽어 제물로 바쳐지지만 사실은 예배자 자신의 몸이 희생제물로 드려지는 것이다. 이것을 하나님이 열납하시게 되면 불이 내려와 태우는데 불은 곧 하나님의 말씀을 상징한다. 예배자에게 생명의 말씀을 주셔서 죄인을 변화시켜 회복시키시는 것이다. 수많은 예배를 드려도 이와 같은 회복의 역사를 경험하지 못한다면 그 예배는 죽은 예배 일 뿐이다. 그렇다면 왜 우리는 그런 회복의 예배를 드리지 못하고 있는가? 내 자신이 물질을 얻기 위해 예배를 드리다 보니 내 자신이 스스로 희생제물이 되지 못하는 것이다. 이것을 형식적인 예배라고 한다.

대면예배가 원격예배로 변하면서 예배자들이 좋아 한다. 몸이 이동하지 않고 드릴 수 있어 편해서도 좋고, 다른 사람들과의 관계 속에서 부담이 없어 좋고, 예배시 드리는 헌금에 대한 부담이 덜해서 더욱 좋아 한다. 하나님께서는 이런 사람들을 위하여 대면예배를 폐하신 것이다. 왜냐하면 그런 예배는 아무리 많이 드려도 소용이 없기 때문이다. 하나님께서 이렇게 교회를 심판하시는 것을 어리석은 예배자들은 모른다. 하나님께서 열납하시는 신약의 예배에도 반드시 예배자의 생명을 찢어 놓을 수 있는 희생제물이 필요하다. 이것을 살아 있는 산제사라고 하는 것이다. 부담이 없는 예배는 예배가 아니다. 그래서 아무나 예배를 드릴 수 없는 것이다. 성도의 삶 전체 속에서 이런 피흘림의 산제사가 이루어져야 한다. 개인적으로 하나님을 향하여 살아있는 제사를 드린 자에게 하나님은 생명의 말씀을 주셔서 예배자를 새롭게 변화시켜 하나님과 회복을 이루게 하신 것이다.

그래서 참다운 예배는 아무나 드릴 수 없다. 살아 있는 하나님의 자녀들만 누리는 특권이고 하늘의 시민권을 가진 자들만이 누리는 최고의 복이다. 마지막 때 하나님께서는 물질의 신 루시퍼를 섬기는 자들을 통해 참다운 예배자들을 시험하신다. 이것이 바로 666 짐승의 표이다. 죽기를 무서워해 물질을 떠나지 못한 자들은 모두가 물질을 섬기는 짐승의 표를 받아 살아 간다. 그러나 이미 영원한 생명으로 거듭난 성도는 순교하기까지 짐승의 표를 받지 않는 것이다. 가인의 제단에는 불이 임하지 않았다. 그곳에는 피흘림의 희생제물이 없었기 때문이다. 이것이 물질을 숭배하는 죽은 예배이다. 돈 놓고 돈 먹는 바알 예배이다.

현대인들은 예배조차도 부담 없이 드리기를 원한다. 자신의 편리에 따라서 마음대로 드린다. 그러나 이런 예배는 천국으로 향한 문이 아니다. 비대면 예배를 드리면서 헌금을 온라인으로 송금을 한다. 그런데 앞으로 인터넷이 차단되어 비대면 예배 자체가 사라진다. 그리고 예배자는 헌금조차 온라인으로 보낼 수 없다. 그땐 나 한 사람만 남아 있는 곳에 갇히게 되어 내 안에서만 예배가 이루어진다. 희생제물의 헌금도 사랑하여 섬길 수 있는 형제들이 없어 무용지물이 된다. 그리고 결국 남은 그 한 사람은 루시퍼의 우상 앞에서 자신의 목숨을 내놓고 물질을 섬길 것인가, 하나님을 섬길 것인가를 결단해야 된다. 이것이 참교회가 무엇인지 모르고 홀로 사는 예배자의 마지막 순교의 장소이다.

세상을 통치하시는 하나님

하나님께서는 창세전부터 영광스런 교회를 예비하시고 구속의 역사를 쉬지 않으시고 계속하시고 계신다. 세상에서 일어난 모든 것들은 우연하게 일어난 일은 하나도 없다. 모든 것들이 다 하나님의 정확한 통치와 섭리 가운데 일어나고 있는 것이다. 단편적으로 생각하면 현재 오늘의 개인적, 국가적, 세계사적으로 일어난 일들이 정당하지 않고 불합리한 것 같지만 역사를 되돌려 보면 그렇게 될 수 밖에 없는 과거의 일들이 반드시 존재한다. 인간은 망각의 존재라 과거를 잊어 버리고 미래에 대한 욕심 때문에 자신이 처한 현재의 일들을 정의롭게 판단하는 능력을 잃어버린 것이다. 창세기부터 요한 계시록까지 기록된 하나님의 말씀은 이러한 인간의 불성실한 모습을 낱낱이 고발하고 있는 것이다.

그러나 이러한 인간의 패역과 불의함에도 불구하고 하나님께서는 자신의 계획을 성실하게 이루어 가신다. 이것이 남은 자들에게 주어진 복이다. 현재 전 세계적으로 일어난 코로나 사태 역시 하나님의 통치 속에서 이루어지는 인간 구원의 한 과정에 있다. 어떻게 하나님의 세밀하신 뜻을 깨닫고 그 뜻 안에서 구원의 길로 인도함을 받는가에 따라서 구원과 멸망이 갈라질 수 있는 것이다. 만일 당신이 이 책을 자세하게 끝까지 읽어 가신다면 당신이 지금 어디를 향해서 가고 있는가를 알게 될 것이다.

인간의 자유의지인가? 하나님의 절대적인 통치인가?

성경은 인간의 자유의지에 하나님의 구원이 맡겨져 있지 않다고 말한다. 그렇다고 하나님의 절대적인 통치 속에 인간 구원이 공식화 된 것도 아니다. 왜냐하면 하나님은 인간을 자기 형상대로 지으셨기 때문이다. 여기에 비밀이 있는 것이다. 자식이 태어나면 부모는 그 자식의 노예가 되어 버린다. 힘이 없어서가 아니다. 자식이 두려워서가 아니다. 사랑하기 때문에 스스로 노예가 되는 것이다. 이것을 사랑의 포로라고 한다. 왜냐하면 부모가 낳은 자식은 부모의 형상을 가지고 태어났기 때문이다.

하나님이 자기 형상대로 인간을 창조하셨다. 하나님께서 타락한 인간을 버리실 수 없는 이유가 바로 여기에 있는 것이다. 어떤 방법으로든지 인간을 구원해 내야 하는 것이다. 그러기 위해 전능하신 하나님은 모든 일들을 해야 하는 것이다. 성경은 하나님은 자신을 위해 우리의 허물을 도말하신다 하셨다.

“나 곧 나는 나를 위하여 네 허물을 도말하는 자니 네 죄를 기억지 아니하리라” (사43:25)

하나님은 인간을 하나님의 형상대로 지으시고 하나님의 영광스런 존재로 세우기를 원하셨지만 패역한 인간은 그 뜻을 알지 못하므로 하나님은 스스로가 인간 구원의 방법을 여신 것이 바로 아들까지 내어 주신 것이다. 왜냐하면 자기 형상대로 지은 인간을 사랑하기 때문이다. 그런데 타락한 인간은 하나님께서 내어 주신 아들까지 이용하여 썩어질 것을 추구하게 되니 하나님은 이제 더 이상 아무것도 할 수 없게 된 것이다. 그래서 하나님께서는 구원을 받을 수 있는 자격이 있는 사람 대신으로 세상에서 버림받은 남은 자들을 찾으신 것이다. 이것이 말세지말에 주어진 하나님의 거저 주시는 구원이다.

남은 자들의 구원

구약과 신약에서 남은 자들의 구원에 대하여 지속적으로 말씀하고 있다. 남은 자란 누구인가? 가난한 자, 빈핍한 자, 빈천한 자, 저는 자,

환난 당한 자, 우는 자들로 표현되어 있다. 이들은 주류들로부터 소외당한 비주류들이다. 세상으로부터 버림받은 존재들이란 뜻이다. 일명 아웃사이더이다. 이들은 힘이 없어 대항할 수 없는 자들이다. 이들은 입이 있어도 변명할 수 없는 자들이다. 이들은 이미 자존심이 죽은 자들이다. 하나님은 이런 자들을 구원하셔서 칭찬과 명성을 얻게 하신다.

예수님은 청함을 입은 자들인 이스라엘이 교만하여 왕의 아들 혼인잔치 초청을 거절할 때 그들을 멸망시키시고 자격 없는 이방인들을 왕의 아들 혼인 잔치에 참여시킨 것이다. 역시 마지막 때에도 번영신학의 바알을 좇는 교회를 심판하시고 그들로부터 버림받은 이들을 택하셔서 구원하신다. 이것이 남은 자의 구원이다.

당신은 반드시 남은 자가 되어야 한다. 바벨론이란 세상으로부터 버림을 받아야 한다. 즉 사탄의 문명의 상징인 도시로부터 완전한 분리가 이루어져야 한다. 하나님께서는 사탄의 세력들에게 바벨론이란 도시들을 제 4차 산업혁명을 통해 완벽통제 사회인 스마트 시티를 만들게 하시고 세상에서 먹고 살기 위해서 반드시 그들이 만든 세계 정부 신분증을 지참하도록 한다. 이러한 신분증이 없는 사람에게는 아무것도 할 수 없게 하는 것이다. 이것이 요한 계시록 13:16-18에 기록된 짐승의 표이다.

우파 좌파의 정체와 헤겔의 정반합 역사 통합의 법칙

변증법(辨證法)이란 대화의 기술로 상대편의 논리의 모순을 공격하여 자신의 주장으로 바꾸는 기술이다. 도토리 키재기 같은 세상에서 앞서가기 위해 인류는 철학적 변증법, 역사적 변증법, 유물론적 변증법 등을 개발하여 오늘날까지 철학과 역사와 과학을 발전시켜 왔다. 헤겔의 역사적 변증법인 정반합의 원리는 엘리트 인간들에 의해서 역사통합의 법칙으로 사용되고 있다. 세상의 역사를 자기들이 원하는 대로 바꾸고 싶은 존재들이 사용하는 음모론이다. 엘리트 인간들의 음모론은 항상 역사를 적과 아군으로 나누어 줄을 세운다. 그리고 일정한 기간 동안 피터지게 싸우게 한 후 둘의 공통점을 찾아 합을 이룬다. 그리고 또 다시 합을 적군과 아군으로 나누어 줄을 세워 똑같은 방법으로 싸우게 한다. 그리고 또 다시 타협점을 찾아 하나로 묶는다. 이런 일이 계속되는 동안 가축인간들은 욕심과 탐욕에 사로잡혀 모든 것을 잃을 수 있는 위기상황에서 최소한의 것들을 지켜 냈다는 안도감 속에서 타협을 지속하다 보면 어느덧 자신도 모르게 빠져 나올 수 없는 깊은 감옥 속에 갇혀 있다는 사실을 알게 된다. 나름대로 성과 있는 싸움을 해온 것 같은데 결과적으로 각본에 짜여진 싸움을 하는 꼭두각시 같은 존재가 되어 모든 것을 잃어 버린 것이다.

지금 미국에서 일어나고 있는 우파와 좌파의 피터진 싸움이 철저하게 준비되고 계획된 것이란 사실을 아는가? 지금까지 한국에서 일어나고 있는 우파와 좌파의 가파른 충돌이 철저하게 준비되고 계획된 역사통합의 법칙인가에 대하여 알고 있는가? 모든 언론들이 좌우파로 나눠져서 가짜 뉴스를 양산하고 있는 사실이 무엇인지 아는가? 왜 세상의 모든 정치학자와 경제학자들이 좌파와 우파로 나눠져서 자신들의 논리를 펴고 있는지 아는가? 정의란 무엇인가? 가축인간들에게 정의란 자신이 가지고 살았던 사상, 경험, 소득, 정당, 지역, 종교 등의 가치관을 지키는 것이다. 이런 가축인간들의 탐욕을 엘리트 인간들은 이용하여 우파와 좌파로 줄을 세워 극한으로 몰고가 자신들이 꿈꾸고 있는 세상을 아주 쉽게 만들어 가는 것이다. 이것의 마지막 종착역이 바로 신세계질서이다. 만일 당신이 구원 받은 성도로 시민권이 하늘에 있다고 믿으면서 지금 세상에서 우파나 좌파 중 한편에 속하여 싸움을 하고 있다면 분명히 당신의 시민권은 하늘에 있지 않고 세상에 있다는 사실을 알아야 할 것이다.

미국의 일루미나티는 세계 1차 대전 중 1917년 삼변회 동맹국인 독일의 볼세비키 공산당들을 통해 러시아 짜르 왕정을 무너뜨리고 공산정부를 세웠다. 일루미나티 33도인 스탈린을 통해 1922년 소련이란 소비에트연방 공화국을 세우게 하고 4,500만 명의 기독교인들을 죽였다. 미국의 은행가들은 막대한 자금을 투자하여 소련을 미국과 견줄 수 있는 대국으로 키웠다. 세계 2차 대전 중 소련과 미국은 같은 연합국으로 승전국이 되었다. 그러나 전쟁이 끝난 후 얄타와 포츠담

회담을 통해 소련은 좌파 미국은 우파로 분리시키고 유엔이라는 기구를 만들어 새로운 세계질서 역사를 출발 시켰다. 이것을 냉전의 시작이라고 한다. 세계를 지배하는 엘리트들은 소련의 고르바초프를 이용하여 소련을 해체하고 중동의 대테러전쟁을 시작했다.

소련은 1991년 12월 21일 알마아타 조약으로 해체되고 냉전시대는 끝이 났다. 미국은 1978년 객가인(유대인) 등소평 때부터 2017년 트럼프 이전까지 40여 년 동안 매년 5000억불의 무역 흑자를 중국에 밀어 주면서 소련을 대체시킬 수 있는 정치, 경제, 군사 대국인 미국의 카운터펀치 국가로 키웠다. 그리고 드디어 트럼프를 등장시켜 미국과 중국의 G-2 패권전쟁의 시나리오를 완성시켰다. 이것이 제 3차 세계대전의 드라마의 시작이다. 현존하는 미국의 정치 평론가 제임스 퍼틀로프는 미국의 모든 적들은 모두 미국이 만들었다고 말한다.

미국 네오콘의 윤리, 거룩한 거짓말

네오콘의 원리

미국을 통치하고 있는 네오콘의 진리는 "진리는 없다"는 것이 "진리"이다. 네오콘들에게는 법이 없다. 왜냐하면 자신들이 법의 주인이기 때문이다. 오직 법은 가축인간들을 위해 존재한다. 그 이유는 다음과 같다. "대중이 이를 알면 도덕의 기반이 무너지고 사회가 해체되기 때문이다." 자칭 신인간인 엘리트 인간들은 자기들이 스스로 살아 남기 위해 가축인간을 살려야 한다. 그래서 "엘리트들은 대중에게 종교나 신화같은 '고귀한 거짓말'을 통해 이를 숨겨야 한다." 플라톤은 이원론 철학을 통해 가축인간들이 이해할 수 없는 진리를 숨겨 놓았다. 이것이 바로 철학이란 올무이다. "고대의 현인들은 미리 이것을 알고 그들의 책에 진리를 교묘히 숨겨놓았다." 엘리트 인간들에게는 종교나 도덕 따위는 없다. 그러나 그들은 가축인간들을 부려 먹기 위해 이런 것들을 만들고 그들의 거룩한 거짓말 속에 숨겼다는 것이다. 이라크를 무력으로 공습하여 폐허로 만들었다. 그 이유는 후세인이 대량살상무기를 가지고 있기 때문이란 것이었다. 그러나 결과적으로 대량살상무기는 없었다. 기자들이 네오콘에게 묻는다. 왜 대량살상무기는 발견되지 않았습니까? 대량살상무기가 없는 것입니까? 그렇다. 대량살상무기가 없다는 사실을 그들은 처음부터 알았다. 그러나 그들은 말한다. "후세인은 대량살상무기를 만들 수 있기 때문에 미리 차단하려고 조치한 것 뿐이다." 이것이 네오콘의 "거룩한 거짓말"이다.

레오 스트라우스(Leo Strauss,1899-1973년)

미국을 통치하는 정치철학인 네오콘의 사상적 뿌리는 레오 스트라우스의 사상이다. 1899년 프러시아의 독실한 유태인 가정에서 태어난 스트라우스는 1차 대전에 참전한 후 함부르크 대학에서 철학박사 학위를 받았다. 독일 나치체제를 피해 1937년에 미국으로 옮겨와서 콜럼비아 대학을 거쳐 뉴욕의 뉴 스쿨 교수로 정착했다. 미국 시민권을 얻은 그는 1949년에 시카고 대학 교수가 되어 많은 제자를 키웠고, 미국의 네오콘의 통치철학을 견고하게 세웠다.

무지몽매한 인간들을 소수의 엘리트가 다스리는 신세계질서

레오 스트라우스의 철학은 플라톤으로 거슬러 올라간다. 플라톤은 스승 소크라테스가 아테네 가축인간들의 중우정치로 희생 되었다고 생각을 한다. 그래서 그는 이상국가라는 책에서 소수 엘리트가 통치하는 공산주의 독재정치의 롤 모델인 스파르타와 카르타고를 찬양하고 있다. 이것이 바로 가짜 유대인인 니므롯의 후예 가나안 7족속들의 바벨론 탈무디즘이다. 레오 스트라우스는 아쉬케나지 유대인으로 신비주의 카발리스트이다. 그의 스승은 니체와 하이데거이다. 레오 스트라우스의 카르타고 공산주의 정치철학은 미국과 유엔이 추구하고 있는 빅 데이터 통제사회인 신세계질서 교과서이다.

디오게네스의 반란

아테네 비밀결사들의 정체

우리가 알고 있는 아테네 소크라테스, 플라톤, 아리스토텔레스 등과 같은 철학자들은 단지 진리와 정의를 외친자들이 아니었다. 그들은 피타고라스로부터 내려온 유대 카발리스트 공산주의 비밀 결사단들이었다. 아테네 민주정부를 무너뜨리고 스파르타와 카르타고 엘리트주의 공산정부를 세우기 위해 아테네 민주정부 인사들을 개와 돼지와 양떼로 매도를 하면서 그들의 정치를 중우정치라고 선동을 했다. 그래서 반드시 망할 것이라고 외쳤다. 그러면서 한 편으로는 젊은이들에게 공산주의 주체사상을 주입시켜 혁명을 일으켜서 아테네를 스파르타에게 바치려 했다. 겉으로는 지식인, 현자, 철학자, 엘리트, 신인간 등을 표방하고 있었지만 그들은 철저하게 고리대금으로 세계를 지배하고 있었던 은행가들과 결탁되어 있었고 위로는 소크라테스가 자신의 신이라고 외쳤던 데이몬 즉 루시퍼에게 조종을 받고 있는 자들이었다.

이 세상은 고대로부터 지금까지 부지런하고 정직한 사람들이 돈을 벌고 출세를 하고 권력을 얻어 지배하는 것이 아니라 철저하게 은행가들과 결탁한 비밀결사들에 의해서 잘 짜여진 각본처럼 되어 세상을 지배해 왔던 사람들이 제국의 이름만 바꿔가면서 세상의 주인 노릇을 하고 있다. 그 제국들이 바로 애굽, 앗수르, 바벨론, 페르시아, 그리스, 로마, 마지막 적그리스도의 나라 미국이다. 이를 성경은 일곱 머리 열 뿔이라고 했다. 그렇다면 비밀결사들의 정체는 무엇인가? 그들은 이 세상을 통치하는 세상 임금 사단 루시퍼의 조종을 받은 자들이다. 즉 사단을 숭배하는 비밀의식을 소유한 자들이다. 겉으로는 유대인 행세를 하지만 속으로는 상상할 수 없는 더럽고 추한 밀교 의식을 통해 72 마신들로부터 일명 지혜라는 소피아, 스피로트를 공급받아 세상을 지배하고 있는 자들이다.

이런 그리스 비밀결사 철학자들 중에 반란자가 있었다. 그가 디오게네스이다. 그의 스승은 안티스테네스이다. 안티스테네스는 소크라테스 제자이다. 그러나 그들이 추구하는 철학은 소크라테스와는 달랐다. 이들을 아테네 견유학파라고 한다. 즉 개처럼 거칠게 짖어 대며 항거하는 철학자란 뜻이다. 그 이유는 소크라테스, 플라톤, 아리스토텔레스 등이 추구하고 있는 세상이 그들만의 공산주의 독재정부를 세워 완벽 통제사회를 만들기 위한 것이었다면 이런 비밀결사들의 정체를 정확하게 파악하고 이들에 의해서 세워진 세상이란 그럴듯한 나라의 허무함을 알고 항거의 삶을 살았던 철학자들이었기 때문이다. 빗나간 철학자 아테네의 개 디오게네스 안티스테네스 견유학파는 개처럼 짖어 대는 철학자, 문명을 항거하는 철학자, 이 세상의 화려한 제국주의 문명의 정체를 알고 허무주의를 추구하고 항거했던 철학자, 사람들의 가치를 슬퍼하고 본질을 찾아 울부짖었던 철학자, 아테네에서 대낮에 등불을 들고 다니면서 정직한 사람을 찾는다고 외쳤던 철학자, 은행가들과 결탁한 비밀 결사들을 향해 반란을 일으켜 화폐제도를 무너뜨리기 위해 무소유의 삶을 살면서 은행가들의 비리에 대하여 항거를 했던 철학자들이었다.

일명 돈을 좋아했던 은행가들인 바리새파 가짜 유대인들에 대항하여 허무주의로 평생을 맞서 싸웠던 아테네 견유학파 철학자들은 오늘날 세상의 물질에 노예가 되어 세상과 결탁한 그리스도인들을 부끄럽게 하는 존재들이었다. 사람은 물욕에 집착이 심하면 심할수록 약해진다. 그리고 스스로 결박을 한다. 언제든지 죽을 준비가 되어 있는 사람만이 참된 자유인이다. 이미 죽음의 유혹에서 벗어난 사람은 아무도 그를 노예로 할 수 없고 그 무엇도 그를 결박하지 못한다. 오늘날 하늘의 시민권을 가지고 이렇게 살아가는 그리스도인들이 얼마나 될까? 부끄럽다.

고린도에서 알렉산더 대왕과의 만남

디오게네스의 명성을 익히 알고 있었던 알렉산더 대왕은 인도를 정복하기 위해 고린도에 도착을 한다. 수많은 사람들이 찾아와 영웅을 향해 알현을 하는데 디오게네스는 보이지 않았다. 그에게 관심이 많았던 알렉산더는 부관을 데리고 디오게네스가 평생 동안 살았던 길거리 통나무집으로 찾아간다. 그리고 디오게네스에게 묻는다. 나는 알렉산더요 그대가 원하는 소원을 들어 주려 하오 말해 보시오. 이에 대해 디오게네스는 나의 소원은 당신이 지금 가리고 있는 햇빛을 보는 것이라 하였다. 기분이 나빠진 알렉산더는 디오게네스에게 당신은 내가 두렵지 않느냐고 묻는다. 그때 디오게네스는 알렉산더에게 되묻는다. 장군님은 죽음이 두렵습니까? 장군은 그렇다고 대답을 한다. 그때 디오게네스는 나는 죽음을 두려워하지 않는다고 말한다. 디오게네스는 장군에게 묻는다. 장군님은 앞으로 어디로 갈것이냐고 묻는다. 장군은 인도를 정복하러 간다고 말한다. 디오게네스는 장군님은 그 다음은 무슨 일을 하실 거냐고 묻는다. 장군은 그 다음은 이제 할 일이 없으니 쉬어야겠다고 말을 한다. 이 말을 듣고 난 디오게네스는 "장군님 저는 벌써부터 쉬고 있다"고 말을 한다. 디오게네스와 대화를 마친 알렉산더 대왕은 돌아가면서 자기 부관에게 이렇게 말한다. "이봐 부관, 내가 만일 알렉산더가 아니었다면 디오게네스가 되고 싶네."

플라톤의 이상국가와 디오게네스가 쓴 이상국가인 "Republic"

하루는 디오게네스가 부자인 플라톤의 집에서 이데아 세계 강의을 들었다. 화려한 플라톤의 집에서 나오면서 디오게네스는 플라톤에게 왜 당신은 그리 좋은 이데아 세계로 가지 않고 이 집에서 사느냐고 물었다. 플라톤은 이상국가인 Republic이란 책을 썼다. 디오게네스 역시 플라톤과 똑같은 이상국가인 Republic이란 책을 썼다. 그러나 그 내용은 정반대였다. 플라톤이 쓴 이상국가는 미국 네오콘들이 추구한 그들만을 위한 공산주의 신세계질서 통제사회 유토피아였다. 그러나 디오게네스가 썼던 이상국가는 무소유, 무투쟁, 무정부주의, 무통제, 무저항주의의 심령의 유토피아를 그린 책을 썼다. 아테네 학당이란 그림을 라파엘로가 그렸다. 그런데 놀라운 것은 그 그림의 가장 중심부에 디오게네스를 그렸다. 거지 옷을 입고 있는 디오게네스가 주위에 아무도 없는 양지바른 쪽에 앉아 행복하게 책을 읽고 있는 모습을 라파엘로는 아테네 학당 그림의 주인공으로 그렸다. 어쩌면 라파엘로 역시 피렌체의 비밀결사로 디오게네스를 동경하고 살았는지 모른다.

하루는 디오게네스가 어린 아이 거지가 손으로 밥을 먹고 있는 것을 보고 자기가 가지고 있는 하나 밖에 없는 쪽박을 부끄럽게 생각하고 버리고 자기도 평생 손으로 음식을 얻어 먹고 살았는데 무려 98세까지 살았다. 어느 부자가 그를 금은과 대리석으로 치장한 저택으로 초대했다. 부자의 자랑을 듣고 난 디오게네스는 그의 얼굴에 침을 뱉었다. "이 아름다운 집에 침뱉을만한 곳이 당신 얼굴밖에 없군." 그는 사람다운 삶을 살지 않는 사람에 대해서 경멸을 가차없이 드러내는 개였다. 디오게네스에게 단 한 가지 아쉬운 것이 있다. 그것은 그가 그리스도인이 아니었다는 것이다. 그러나 그는 그리스도인인 나보다 더 용기를 가진 자였다. 그는 견유철학을 가지고 개처럼 살았는데 나는 하나님의 말씀인 성경을 가지고도 그처럼 살지 못하고 있는 내가 부끄러울 뿐이다. 주여 용서하여 주소서! 로마는 하루 아침에 세워진 것이 아니다. 미국이란 나라 역시 우연하게 세워진 나라가 아니다. 이미 세워졌던 제국들이 이름만 바꾼 것이다. 그 종자, 그 혈통, 그 철학이다.

앵무새 작전, 언론 세뇌작전

1940년대부터 시작된 언론 세뇌 작전

모킹버드란 새는 앵무새와 같이 다른 새들의 소리를 잘 흉내 내는 새이다. 모킹버드 작전이란 미국 CIA에서 실시한 일명 앵무새 작전이라고 하는 언론 세뇌 작전이다. 2차 세계 대전을 승리로 이끈 미국은 유엔을 중심으로 신세계질서를 세우기 위한 포석으로 미국과 세계 언론을 대상으로 세뇌 공작을 시작한다. 수십 만 명의 CIA 요원들을 통해 전 세계를 상대로 돈과 권력을 가지고 기자와 언론사 사주를 매수하는 공작을 하였다. 그 결과 일루미나티는 세계 모든 언론사를 장악하여 비슷한 시간과 같은 내용을 반복적으로 쏟아 내며 그 앞에 앉아 있는 시청자의 뇌를 세뇌(브레인워싱)하여 자신들은 전혀 인지하지 못한 채 거대권력 집단인 딥스테이트와 그 하수인 CIA에 의해 철저히 만들어진 매트릭스에 빠져 조종당하며 살아가는 가축인간들로 만들어 버린 것이다.

겉으로 나타난 메이저 언론들과 위키리크스 어산지의 이메일 폭로, 러시아 KGB 이중 스파이 해커들의 활동을 통한 정보, 트럼프 진영의 큐아논 대각성 운동을 통해 전달된 정보 등과 같은 모든 고급 정보들이 전 세계를 움직이는 시크릿 마스터에 의해서 이루어지고 있는 작전이란 사실을 알아야 한다.

할리우드, 주류 미디어, 실리콘 밸리, 모두가 펜타곤-CIA에 의해 조종됨

펜타곤-CIA는 미디어, 영화 산업, 무기 산업, 테크(기술) 산업, 정부가 자동적으로 기능하는 분리된 별개의 산업들인 사회들을 모두 통제하고 있다. 우리들의 많은 이들은 또한 이러한 산업들이 십여 개의 또는 심지어 수백 개의 다른 상표들, 채널들, 상품들이나 발판들을 포함한다고 믿는데, 오직 나중에야 그 소유권이 꼭대기에서 고도로 집중되어 있음을 발견할 뿐이다. 이 모든 다양한 산업들과 더 많은 것을 지배하는 하나의 세력, 하나의 그룹을 추적할 수 있으며, 그것은 펜타곤-CIA의 영향력이다. CIA와 NSA는 둘 다 각본들을 바꾸는데 그들의 영향력을 사용한다.

CIA는 또한 각본들을 검열하고, 그들이 대중이 보기를 원하지 않는 장면들을 제거하거나 바꾸었다. Zero Dark Thirty에서 각본가 Mark Boal은 그의 각본을 CIA 장교들과 구두로 나누었고, 그들은 이슬라마바드의 지붕 꼭대기로부터 어떤 술 취한 CIA 장교가 AK-47를 공중으로 발사하는 장면을 제거했고, 고문 장면들로부터 개들의 사용을 제거했다.

모킹버드 작전은 미디어로 침투하고, 은밀하게 지배하기 위한 CIA의 프로젝트이다. 그것은 1950년대에, 그 당시 CIA 국장 Allen Dulles 아래에서 시작되었다. 기밀 해제된 파일들은 어떻게 CIA가 주류 미디어로 침투했고, 그것의 조각들을 TV로, 신문들과 모든 곳의 잡지들로 뉴스들로써 삽입했는가를 보여준다. CBS 뉴스의 전직 사장인 Richard Salant는 한때 우리의 일은 사람들에게 그들이 원하는 것을 주는 것이 아니고, 우리가 그들이 가져야만 한다고 결정하는 것을 주는 것이다 라고 말했다.

구글과 팬타곤-CIA-NSA

구글은 In-Q-Tel과 같은 CIA 유령회사를 통해 NSA와 CIA의 종자돈으로 시작되었다. 구글이 만들어진 이유는 미국의 해외(Project

Dragonfly)와 국내(The Good Censor)의 검열을 통해 신세계질서(New World Order)를 촉진하기 위한 것이다. 구글은 AI 인공 지능 사용과 드론 등을 이용한 신산업을 위해 펜타곤과 계약을 했으며, 구글은 모든 것을 AI(Selfish Ledger) 트랜스휴머니즘(transhumanism)이란 집단적 이기주의를 추구하는 동물적인 인간으로 변경시켜 신세계질서를 구축하는 것이 목적이다.

아마존과 CIA

펜타곤-CIA의 영향력은 아마존에서 더욱 뚜렷한데, 그것은 악명 높은 스파이, 암살, 세계를 조종하는 기관과 6억불 계약에 서명했다. 그 기관은 불법적 마약 거래에서 그 역할로 인해 코카인 수입 기관으로 불리는 펜타곤과 CIA이다.

페이스북과 DARPA(미 국방 고등 연구 기획청)

페이스북도 다르지 않다. 공식적으로 페이스 북이 사업을 시작하는 시기는 우연의 일치로 펜타곤의 LifeLog 작전이 끝난 날인 2004년 2월 4일이다. LifeLog이란 작전은 극단적으로 음흉한 미 국방 고등 연구 기획청(DARPA)에서 실시한 군사작전이었다. 킬러 로봇들, 죽음의 광선들, 공격적인 나노 로봇들의 자율적 공격들 등 인류를 위한 모든 종류의 무기들을 창조하고 있는 펜타곤의 기술적 개발 부서에 의해 꿈꾸어진 감시 작전이었다. 페이스북은 자기 감시를 위한 궁극적 도구이며, 거기서 사람은 자발적으로 그들의 데이터와 사적 권리를 그들이 무엇을 하는지를 깨닫지 못한 채 통채로 넘겨 주는 시스템으로 만든 것이다.

페이스 북은 전자기기를 사용하여 일상의 모든 것을 저장하고 검색하는 것. 자신의 일상생활을 디지털로 기록하고 저장한 데이터와 스마트 폰에 내장된 위성항법장치, 카메라, 신용카드, 인터넷 커뮤니케이션을 통해 개인의 이동경로와 구매 패턴, 소비기호, 일일 운동량 등 다양한 데이터를 수집하는 것이다. 기업과 정부는 라이프로그 데이터를 활용하고 이를 상업화하고 있다. 이것들의 궁극적인 종착역은 전인류 노예화이다.

회전문처럼 돌아 가면서 일하는 비밀 결사들

우리들 모두는 빅브러더 정부와 대기업 자본주의 지배가 그 꼭대기에서 회전문을 가지고 있음을 알고 있다. 러시아 KGB와 미국의 CIA는 때로는 같은 목적을 가지고 작전을 하고 때론 교차 근무도 한다. 높은 회전문안에 들어가면 모든 사람들의 피아가 사라지고 같은 편이 된다. 정확히 같은 일이 국방부와 실리콘 밸리에서 일어난다. 하나의 명백한 예는 DARPA에서 일했던 Regina Duran이 구글에서 일했고, 그런 다음 페이스북에서 일했다.

심지어 MSM(Main Stream Media)도 거대 테크 회사와 펜타곤 사이의 연결을 인정한다.

글로벌리스트들은 구글, 아마존, 페이스 북 등을 통해 얻은 비슈느식 개인 정보들을 통합하여 빅 데이터 통제사회 시스템을 확립하고 있으며 신세계질서 속에서 함께 살아갈 수 있는 적합한 사람들을 데이터 베이스화 하고 있다.

펜타곤-CIA 영향력은 더 이상 무시될 수 없다.

미국 사회 뿐 아니라 이제 전 세계는 하나의 빅 데이터 통제 사회로 최적화 되어 가고 있다. 그 결과물이 앞으로 10년 동안 이루어질 2030 유엔 지속가능개발목표(SDG)를 실현시키는 유엔 ID2020 프로젝트이다. 유엔이라는 기구가 일루미나티 산하 단체인 것을 아는가? WHO(세계보건기구)나 WTO(세계무역기구)들을 펜타곤이 통제하고 있다는 사실을 아는가? 미국이란 나라가 일루미나티 CFR에 의해서 통제되고 있다는 사실을 아는가? 다국적 기업이나 크고 작은 재벌들의 사업들을 CIA가 사찰을 하고 있는지 아는가? 일루미나티 정보기관들이 세계 종자회사, 국정 교과서, 미디어, 신문, 방송, WCC, WEA 등 모든 것들을 장악하고 있는 것을 아는가?

일루미나티(펜타곤,CIA, MIC : 군사정보단지)가 장악한 미디어들

CNN, AFP, NBC, ABC, AP, CBS, BBC, 이코노미스트, 월 스트리트 저널, 알자지라, 뉴욕 타임즈, 워싱톤 포스트, 로이터 통신, 페이스북, 구글, 유로뉴스, CCTV, NHK, 러시아 방송, 세계 모든 국영방송과 SNS, 모든 포털 사이트, 유 튜브 등의 모든 미디어들이 영국 더 시티 오브 런던에 있는 금융 카르텔인 로스 차일드와 그들의 꼭두각시인 세계 정보기관들에 의해 완벽 통제되고 있다는 사실을 아는가?

코비드-19, ID2020, 유엔 지속개발가능목표 2030 어젠다의 음모론

음모론(陰謀論)이란 실체가 드러나지 않는 사건이나 비밀들을 말할 때 사용된 단어이다. 즉 사회에 큰 반향을 일으킨 사건의 원인을 명확히 설명할 수 없을 때 그 배후에 거대한 권력이나 비밀스러운 조직이 있다고 여기며 유포되는 소문이다. 역사적으로 보면 중요한 사건마다 음모론이 있었다. 1774년 미국 독립 혁명의 도화선이 된 "보스톤 차" 사건, 미국을 2차 세계대전의 참전국가로 만든 일본의 진주만 습격, 1789년 프랑스 혁명, 1917년 러시아 볼세비키 혁명, 911 무역센터 테러, 1차 세계대전의 도화선이 된 1914년 사라예보 암살 사건, 에이즈 바이러스, 존 F 케네디 암살, 링컨 암살, 다이애나 왕세자비 죽음, 피자 게이트, 딥 스테이트 공산주의 세계정부, 모짜르트의 죽음, 미국 남북 전쟁의 진실 등 이루 말할 수 없는 음모론들이 있다.

그런데 음모론으로만 퍼졌던 소문들이 잘 짜여진 시나리오 각본대로 이루어진 역사적인 사실이라면 당신은 앞으로 다가올 역사가 가져오는 모든 일에 가장으로서, 또는 한 조직의 리더로서, 아니면 같은 시대에 살아가는 한 사람으로서 어떤 책임을 질 수 있는가? 세상에서 영원히 감춰질 비밀은 없다. 언젠가 모든 진실이 드러 나고 거짓들이 심판을 받는다. 지금까지 승자들이 써 온 역사적 사실들이 모두 거짓들인 것이 하나씩 드러나고 있다. 지식과 정보화 시대 과거에 특수한 계급들만의 소유였던 정보와 지식들이 모든 사람들의 것으로 돌아오고 있는 시대가 되었다. 그래서 알고자 하는 열심만 있다면 역사적 진실에 누구든지 다가갈 수 있는 것이다.

가축인간이란 정의는 개와 돼지처럼 먹고 마시고 살아 가는데만 집중하는 존재를 말한다. 그들에게는 정의, 진실, 공의와 같은 것들은 사치일 뿐이다. 좀 배웠다는 사람들조차도 그들 중심은 원심력의 가치관을 벗어날 수 없는 것이 가축인간의 특징이다. 그러하기에 한 번 역사적으로 평가되어 머리에 각인된 거짓 정보는 영원히 자기가 지켜야 할 배부르게 못할 소유물이 되는 것이다. 이것을 엘리트 인간들은 너무나 잘 알기에 가축인간들에게 혼돈의 사건들에 대한 빠른 결론을 내려 주면 자동적으로 가축인간들은 자신의 코드에 맞는 줄에 서서 싸우기를 시작하는 것이다.

코비드-19, ID2020, 유엔 지속개발가능목표 어젠다 2030과 같이 현재 전 세계인들이 당면한 사건들이 있다. 한 지역이나 단지 몇 몇 사람의 문제가 아닌 전 인류적인 문제에 봉착되어 있다. 여기에도 수많은 음모론들이 퍼지고 있다. 코비드-19는 오랜 세월 과학자들이 유전공학으로 만들어진 바이러스다. 코비드 백신 속에 통제사회 시스템이 있다. 코비드-19 백신을 맞으면 하이브리드 좀비인간이 된다. 유엔에서 추진하고 있는 ID2020 디지털 신분증은 1984년 책에서 조지 오웰이 말한 빅 브라더 시스템이다. 유엔이 추진하고 있는 지속개발가능목표 어젠다 2030은 유엔이 2030년까지 세계인구 76억 명중 2/3를 줄이고 제 4차 산업혁명으로 과학적 공산주의 세계정부를 세우는 것이다.

과거의 음모론과 현대의 음모론에는 차이가 있다. 과거의 음모론은 소문만 있을 뿐 판단하는 근거나 결과에 대하여 아무도 예측할 수 없었다. 왜냐하면 그것에 대한 정보나 지식을 얻을 수 없었기 때문이다. 그래서 음모론자들은 역 정보를 흘려서 정적들을 제거하기도 하고, 자신들이 원하는 정책들을 밀어 부칠 수 있었다. 그러나 현대에 와서는 사정이 달라졌다. 이유 없이 뜬금 없는 음모론이 사라졌다. 왜냐하면 어떤 음모론이 나오든지 그 음모론을 판단할 수 있는 정보나 예측할 수 있는 지식들이 축적되었기 때문이다. 예를 들어서 코비드-19 바이러스에 대하여 전문적인 지식을 가지고 판단할 수 있는 사람들이 많이 있다. ID2020 디지털 신분증에 대한 지식도 특정한 사람들만이 가진 지식이 아니라 전문가가 아니라도 관심 있는 모든 사람들이 접근 할 수 있는 보편적인 지식과 정보이다.

코비드-19 면역 백신은 박테리아가 바이러스에 감염되어 자동면역 체계를 세운 원리를 이용한 크리스퍼 유전자가위 기술을 이용한 것이다. 유엔 지속개발가능목표 2030 어젠다 역시 유엔이 2030년까지 추진할 17개 어젠다와 이에 따른 169개의 정책들이 이미 공개되어 있다. 이것들을 요약하고 분석하고 판단할 디지털 정보 기술들도 함께 있다. 누구나가 생각하고 판단할 수 있는 것들에 대하여 음모론이라고 몰아 부친다면 그것은 독재자들이 말한 거짓선전일 뿐이다. 일정한 목적을 가지고 정책을 만들고 언론이나 어떤 전문가 집단의 이익을 추진하는 세력들에게는 큰 장애물이 될 것이다. 그러나 정상적인 국가의 권력이라면 기본적인 정보나 지식을 가지고 판단 할 수 있는 공간과 여유를 주어야 할 것이다. 이 책에서는 음모론이든 아니면 사실이든 정보와 지식을 전해 주는 것이 목적이다. 판단은 오직 독자들이 할 뿐이다. 그리고 그 책임도 역시 독자들의 몫이다.

유엔 세계 정부 디지털 신분증 ID 2020

ID 2020이란 유엔이 2030년까지 지구상에 거하는 모든 사람들에게 디지털 신분증을 제공하여 UN 2030 지속가능개발목표(SDG)를 실현하기 위해 민간부문과 공공부문이 파트너십 형태로 구성한 컨소시엄을 말한다.

이 프로젝트는 블록체인을 이용하여 난민들도 현재 거주지에서 기본적인 교육 및 의료 서비스를 받을 수 있도록 자신의 신분을 증명할 수 있는 서류를 가질 수 있게 하는 것을 목표로 하고 있다. 원래 디지털 화폐인 비트코인의 거래 원장 작성을 위해 개발된 기술인 블록체인은 이처럼 다른 분야에서도 데이터를 추적하는데 광범위하게 활용되고 있다.

액센츄어와 마이크로소프트는 ID2020프로젝트의 일환으로 블록체인 기반의 디지털 ID 네트워크를 구축하고 있으며 2017년 6월 19일 뉴욕 UN 본부에서 열린 ID2020 2차 정상회담에서 시제품 시연회를 가졌다.

유엔 제 4차 산업혁명 과학적 공산주의 유토피아

2015년 9월 유엔 총회에서 결의된 유엔의 2030년 지속가능개발목표 17개 어젠다 169개 세부정책은 유엔이 꿈꾸는 제 4차 산업혁명을 중심으로 한 과학적 공산주의 유토피아 프로젝트이다. 유엔은 2030년까지 ID2020 디지털 신분증을 전 세계 시민들에게 심고 유엔을 중심으로 정치, 경제, 종교를 통합 하고 지속개발가능 어젠다 17개를 성취하여 과학적 공산주의 유토피아를 만들려는 구상을 하고 있다.

유엔 2030 지속가능개발 17개 어젠다 내용, 빅 브라더 세계정부

1. 세계 모든 국민의 빈곤 퇴치
2. 세계 식품 안전 영양 개선
3. 세계 모든 연령이 누리는 웰빙 추구
4. 세계 모든 이에게 교육과 평생 학습권 보장
5. 세계 성 평등 추구와 여성과 소녀의 권리 보장
6. 세계 모든 사람에게 깨끗한 물과 위생 보장
7. 세계 모든 사람에게 에너지 보장
8. 세계 모든 이에게 양질의 일자리 보장
9. 세계 모든 곳에서 인프라 구축과 산업화 추구
10. 세계 모든 국가 사이의 불평등 해소
11. 세계 모든 안전한 도시 거주지 확보
12. 세계 모든 이들에게 안정된 소비와 생산 보장
13. 세계 기후 변화에 대한 조치
14. 세계 바다와 해양자원 보존
15. 세계 육지 생태계 보존
16. 세계 모든 사람에게 정의에 대한 접근권 제공
17. 어젠다 17개 성취를 위한 실행 수단 강화와 글로벌 협력 강화

유엔의 2030 지속가능개발목표 어젠다가 이끌고 있는 세계정부의 특징을 요약하면 다음과 같다. 자본주의가 사라지고 세계 모든 국민

들에게 기본소득이 주어지는 공산주의 세상이된다. 모든 도시들은 균등하게 개발이 되어 스마트 시티로 통제 관리를 받게 된다. 원격의료 시스템이 확립되어 병원은 수용소가 되고 모든 사람들이 스마트 원격 의료혜택을 받게 된다. 자연과 환경을 보존하기 위해 규제가 강화되고 모든 산업이 통제되어 강제로 재편된다. 모든 국가들은 평준화 되고 블록화 되어 세계정부의 분권된 권력의 통제를 받는다. 세상의 모든 성의 차별은 없어지고 남녀노소 그리고 연령의 차별도 사라지게 되므로 가족이 해체되고 종교의 가치가 파괴되어 종교라는 단어가 사라진다. 개인과 국가 간의 차별이 없어지고 평등화 시키는 기술이 도입되어 서로를 감시하고 분리시키는 공산주의 통제시스템이 작동한다. 이런 모든 것들이 강력한 세계정부 권력에 의해서 완성되도록 제 4차 산업 빅 데이터 정부가 들어서서 통제를 한다. 이것이 1984년이란 죠지 오웰의 빅 브라더 시대인 것이다. 이것이 성경에 기록된 세상 마지막 날에 등장할 세계정부인 일곱 머리 열 뿔, 666 적그리스도의 자동화 시스템이다. (계13:16-18)

세계사에 나타난 전염병의 역사

주전 404년 페르시아를 이기고 델로스 동맹의 맹주가 된 아테네는 작은 나라 스파르타 군대가 퍼뜨린 장티프스 전염병으로 망했다. 주후 1204년 제 3차 십자군 원정을 통해 해상 무역을 독점한 베네치아 상인들은 전 유럽 항구에 페스트에 감염된 쥐떼들을 풀어 유럽의 인구 절반을 죽게 하여 중세 봉건제도를 붕괴시키고 인문주의 문예부흥을 통해 종교개혁을 성공한 후 중세 1000년의 암흑시대를 끝내고 정치, 경제, 종교 권력을 빼앗아 왔다. 1492년 콜럼버스는 천연두, 장티프스 등과 같은 전염병을 남북 아메리카에 퍼뜨려 1억 명의 원주민들을 살해하고 신대륙 식민제국을 건설했다.

코비드-19를 통해 가시화된 제 3차 세계 대전

2019년 12월 1일 중국 우한에서 코로나바이러스 첫 번째 확진자가 나오면서 시작된 코로나 사태는 2021년 2월10일 현재 확진자 1억 737만8512명이고 사망자는 234만8702명이다. 1년 만에 전 세계를 휩쓴 코로나 사태는 인류 최초 세계 모든 곳에서 일어난 팬데믹 사건이 되었다. 코비드-19를 통해서 일어난 세계적인 지각변동의 결과는 어떤 상황으로 전개가 될까?

코로나 팬데믹을 통해 전 세계 경제는 마비되고 재벌들이 해체되고 있다. 국가들은 부도가 나고 소득이 없어진 자영업자들은 국가를 상대로 폭동을 일으킨다. 이것이 기아 팬데믹이다. 이로 말미암아 전쟁 팬데믹으로 이어지는 것이 제 3차 세계 대전이다. 제 3차 세계 대전을 통해서 세계 인구는 2/3가 청소되고 마지막 세계정부인 제 3 유엔이 등장하면서 제 4차 산업혁명을 통한 신세계질서가 인류 역사 마지막 7년을 앞두고 시작된다.

코로나 백신을 통한 인종청소

하나님께서는 아담이 타락한 후 세상을 일곱 머리 열 뿔 제국을 통해 통치하시면서 구속의 역사를 이루어 가신다. 애굽, 앗수르, 바벨론, 페르시아, 그리스, 로마, 그리고 마지막 적그리스도의 나라인 미국이다. 지금 미국에서 코로나가 창궐하고 있다. 세계 기축통화 국가이며 세계 최강의 경찰국가인 미국이 무너지고 있다. 이것이 하나님께서 세상을 심판하시는 시나리오이다.

세계 최강의 자본주의 경제대국의 상징인 미국이 무너지므로 사유재산제도인 자본주의가 무너지고 전 세계는 공산주의 세상이 펼쳐진다. 세계 최강의 자유 민주주의 국가인 미국이 무법천지로 무너지면서 세계는 역사 이래 최악의 독재 통제 정부가 들어선다. 이것이 코로나가 꿈꾸는 신세계질서이다. 사탄의 세력들은 지금까지 언론을 통해서 세상을 장악하고 그들이 원하는 세상을 만들어 가고 있다. 그러나 언론을 통한 세계 장악은 완벽 통제사회를 세우는데 한계가 있다. 그래서 코로나를 통해 마스크를 쓰게 하고 마스크 대신 백신을 사용하여 완벽 통제사회를 만들어 가고 있는 것이다.

신세계질서는 사탄의 세력들이 꿈꾸는 세상에 세워질 과학적 공산주의 유토피아이다. 그런데 이런 세상을 만들어 가는데 가장 큰 걸림돌은 너무 많은 인구가 문제이다. 인구가 많으면 경쟁이 생기고 경쟁이 생기면 갈등과 폭력과 전쟁이 따르기 때문에 지상에 그들이 꿈꾸는 이상 국가를 세울 수 없는 것이다. 그래서 인구를 조절해야 하는 것이다. 코로나 바이러스 백신은 세상의 인구를 조절하는 방편이고 세상에 사람들을 통제하는 수단으로 만들어 졌다. 이것은 빌게이츠가 공개적으로 천명한 사실이다. 그는 백신을 통해 세계 인구 15%를 조정할 수 있다고 하였다.

사람의 유전자를 변경시키는 코로나 백신의 정체

그동안 만들어진 천연두, 홍역, 소아마비와 같은 백신들은 우리 몸의 면역 체계가 감당할 수 있도록 약화시킨 바이러스를 몸 안에 넣어서 항체를 만들게 하는 방법이었다. 그래서 모든 백신들은 제약회사에서 만들었다. 그러나 코비드-19 백신은 유전자를 변경시킨 백신이 사용된다. 그리고 이런 백신을 만든 회사들 역시 유전공학 회사들이다. 대표적인 유전공학 회사들은 미국의 모더나와 미국 화이자와 독일 엔테크 합작 회사이다.

코로나 바이러스는 2003년 사스, 2012년 메르스, 2019년 코비드 19로 거의 10년을 주기로 진화시켜 왔다. 홀로 번식하지 못한 단백질 결정 형태로 존재하던 코로나 바이러스가 숙주세포를 만나면 숙주세포의 세포막과 결합한 뒤 내부로 유입된다. 숙주세포 안으로 들어간 바이러스는 먼저 이제껏 자신을 보호해준 단백질 외피를 벗어버리고 숙주세포의 유전물질 복제 기능과 단백질 생성 기능을 이용해 자신의 유전물질과 단백질 외피를 잔뜩 만들어낸 뒤 이들을 다시 조립해 자신과 닮은 바이러스 세포들을 증식시킨다.

바이러스의 숫자가 포화 상태가 되면 이들은 숙주세포를 떠나 다른 숙주세포를 다시 감염시키면서 생명 활동을 이어간다. 이처럼 바이러스의 기본 생활사가 숙주세포에 침투해 이들의 유전자 복제 기능과 단백질 생성 기능을 교란시킨 뒤 탈출하는 과정으로 구성되어 있기 때문에 이 과정에서 숙주세포의 유전 정보를 교란시키거나, 세포 용혈을 촉진시켜 여러 가지 다양한 질병의 원인이 되기도 한다.

이처럼 코로나 바이러스의 특징은 우리 몸의 세포 속에 있는 DNA 유전자를 변경시키도록 만들어져 있다. 그래서 코로나 바이러스 백신도 코로나 바이러스를 우리 몸속에 넣어 수많은 또 다른 코로나 항체 바이러스를 생성시켜 면역체계를 만들게 하는 것이다. 이러한 원리로 스웨덴 정부는 코로나 바이러스를 통제 하지 않고 60% 이상 국민들이 코로나 바이러스에 전염이 되게 하여 집단적으로 면역체계를 만들게 하는 정책을 채택하기도 하였다.

코로나 백신을 만드는 방법은 3-4가지가 있다. 코로나 바이러스로 변경된 DNA 유전자를 만들어 사람 세포 속에 직접 주입시키는 방법과 코로나 바이러스로 변경된 RNA를 세포 속에 넣어 리보핵산이 DNA 정보를 복제하여 다른 세포들에게 전달하는 과정에서 유전자를 변형시키는 방법과 직접 코로나 바이러스를 우리 몸 세포 속에 넣어 코로나 바이러스 항체를 만들게 하는 방법 등이다. 화이자와 모더나와 같은 대부분의 회사들은 변조된 RNA 유전자 방법을 사용하여 백신을 만든다. DNA나 RNA를 변경시켜 백신 바이러스를 만들 때 식물, 동물, 어린아이 체세포를 사용한다.

그러나 이런 방법으로 우리 몸 세포 속에 코로나 바이러스를 넣어 항체를 만드는 과정에서 수 천 가지의 돌발사건이 일어나는데 코로나 바이러스가 우리 몸 세포 속에 들어가 의도한 대로 항체를 만들어 내지 못하고 건강한 면역 세포들을 교란시켜 암세포가 만들어 지기도 하고, 졸도, 고열, 에이즈 바이러스처럼 우리의 몸의 건강한 면역 세포를 서서히 파괴시켜 생명을 잃게 하기도 한다. 그래서 백신 회사들은 백신을 판매하면서도 부작용을 책임을 지지 않기 위해 판매 국가들과 계약을 할 때 서약서를 쓰게 하는 것이다. 그런데 왜 이렇게 무서운 백신을 세계 모든 국가들이 경쟁하듯 구매를 하고 접종을 하고 있는가? 이것이 세상을 지배하고 있는 엘리트 인간들이 매스컴이란 무기를 통해서 마녀 사냥을 하기 때문이다.

코로나 바이러스 백신 속에 들어간 루시페라제 하이드로겔 센서

코로나 백신 속에는 변조된 RNA 백신이 깨지지 않고 의도한 대로 세포 속에 주입시키고 그것이 바로 착상 되었는가를 확인하기 위해 루시페라제 하이드로겔 형광 물질이 포함 되어 있는데 이것은 2012년 미 국방과학연구소에서 만든 1억 분의 1cm 크기의 나노 센서이다. 하이드로겔 센서는 사람 몸속에 들어갈 때는 액체로 들어가서 바로 몸에 있는 세포들과 결합하여 몸의 일부가 되어 버린다. 그리고 마우스를 통해 원하는 부위에 형광 물질인 루시페라제를 이동 시킬 수도 있다. 루시페라제 하이드로겔 센서는 코로나 백신과 함께 DNA 속에 있는 모든 유전자 정보를 읽어 스마트 폰 앱을 통해 보건소나 국토 안보부에 생체정보를 전달하게 된다. 뿐만 아니라 하이드로겔 루시페라제는 쌍방향 인터 페이스로 원격으로 신호를 보내 나의 유전자 정보를 변경시킬 수도 있다. 하이드로겔 루시페라제를 통해 혈당, 고열, 혈압, 항산화 과정, 심지어 생각까지도 읽을 수 있다. 그리고 반대로 나를 원격으로 마음대로 조종할 수도 있다. 모든 사람들이 하나의 컴퓨터에 연결된 단말기처럼 통제를 받을 수 있다는 것이다. 이것이 빅 데이터 제 4차 산업 혁명으로 만든 지구촌 인간 목장화 프로젝트이다.

이미 킹스 맨 이란 영화에서 예배를 드리는 성도들 몸에 칩을 넣어 원격으로 조종하여 서로가 서로를 죽여 몰살시키는 장면이 연출되는 것이 이런 원리이다. 코로나 백신을 통해 인간은 1.0의 정상적인 인간에서 2.0의 업그레이드 된 인간으로 바뀐다. 전쟁이 일어나는 혼란한 사태를 이용하여 한 도시나 한 마을의 사람들을 서로를 죽이는 원격 조정에 의해서 순식간에 청소해 버릴 수 있는 무기이기도 하다. 그래서 빌 게이츠는 코로나 백신을 통해서 세계 인구를 10-15% 줄일 수 있다고 말한 것이다. 인간을 좀비로 만들 수 있고 인간을 살인 병기로 사용할 수 있다. 여왕벌을 위해 모든 벌들이 몰려들 듯이 적그리스도를 위해 온 인류가 북한 공산당처럼 한 사람의 우상 앞에 경배하게 할 수 있게 하는 것이다.

성경에 기록된 짐승의 표와 어린 양의 표

루시페라제 하이드로겔 센서는 요한 계시록에 기록된 짐승의 표이다. 짐승의 이름은 물질 세계를 다스리는 루시퍼(Ruciper)이다. 루시페라제(Ruciperase)란 이름이 바로 루시퍼의 이름이다. 백신 속에 있는 루시페라제란 루시퍼가 사람 몸 유전자(DNA) 속에 들어와 그 사람을 조종하고 사는 것을 의미한다. 표(seal)란 뜻은 소유권을 넘기고 받을 때 찍은 도장이란 뜻이다. 구원 받은 성도는 성령의 인침을 통해 예수님의 몸이 된다. 예수님의 몸이 되었다는 뜻은 예수님의 마음대로 살아가는 사람이 되었다는 뜻이다.

그러나 실제로 그리스도인들은 그렇게 살지 않고 자기 마음대로 살아간다. 말로는 교회라고 하면서, 자신은 구원 받았다고 하면서 자신의 몸을 산제사로 드리지 않고 살아간다. 이것이 불신앙이고 죄이다. 예수님은 모든 인류를 구원하시기 위해 십자가에 죽으시고 우리 모두를 살리시기 위해 우리를 예수님의 몸 된 교회로 부르시고 계신다. 그러나 인간들은 눈에 보이는 물질만 섬기고 돌아오지 않고 있다. 그래서 하나님은 최후의 심판을 내리실 때 물질이 좋아 하나님처럼 섬기는 사람들에게 짐승의 표를 받게 하여 심판을 받게 하시고 어떤 상황에서도 하나님 말씀에 순종하여 예수님의 몸으로 살아가는 성도들에게 어린양의 표를 찍어서 구원해 내시는 것이다.

코로나 바이러스는 세계의 역사를 모두 바꾸어 버린다. 정치, 경제, 종교, 학교, 직장들이 모두 마우스 하나에 의해서 작동이 되는 제 4차 산업 혁명으로 들어간다. 마우스 통제를 따르지 아니한 자들은 먹고 살 수 없다. 치료를 받을 수 없다. 대중교통을 이용할 수 없고, 매매도 할 수 없다. 먹고 살기 위해 스스로 마우스의 노예로 등록을 해야 하는 것이다. 이것이 불신 세계를 심판하시는 하나님의 최후의 심판이다. 그러나 구원 받은 그리스도인들은 이미 영생을 얻었기 때문에 어린양이 어디로 인도하든지 따라간다. 예수님과 같이 순교자가 되는 것이다.

지금까지는 우리가 마음대로 불순종하면서 살 수 있었다. 그러나 이제는 그런 자유가 다 사라지게 된다. 내가 무엇을 좇아서 살아 왔는가에 따라서 미래가 천국과 지옥으로 결정이 되는 것이다. 사람들은 코로나 바이러스 사태가 사라지기를 간절하게 바란다. 그래서 마음대로 여행도 하고, 모임도 갖고, 잔치도 하기를 원한다. 그러나 꿈을 깨시라! 이제는 모든 것들이 사라지게 된다. 그동안 인간들은 하나님이 주신 무한한 자유를 만끽하고 무한정 죄를 지었다. 그래서 이제 하나님은 인간에게 주신 모든 자유를 하나씩 제거하시면서 알곡과 가라지를 골라 내시는 것이다. 당신의 생명이나 당신의 자녀들의 생명들도 모두 먹고 살기 위해 사탄 루시퍼에게 제물로 바쳐져야 한다. 이것이 그동안 누렸던 자유에 대한 심판이다.

시작된 천지 개벽(The Great Reset)

2020년 1월 23일부터 스위스 다보스 포럼에서는 The Great Reset란 제목으로 회의가 열렸다. 결론적으로 말하면 이미 자본주의란 세계 경제 시스템은 무너졌기 때문에 세계 경제 시스템을 새판으로 짜야 한다는 것이다. 이것이 바로 제 4차 산업 혁명의 디지털 화폐이다. 전 세계를 빅 데이터를 이용하여 하나의 공산주의 경제 시스템으로 만들어야 한다는 것이다. 이것이 바로 ID2020 프로젝트이다. 유엔의 지속가능개발목표 어젠다 17개이다. 이것을 가시화하고 추진하는 것이다.

2019년 10월 18일 미국 뉴욕에서는 세계경제 포럼(WEF), 빌 앤 멀린다 재단, 존스 홉킨스 대학의 주최로 이벤트 201 회의가 있었다. 이 회의는 세계적으로 코로나 팬데믹 사태가 일어났을 때 어떻게 대처해야 하는가에 대한 도상 훈련이었다. 그런데 그들이 도상 훈련한 그대로 2020년 12월1일부터 중국 우한에서 코로나 바이러스가 시작되고 전 세계를 강타하고 있는 것이다.

스위스 다보스 포럼은 이미 2012년 자본주의가 망하였다고 선언을 하였다. 2016년 클라우스 슈밥 다보스 포럼 회장은 제 4차 산업 혁명을 통한 세계경제 리셋을 주장하였다. 그리고 2020년 코로나를 통해 세계 경제의 숨통을 끊고 그들이 꿈꾸는 신세계질서 작전을 시작한 것이다. 세계 기축통화인 미국의 달러가 무너진다. 부실화된 중국 경제가 무너지고 있다. 아프리카에서부터 국가 부도 사태가 일어나고 있다. 세계 모든 국가는 빚을 얻어 국가 재정을 충당하고 있다. 시한부 인생이 병원에서 피를 수혈을 받고 있듯이 세계 모든 국가의 재정이 위기속에서 투석 사태가 이제 끝나고 있는 것이다. 세계 부동산과 주식은 가파르게 상승하고 개인의 수입과 국가의 수입은 줄어들고 재벌들은 해체되고 있다. 이제 마지막 제 2차 세계 대전을 일으켰던 1929년 10월24일 검은 목요일과 같은 미국 주식 시장과 부동산의 폭락이 시작되기 직전에 있다.

천재지변의 기후변화

2021년에 불어 닥칠 세계적인 천재지변은 2020년 보다 더욱 더 거세게 일어난다. 2020년에 일어난 미국 산불, 호주 산불, 시베리아 산불, 시베리아의 고온 현상, 하루 동안 동시에 미국에서 일어난 5개의 허리케인. 하루에 섭씨 30도 이상의 기온차로 폭설과 더위가 겹친 사건들, 중국의 7개월 동안 내린 장마로 인한 홍수, 일본의 태풍, 홍수, 아프리카, 중동, 중국으로 이어진 메뚜기 떼 창궐 등 어마 무시한 자연재해가 일어났다. 알래스카에 있는 하프를 통해 만들어진 기상이변은 인간이 상상할 수 있는 그 이상으로 나타난다. 이미 중국은 주먹보다 큰 우박들이 떨어졌다. 하루에 일 년 동안 내릴 비가 쏟아진다. 지구 한편은 비가 오지 않아 불타고, 지구 반대편은 물 심판을 받는다. 도시를 중심으로 지진이 일어나는데 땅들이 흔들리되 마치 바다의 파도처럼 춤을 춘다. 하루 사이에 눈과 비가 내리고, 벼락을 통해 전깃줄에 불을 붙여 도처에 산불이 일어나고 도시도 불바다를 이룬다. 각종 태풍과 허리케인, 토네이토가 사람들을 기절시키고, 바다의 해일은 50미터 이상 차올라 육지를 삼킨다. 성경은 말세지말에 천재지변을 통한 심판을 자세하게 기록하고 있다.

"땅이 온전히 공허하게 되고 온전히 황무하게 되리라 여호와께서

이 말씀을 하셨느니라 땅이 슬퍼하고 쇠잔하며 세계가 쇠약하고 쇠잔하며 세상 백성 중에 높은 자가 쇠약하며 땅이 또한 그 주민 아래서 더럽게 되었으니 이는 그들이 율법을 범하며 율례를 어기며 영원한 언약을 깨뜨렸음이라 그러므로 저주가 땅을 삼켰고 그 중에 사는 자들이 정죄함을 당하였고 땅의 주민이 불타서 남은 자가 적도다 땅의 주민아 두려움과 함정과 올무가 네게 이르렀나니 두려운 소리로 말미암아 도망하는 자는 함정에 빠지겠고 함정 속에서 올라오는 자는 올무에 걸리리니 이는 위에 있는 문이 열리고 땅의 기초가 진동함이라 땅이 깨지고 깨지며 땅이 갈라지고 갈라지며 땅이 흔들리고 흔들리며 땅이 취한 자 같이 비틀비틀하며 원두막 같이 흔들리며 그 위의 죄악이 중하므로 떨어져서 다시는 일어나지 못하리라"(사24:3-6,17-29)

2021년 기아 팬데믹을 경고한 세계 식량기구

2020년 노벨 평화상을 수상한 세계식량기구(WFP) 총무 비즐리는 2021년에 코로나 바이러스보다 무서운 기아 팬데믹을 경고했다. 코로나 팬데믹은 지구촌에 질병과 함께 굶주림을 몰고 왔다. 앞으로가 더 문제다. 유엔 산하 세계식량계획(WFP: World Food Program)의 데이비드 비슬리(David Beasley) 사무총장은 "코로나로 지구촌이 엄청난 규모의 대량 기아에 직면해 있다"면서 "하루 30만 명씩 죽어 나가는 기아 팬데믹이 우려 된다"고 말했다. 코로나 이전에 세계 기아 인구는 1억3천5백만으로 추산되었다. 하지만 코로나로 인해 전 세계에 기아인구가 급속하게 증가하고 있다. WFP의 이코노미스트 아리프 후세인(Arif Husain)은 세계 기아 인구가 2억6천5백만명으로, 두 배 증가할 것으로 전망했다. 그는 뉴욕타임스 인터뷰에 "우리는 지금 경험하지 못한 새로운 영역으로 가고 있다"고 말했다.

코로나가 인류를 굶주림의 벼랑으로 몰아넣고 있다. 국경 봉쇄로 글로벌 농식품 공급이 차단되고 자가 격리 및 사회적 거리 두기로 공장 가동이 중단되고 많은 실업자가 발생했다. 일자리를 찾아 도시로 몰려온 일용직들은 해고로 수입이 끊어졌다. 그들은 고향으로 돌아갈 길도 없고, 식량을 살 돈도 없다. 고립된 도시에서 저축한 얼마 되지 않은 돈으로 식량을 얻기 위해 하루하루 배급을 받고 있다. 미국 시카고 곡물 시장에서 지난 6개월간 옥수수는 가격 상승폭이 38.5%, 31.0%, 20.0%에 달했다.

뉴욕을 떠나는 200만의 뉴요커들

코로나 사태로 2020년 3월 뉴욕은 봉쇄가 되었고 6월에는 흑인폭동 사태가 일어나 암흑천지가 되었다. 2017년 7월 뉴욕의 비어 있는 아파트는 5912개인데 2020년 말에는 65,000개로 늘었다. 이미 25만 명의 뉴요커들이 도시를 떠났고 200만 명의 뉴요커들이 떠날 준비를 하고 있다. 코로나 팬데믹은 기아 팬데믹으로, 기아 팬데믹은 전쟁 팬데믹으로 전개가 된다. 그리고 전쟁 팬데믹을 통해 세계 인구 2/3가 청소가 되어 사라진다. 이것이 3차 세계 대전이다. 이것이 성경에서 말하고 있는 "The Day"이다. 코비드-19는 마지막 심판으로 가는 출발 신호이다.

전쟁이 일어나면 도시는 지옥으로 변한다. 먼저 전기와 수돗물이 끊긴다. 도시가스가 사라진다. 전쟁 시작과 동시에 도시는 전염병으로 오염이 되어 도시로 통하는 모든 도로는 무장 군인들에 의해 완전 봉쇄가 이루어진다. 도시는 독안에 든 쥐와 같이 되어 버린다. 이것이 예루살렘에서 일어났던 심판이었다. 고층 아파트에 전기가 없어지므로 엘리베이터가 멈춰서 모든 물건이 계단을 통해서 옮겨진다. 전기와 도시가스가 끊어지므로 연료가 없어 음식을 요리할 수 없다. 비축한 식량을 다 먹고 나면 먹을 양식이 없다. 물이 없어 화장실을 사용할 수 없고, 옷을 세탁할 수 없고, 몸도 씻을 수도 없다. 저녁이 되면 암흑천지가 되어 살인, 약탈, 강간, 살기 위한 도둑들의 천국이 된다.

그동안 과학 문명의 혜택을 누리고 천국과 같이 살 수 있었던 도시가 하루아침에 지옥으로 변한다. 이것이 죄악의 도시가 받을 심판이다. 섭씨 40도 무더운 여름 에어컨이 없는 밤을 생각해 보셨는지? 섭씨 영하 30도 추운 겨울 난방이 되지 않는 밤을 생각해 보셨는지? 가축인간들은 눈앞엣 것만을 바라보고 산다. 전후좌우 입체적으로 생각하는 사고 능력이 없다. 다른 사람들의 충고도 받지 않고 무조건 저항한다. 그리고 나중에 자신이 고통을 당할 때 후회한다. 기분 좋으면 웃고 기분이 나쁘면 신경질만 내는 존재가 가축인간의 특징이다. 그래서 심판을 피할 수 없는 것이다.

바벨론 성(도시)이 받을 심판

도시에는 모든 죄악이 가득한 곳이다. 타락한 가인의 후예들이 만들었던 에녹 성부터 유황불의 심판을 받았던 소돔과 고모라, 화산 폭발로 심판을 받은 로마 폼페이 도시가 그러하다. 요한 계시록에는 음행이 가득한 바벨론이란 도시가 받을 심판이 기록되어 있다. 바벨론이란 도시는 금은보석으로 꾸며진 곳이다. 상아와 각종 향품으로 가득하다. 인간의 욕심과 탐욕과 하늘을 찌른 사치와 음란이 가득한 곳이다. 도시에는 풍요가 가득하다. 도시에는 각종 술과 오락이 가득하다. 그래서 도시는 하나님의 심판이 집중된 곳이다. 사도 요한은 바벨론이란 도시에서 떠나라 말한다. 그래서 바벨론이 받을 심판을 받지 말라고 한다.

도시에 사는 여인들은 날마다 뜨거운 허브와 아로마 테라피 물로 목욕을 하고 각종 고급 화장품과 향품을 몸에 발라 피부를 관리한다. 남자들은 헬스장에서 몸을 만들고 호텔 뷔페 식당에서 맛난 음식을 먹고 폼나는 카페에서 커피를 즐긴다. 고급 아파트 안에는 각종 고가 수입품으로 인테리어가 되어 있고, 목소리로 각종 전자 제품이 작동을 하는 최고급 사치품들이 즐비하다. 지구 반대쪽에서는 1달러가 없어 굶어 죽어가는 수 억 명의 어린아이들이 있지만 전혀 관심이 없다 현대인들의 목에는 다이아몬드 십자가 목걸이는 있어도 그들의 마음속에는 단 1달러 십자가는 없다. 이것이 그동안 인류가 누리고 살았던 자유와 풍요와 방종의 죄악들이다. 그래서 도시가 심판을 받는 것이다.

"또 내가 들으니 하늘로서 다른 음성이 나서 가로되 내 백성아, 거기서 나와 그의 죄에 참예하지 말고 그의 받을 재앙들을 받지 말라 그러므로 하루 동안에 그 재앙들이 이르리니 곧 사망과 애통과 흉년이라 그가 또한 불에 살라지리니 그를 심판하신 주 하나님은 강하신 자이심이니라 그와 함께 음행하고 사치하던 땅의 왕들이 그 불붙는 연기를 보고 위하여 울고 가슴을 치며 그 고난을 무서워하여 멀리 서서 가로되 화 있도다 화 있도다 큰 성, 견고한 성 바벨론이여 일시간에 네 심판이 이르렀다 하리로다 땅의 상고들이 그를 위하여 울고 애통하는 것은 다시 그 상품을 사는 자가 없음이라 그 상품은 금과 은과 보석과 진주와 세마포와 자주 옷감과 비단과 붉은 옷감이요 각종 향목과 각종 상아 기명이요 값진 나무와 진유와 철과 옥석으로 만든 각종 기명이요 계피와 향료와 향과 향유와 유향과 포도주와 감람유와 고운 밀가루와 밀과 소와 양과 말과 수레와 종들과 사람의 영혼들이라 바벨론아 네 영혼의 탐하던 과실이 네게서 떠났으며 맛 있는 것들과 빛난 것들이 다 없어졌으니 사람들이 결코 이것들을 다시 보지 못하리로다" (계18:4,8-14)

마지막 구원 열차

마지막 구원 열차가 떠날 준비를 하고 있다. 마지막 구원 열차에는 4개의 칸이 있다. 아직은 모두 자리가 비어 있다. 1등 칸에는 7년 대환난 전에 휴거에 동참한 성도들이 탄다. 2등 칸에는 후 삼년 반 시작할 때 광야교회 성도들이 탄다. 3등 칸에는 7년 대환난 기간 동안 순교할 순교자들이 탄다. 4등 칸에는 7년 대환난 끝에 환난 기간 중에 적그리스도 짐승의 표를 받지 않고 살다가 예수님의 재림을 맞이하는 이스라엘의 남은 자들과 도시를 등지고 산간 유벽한 곳에서 자연인처럼 살던 이방인 불신자들이 탄다. 이들 모두는 마지막 구원 열차를 타고 예수님의 나라 천년왕국에 들어간다.

1등 칸에서 3등 칸에 탔던 휴거자들과 광야교회 성도들과 순교자들은 첫째 부활에 참여하여 천년동안 예수님과 함께 왕노릇 한다. 4

등 칸에 타고 천년왕국에 들어간 짐승의 표를 받지 않는 이스라엘의 남은 자들과 이방인 불신자들은 천년왕국 백성들이 되어 예수님과 교회의 통치를 받으면서 다시 한 번 천년왕국에서 구원을 얻기 위해 훈련을 받는다. 천년동안 예수님과 교회의 통치를 받으면서 훈련을 받은 천년왕국 백성들은 천년왕국 끝에 무저갱으로부터 풀려 나온 용을 통해 미혹을 받은 곡과 마곡의 시험을 이기고 구원 받은 백성들이 되기도 하고 용의 미혹을 받아 백보좌 심판을 받을 자도 있게 된다. 그 후 백보좌 심판 때 아담 이후 죽은 모든 죄인들이 부활하여 심판을 받고 영벌에 들어가고 생명책에 기록된 모든 자들은 영원한 하나님 나라에 들어간다.

마지막 완성된 천년왕국을 아버지께 바친다.

예수님은 천년왕국을 통해 아담이 실패한 에덴의 하나님의 나라를 회복시키고 마지막 무저갱에 갇혀 있다가 풀려난 용과 곡과 마곡을 심판하여 하나님의 영광을 훼방한 존재들을 없이 하신 후 완성된 천년왕국을 하나님 아버지께 바치신다. 그 후 아들의 나라는 아버지의 나라와 연합하여 하나가 되므로 하나님의 구속의 역사는 끝이 난다.

유전자 가위로 만들어진 코비드-19 바이러스

코비드-19 바이러스는 유전자 서열 중에서 둥그런 돌기부분을 퓨린이란 제한효소인 유전자 가위로 싹뚝 잘라내고 그 자리에 존재하지 않던 12개의 염기를 삽입시키면 세포 표면이 말랑말랑하게 되어 돌기부분이 잘려 나가 뾰쪽해진 코로나 바이러스가 세포속으로 쉽게 밀고 들어 갈 수 있게 만들어 졌다. 이와 같이 정교하게 만들어진 코비드-19 바이러스는 절대로 돌연변이나 자연적으로 일어날 수 있는 현상이 아니다. 최고의 유전공학인 유전자 가위 기술로 직접 편집하지 아니하면 과학적으로 불가능 하다. 코비드-19 바이러스는 제한효소인 유전자 가위로 코로나 스파이크 바이러스 꼭대기 뭉툭한 부분을 잘라 뾰쪽하게 만들어 세포벽을 뚫고 들어가기가 쉬워져서 전염성이 강한 바이러스가 되는 것이다. **사스 코로나 바이러스보다 코비드-19 바이러스가 더 잘 전파되는 것도 이런 퓨린 절단과 관련이 있다.**

홍콩 출신 바이러스 학자인 옌리멍 박사는 2020년 9월 15일 공개한 논문을 통해 코비드-19 바이러스가 자연계에서 생겨난 것이 아니라 유전자 재조합을 통해 인위적으로 만들어졌다고 주장했다. 옌 박사는 지난해 2019년 12월 코비드-19 바이러스를 처음 연구한 학자들 가운데 한 사람으로 알려져 있다. 그는 코비드-19 전파 초기에 이 바이러스가 사람들 사이에 전파된다는 사실을 보고했지만 중국 정부가 이를 묵살했다고 주장해 왔다. 옌 박사는 신변의 안전을 위해 홍콩을 떠나 2020년 4월부터 미국에서 생활하고 있다. 코비드-19 바이러스를 유전자 가위로 편집했다는 내용은 옌박사 뿐 아니라 수많은 유전공학자들이 주장하고 있다.

이날 개방형 정보 플랫폼인 제노도(Zenodo)에 공개한 논문에서 옌 박사는 코비드-19가 실험실에서 만들어졌다는 자신의 주장을 뒷받침할 근거를 제시했다. 실험실에서 실제로 6개월이면 코비드-19 바이러스를 만들 수 있다며 실험 스케줄까지 예시하기도 했다. 옌 박사는 논문에서 코비드-19 바이러스가 자연적으로 발생하는 동물성 바이러스와는 염기서열이 일치하지 않는 생물학적 특성을 보인다고 주장했다. 논문에서는 코비드-19 바이러스의 유전자 가운데 스파이크(S) 단백질 유전자가 ZC45나 ZXC21과 다른 것은 재조합 때문이라고 설명했다.

옌 박사는 수용체와 결합하는 부분(RBM)과 관련된 유전자를 ZC45나 ZXC21에서 들어내고 대신 사스(SARS·급성중증호흡기증후군) 바이러스의 RBM 유전자를 끼워 넣은 것으로 보인다고 주장했다. 이로 인해 코비드-19가 사람 세포 수용체에 잘 결합하게 됐다는 설명이다.

옌 박사는 또 끼워 넣은 RBM 유전자 양 끝에서 유전자 가위가 작용한 흔적도 발견됐다고 주장했다. 이와 함께 논문에서는 비슷한 다른 코로나 바이러스에선 발견되지 않는 퓨린 절단(Furin Cleavage) 현상이 코비드-19에서 발견되는 것도 인공적인 바이러스 증거로 들었다. 옌 박사는 ZC45나 ZXC21 바이러스 유전자를 뼈대로 해 필요한 유전자를 끼워 넣는 방식이면 6개월 이내에 코로나19 바이러스를 만들 수 있다고 주장했다.

교회가 완성되면 새로운 우주가 재창조 된다

미국의 일루미나티 글로벌리스트들은 병들어 망가진 세상을 리셋(재창조)하려고 한다. 코비드-19 바이러스를 만들어 구제불능인 세상을 멈춰 세우고 새로운 빅데이터가 지배한 제 4차 산업혁명의 과학적 공산주의 유토피아를 만들려고 하는 것이다. 그들이 이렇게 하려고 하는 근거는 구약 선지서에서 언급하고 있는 다윗의 메시아 왕국에 대한 약속이다.

"이새의 줄기에서 한 싹이 나며 그 뿌리에서 한 가지가 나서 결실할 것이요 여호와의 신 곧 지혜와 총명의 신이요 모략과 재능의 신이요 지식과 여호와를 경외하는 신이 그 위에 강림하시리니 그가 여호와를 경외함으로 즐거움을 삼을 것이며 그 눈에 보이는대로 심판치 아니하며 귀에 들리는대로 판단치 아니하며 공의로 빈핍한 자를 심판하며 정직으로 세상의 겸손한 자를 판단할 것이며 그 입의 막대기로 세상을 치며 입술의 기운으로 악인을 죽일 것이며 공의로 그 허리띠를 삼으며 성실로 몸의 띠를 삼으리라 그 때에 이리가 어린 양과 함께 거하며 표범이 어린 염소와 함께 누우며 송아지와 어린 사자와 살찐 짐승이 함께 있어 어린 아이에게 끌리며 암소와 곰이 함께 먹으며 그것들의 새끼가 함께 엎드리며 사자가 소처럼 풀을 먹을 것이며 젖먹는 아이가 독사의 구멍에서 장난하며 젖뗀 어린 아이가 독사의 굴에 손을 넣을 것이라 나의 거룩한 산 모든 곳에서 해됨도 없고 상함도 없을 것이니 이는 물이 바다를 덮음 같이 여호와를 아는 지식이 세상에 충만할 것임이니라"(사11:1-9)

엘리트 인간들은 그들이 발전시킨 과학을 통해서 지상에 다윗의 메시아 왕국과 같은 유토피아를 세우기를 원한다. 그런데 이사야 선지자와 모든 구약의 선지자들이 꿈꾸는 다윗의 메시아 왕국은 다윗의 자손 예수님께서 재림하셔서 세우시는 천년왕국이다. 사람의 힘으로 세워지는 것이 아니라 창조주 하나님께서 새로운 우주를 다시 창조하신 것이다. 아담이 타락한 3차원의 우주는 사라진다. 그리고 예수님께서 다스리는 새로운 우주가 창조된다. 이것이 창세전에 하나님께서 준비하신 아들의 나라이다.

"생각건대 현재의 고난은 장차 우리에게 나타날 영광과 족히 비교할 수 없도다 피조물의 고대하는 바는 하나님의 아들들의 나타나는 것이니 피조물이 허무한데 굴복하는 것은 자기 뜻이 아니요 오직 굴복케 하시는 이로 말미암음이라 그 바라는 것은 피조물도 썩어짐의 종노릇 한데서 해방되어 하나님의 자녀들의 영광의 자유에 이르는 것이니라 피조물이 다 이제까지 함께 탄식하며 함께 고통하는 것을 우리가 아나니 이뿐 아니라 또한 우리 곧 성령의 처음 익은 열매를 받은 우리까지도 속으로 탄식하여 양자 될것 곧 우리 몸의 구속을 기다리느니라"(롬8:18-23)

예수님께서 재림하셔서 교회를 영화롭게 하면 우주가 다시 창조되어 새롭게 된다. 그때 자연만물도 다시 회복된다. 독사들의 독이 없어지고 사자들의 포악성도 사라진다. 자연만물이 하나님의 아들들의 구속의 역사에 참여하는 것이다. 그러나 오른손과 이마에 짐승의 표를 받은 자들은 이런 혜택을 받지 못한다. 왜냐하면 그들은 짐승의 몸이 되어 버렸기 때문이다.

지금 지구상에서 일어나고 있는 The Great Reset(위대한 재창조)은 짝퉁 천년왕국을 만들고 있는 것이다. 과학이 지배하는 천국은 진짜 천국이 아니다. 사람의 유전자를 자연과 우주 에너지와 연결하여 생노병사를 정복한 것은 진짜 영생구원이 아니다. 그것은 창조주 하나님을 향한 도전이요, 우리의 구주되신 예수님의 대속의 은총을 멸시하는 것이다. 코비드-19를 통해서 출발한 The Great Reset(위대한 재창조)은 루시퍼가 창조주 하나님을 향해 배도를 선포하려고 인간들을 자기의 수족(手足)으로 만드는 작전이다.

예수님의 재림은 끝이 아닌 새로운 시작이다.

"그러므로 너희는 이렇게 기도하라 하늘에 계신 우리 아버지여 이름이 거룩히 여김을 받으시오며 나라이 임하옵시며 뜻이 하늘에서 이룬 것 같이 땅에서도 이루어지이다"(마6:9-10)

많은 사람들은 예수님의 재림을 끝으로 생각한다. 그렇지 않다. 예수님의 재림은 새로운 일천년의 교회시대가 시작한 것이다. 이것을 새 예루살렘의 시대라고 한다. 예수님께서 주님의 기도를 가르쳐 주시면서 하나님의 나라가 이 땅에 이루어지도록 기도를 하셨다. 예수님이 말씀하신 땅은 지금 우리가 살고 있는 3차원의 우주가 아니다. 아담이 타락하기 전에 살았던 에덴동산과 같은 곳이다. 에덴동산도 역시 피조세계이다. 그러나 지금 우리가 살고 있는 것 같은 3차원의 감옥 같은 세상은 아니다. 어쩌면 엘리트 인간들이 꿈꾸는 양자역학 속에서 이루어지는 자유스런 새로운 우주인지도 모른다.

양자역학 속의 우주는 시간과 공간 개념이 사라진다. 마음대로 과거 현재 미래의 여행이 가능하다. 공간 여행도 가능하다. 우주 이 끝에서 저 끝까지 순간적으로 이동을 한다. 그러면서도 보고, 느끼고, 맛보고, 듣고, 냄새를 맡을 수 있다. 즉 모든 것들을 경험할 수 있는 것이다. 그래서 그들은 이러한 세상을 꿈꾸고 있다. 인터스텔라와 같은 세상이다. 이것을 다중 우주론이라고 한다. 스티브 호킹 박사는 3차원의 세계를 뺀 눈에 보이지 않는 우주가 10의 500승개가 있다고 한다.

성도들의 본향은 천년왕국이다

"사랑하는 자들아 거류민과 나그네 같은 너희를 권하노니 영혼을 거슬러 싸우는 육체의 정욕을 제어하라"(벧전2:11)

"불의한 자가 하나님의 나라를 유업으로 받지 못할 줄을 알지 못하느냐 미혹을 받지 말라 음행하는 자나 우상 숭배하는 자나 간음하는 자나 탐색하는 자나 남색하는 자나 도적이나 탐욕을 부리는 자나 술 취하는 자나 모욕하는 자나 속여 빼앗는 자들은 하나님의 나라를 유업으로 받지 못하리라 너희 중에 이와 같은 자들이 있더니 주 예수 그

리스도의 이름과 우리 하나님의 성령 안에서 씻음과 거룩함과 의롭다 하심을 받았느니라"(고전6:9-11)

"귀인이 왕위를 받아 가지고 돌아와서 은 준 종들의 각각 어떻게 장사한 것을 알고자 하여 저희를 부르니 그 첫째가 나아와 가로되 주여 주의 한 므나로 열 므나를 남겼나이다 주인이 이르되 잘하였다 착한 종이여 네가 지극히 작은 것에 충성하였으니 열 고을 권세를 차지하라 하고"(눅19:15-17)

세상에 살고 있는 성도들의 본향은 이 세상이 아니라 예수님께서 세우신 천년왕국이다. 그래서 성도들을 나그네와 행인이라고 하였다. 성도들이 이 세상에서 하나님의 말씀대로 살아서 이 세상에서 복을 받는 것이 아니다. 천년왕국에서 복을 받는 것이다. 이것이 영원한 기업이다. 오히려 세상에서 칭찬과 복을 받아 버리면 천국에서 기업을 받지 못한다. 한 므나를 남긴 자는 한 고을을 다스리고, 열 므나를 남긴 자는 열 고을을 다스린다.

사랑하는 예루살렘 딸을 죽이고 다시 살리신 여호와

"어찌하면 내 머리는 물이 되고 내 눈은 눈물 근원이 될꼬 그렇게 되면 살륙 당한 딸 내 백성을 위하여 주야로 곡읍하리로다 어찌하면 내가 광야에서 나그네의 유할 곳을 얻을꼬 그렇게 되면 내 백성을 떠나 가리니 그들은 다 행음하는 자요 패역한 자의 무리가 됨이로다 여호와께서 말씀하시되 그들이 활을 당김 같이 그 혀를 놀려 거짓을 말하며 그들이 이 땅에서 강성하나 진실하지 아니하고 악에서 악으로 진행하며 또 나를 알지 아니하느니라 너희는 각기 이웃을 삼가며 아무 형제든지 믿지 말라 형제마다 온전히 속이며 이웃마다 다니며 비방함이니라 그들은 각기 이웃을 속이며 진실을 말하지 아니하며 그 혀로 거짓말 하기를 가르치며 악을 행하기에 수고하거늘 네 처소는 궤휼 가운데 있도다 그들은 궤휼로 인하여 나 알기를 싫어하느니라 나 여호와의 말이니라 하시니라 만군의 여호와께서 이같이 말씀하시되 보라 내가 내 딸 백성을 어떻게 처치할꼬 그들을 녹이고 연단하리

라”(렘9:1-7)

“그들이 금식할지라도 내가 그 부르짖음을 듣지 아니하겠고 번제와 소제를 드릴지라도 내가 그것을 받지 아니할 뿐 아니라 칼과 기근과 전염병으로 내가 그들을 멸하리라”(렘14:12)

예레미야 속에서 사시면서 딸 예루살렘을 향해 말씀 하신 여호와께서 눈물을 흘리신다. 눈물이 다 말라 없어질때까지 흘리신다. 그래서 소망을 하신다. 내 머리는 호수가 되고 내 눈은 샘이 되어 사랑하는 딸 예루살렘을 위하여 주야로 울고 싶다 말씀 하신다. 여호와께서 예루살렘을 떠나기를 원하신다. 더 이상 함께 눈을 마주치고 살 수가 없어 떠나기를 원하신다. 혹시라도 광야에 천막이라도 있으면 떠나시겠다 말씀 하신다. 그런데 여호와께서 떠날 수가 없다. 갈 곳이 없기 때문이다. 병들어 문둥병자가 되어 버린 예루살렘 딸을 향한 탄식은 계속된다. 어떻게 하면 치료하여 살릴까 백방으로 노력을 해 보시지만 백약이 무효하다.목이 곧은 예루살렘은 거대한 바위처럼 견고하게 서 있다.

그래서 여호와께서 최후의 결단을 내리신다. 치료가 불가능한 예루살렘 딸을 죽이고 다시 새롭게 살려 내는 것이다. 이 방법 밖에는 사랑하는 딸 예루살렘을 잃어버리지 않을 수 있는 방법은 없기 때문이다. 그래서 여호와는 자신이 죽고 예루살렘 딸 속으로 들어가 치료가 불가능한 그들을 녹이고 연단하여 다시 새 사람으로 일으키신다. 그리고 결국 아름다운 신부로 만드신다. 이것이 예레미야가 탄식하면서 전한 복음의 핵심이다.

사랑하는 아들 예수님을 죽이고 다시 살리신 하나님

이렇게 예루살렘 딸을 구원하신 여호와 하나님의 구속의 섭리가 이제 아들을 통해서 이방인 가운데서 이루어진다. 이것이 예수님의 신부인 교회이다. 왜 하나님께서는 7년 대환난을 통해서 휴거하지 못한 교회를 연단하고 녹이고 죽이시는가? 예수님의 신부인 새 예루살렘으로 다시 살리기 위함이다. 인간 속에 있는 원죄의 부패성은 사망이라는 값을 지불하지 않고서는 절대로 정결하게 될 수 없다. 살아서 신랑되신 예수님을 만나기 위해서는 살아있는 순교자가 되어서 광야교회에서 양육을 받아 첫째 부활에 참여 하든지, 육체가 죽는 순교를 통해서 첫째 부활에 참여하든지 해야 하는 것이다.

죽음을 두려워하지 마시라. 죽음을 슬퍼하지 마시라. 죽기 전에는 치료가 불가능하다. 사망의 종노릇하지 마시라. 죽음이란 올무에서 벗어나야 순전한 믿음을 지킬 수 있다. 반드시 육체가 죽어야 우리 영혼은 자유를 얻는다. 만일 당신이 죽음을 두려워하여 물질에 굴복한다면 당신은 새로운 피조물로 다시 태어날 수 없다. 당신의 자녀가 새롭게 되기 위해서는 반드시 죽어야 한다. 당신의 사랑하는 사람이 새롭게 되기 위해서는 반드시 죽음이란 문을 통해야 한다. 그래서 여호와께서는 예루살렘 딸을 위해 주야로 눈물을 흘려야 하셨던 것이다. 사랑하는 예루살렘 딸을 새롭게 고치시기 위해 여호와께서 죽으셨다. 그래서 예루살렘이 다시 새롭게 살아날 수 있었던 것이다. 예수님께서 우리를 위해 죽으셨다. 그래서 당신과 내가 거듭나서 다시 새롭게 살아날 수 있었던 것이다. 당신이 만일 사랑하는 사람을 새롭게 변화시키기를 원한다면 이제 당신이 죽어야 할 차례이다. 이것이 십자가의 복음이다.

2021년 2월 25일

이 형 조

목 차

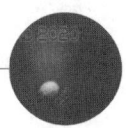

제4장 하나님의 구속사

제5장 하나님의 세계 경영

제6장 마지막 구원 열차 세 종류의 교회

제7장 광야 피난처 교회

제1장 코로나 바이러스와 백신의 정체

1. 유전학의 역사

유전학의 아버지 멘델에서부터 mDNA mRNA 코로나 백신

1866년 유전학의 아버지라고도 불리는 멘델은 1866년에 완두의 교배 실험에 관한 논문 〈식물 교잡에 관한 실험〉(독일어: Versuche über Pflanzen-Hybriden, 영어: Experiments on Plant Hybridization)을 발표하였다. 이로부터 155년 후인 2021년 드디어 인류는 COVID-19라는 새로운 도전을 맞이하여 유전공학의 결정체로서 아스트라제네카, 화이자, 모더나 등이 mDNA mRNA 백신을 만들어 내게 되었다.

분자생물학(molecular biology)의 중심원리에 의하면 DNA의 유전정보는 RNA를 거쳐 단백질 세포로 전달된다. mRNA는 DNA의 인체 세포의 모든 정보가 담긴 인체 유전자 정보(전체 설계도)에서 인체 세포 중 필요한 부분의 단백질을 만들어 내기 위한 부분 설계도라고 할 수 있다. mRNA가 DNA 유전자 설계도 전체를 복제하여 세포 단백질로 전달하는 과정에서 필요한 부분의 유전자만을 사용하여 손톱, 머리카락, 간, 뼈들을 만들게 하는 것이다. 코로나 백신의 원리도 왕관의 돌기 모양처럼 튀어 나온 코로나 바이러스 속에 유전자 변이로 만들어진 코로나 바이러스를 넣어 면역체계를 세우게 하는 것이다. 이것이 mRNA 백신이다. mDNA 백신도 코로나 바이러스를 넣어 만든 mDNA를 직접 우리 몸의 유전자 속에 주입시켜 면역체계를 세우는 것이다. 그런데 놀라운 사실은 변형된 mDNA, mRNA 유전자를 사람 몸 안에 있는 세포 속에 넣은 과정에서 변형된 유전자 구조가 쉽게 깨어지고 흐트러지는 것을 방지하기 위해 포장을 하는데 하이드로겔 lipid nanoparticle을 사용한다는 것이다.

2. 코비드-19 백신의 원리

COVID-19 백신 mDNA mRNA의 비밀

COVID-19 바이러스는 2003년에 있었던 사스 코로나 바이러스와 2012년에 있었던 메르스 코로나 바이러스의 연장선에서 사스 바이러스 2(SARS-CoV-2)라고 명명한다. 코로나 바이러스의 특징은 단백질에 대한 전체 설계도인 단일가닥의 DNA 유전자를 가지고 있다. 보통 유전자가 이중 나선 모양인 것과 차이가 있는 것이다. 사스, 메르스, 코비드-19까지 계속해서 변종 바이러스로 업그레이드 된 코로나 바이러스의 특징은 어떤 치료약도, 막을 수 있는 면역체계도 없다는 것이다. 지금 세계적으로 진행되고 있는 코로나 백신 주사 역시 앞으로 계속되는 변종 바이러스를 막을 수 없다는 것이다. 인류가 코로나 바이러스와 영원히 동거해야 할 운명이라고 말한 이유가 여기에 있다.

기존의 백신은 살아 있는 생백신과 죽어 있는 사백신 두 종류이다. 기존 생백신이나 사백신의 경우, 세균이나 바이러스 등 전체 균주를 직접 주입하는 방식을 가졌지만, 이번에 화이자, 모더나, 아스트라제네카 등에서 개발에 성공한 차세대 유전공학 백신(Genetic engineering vaccine)은 이제까지는 시도해보지 않았던, mDNA mRNA 성분을 이용하는 백신이다.

왕관처럼 돌기가 튀어나온 코로나 바이러스가 우리 몸에 들어오면 우리 몸에 있는 항체나 면역세포가 코로나 바이러스 돌기 부분과 결합하여 제거해야 하는데 코로나 바이러스는 한 번도 경험해 보지 못한 바이러스이기 때문에 우리 몸의 면역 시스템이 알아 보지 못한다. 그래서 코로나 백신은 우리 몸의 면역 시스템이 돌기부분의 코로나 바이러스를 한 번 경험하게 하여 실제 코로나 바이러스가 몸에 들어오면 제거하여 면역체계를 스스로 세우게 하는 원리이다. 우리 몸의 면역 시스템이 코로나 바이러스를 내 몸의 일부라고 인식해서 반응을 할 수 있도록 그동안 모든 백신 제조에서 사용되었던 낙태된 어린 아이 세포와 쥐세포, 식물세포, 붉은털 원숭이 세포, 침팬지 세포 등과 함께 결합시켜 만든 코로나 바이러스를 우리 몸에 주입을 시켜 감염이 되면 코로나 돌기부분의 단백질이 만들어 진다. 백신 숙주를 만드는 과정에서 사용된 낙태된 어린아이 체세포를 통해 우리 몸의 세포들은 코로나 바이러스를 처음 경험한 이상한 세포로 인식하여 제거하기 위해 코로나 단백질 세포를 아주 작은 조각들로 쪼개서 분리를 시킨다. 그때 우리 몸의 면역 세포들은 작게 쪼개어 분리된 코로나 바이러스 단백질을 제거하는 과정에서 우리 몸에 코로나 바이러스 항체가 생겨 면역 반응 시스템이 구축되는 것이다. 나중에 진짜 코로나 바이러스가 들어와도 이미 경험한 면역체계가 같은 방법으로 감염을 막아서 발병을 하지 않게 하는 것이 코로나 백신의 원리이다.

코로나 바이러스는 변종 바이러스

코로나 바이러스는 유전 정보를 가진 RNA(리보핵산)라는 유전 물질을 왕관 모양의 스파이크 단백질이 둘러싸고 있다. 유전 물질 중 두 가닥의 실로 꼬여 있어 안정한 DNA와 달리, 코로나 바이러스의 중심인 한 가닥의 RNA는 불안정하여 복제될 때 변이나 변종을 만들기 쉽다. 그래서 코로나 바이러스가 수많은 변이와 더 나아가 여러 변종이 생길 가능성을 지니고 있다. 영국에서 전파력이 훨씬 강한 코로나 바이러스가 생겼다는 것도 코로나 바이러스의 그런 특성 때문이다. 독감 바이러스가 그 변종이 워낙 많아 매년 우리가 새로운 독감 백신을 맞아야 하는 것과 유사하다. 코로나 바이러스에 대한 백신 개발이 어려운 것은 이렇게 불안정한 RNA 유전물질을 가지고 있어서이다. 백신은, 약하게 만든 바이러스나 죽은 바이러스 혹은 그 조각(단백질)을 우리 몸에 주입하여 우리 면역계로 미리 약한 싸움을 싸우게 하여 바이러스와의 진짜 싸움에 대비한 준비를 하게 하는 예방시스템을 구축하는 것이다. 백신과 싸움으로써 그 싸움을 기억하는 기억세포와 항체(바이러스가 우리 세포 속으로 들어가지 못하도록 막는 단백질)를 만드는 것이다. 백신의 효능은 우리 몸이 항체를 만들어 내게 하느냐 그렇지 못하느냐에 달려 있다.

화이자와 모더나 백신은 변형된 mRNA 유전자를 사용한다

이번에 긴급 승인되었거나 승인을 기다리는 코로나 바이러스 백신들은 기존의 백신과는 전혀 다른 방식의 백신이다. 이미 긴급 승인을 받은 화이자와 모더나의 백신은, 지금까지 인간에 대한 사용이 허용되지 않아 백신으로는 전혀 사용된 경험이 없는 인공적으로 만든 mRNA(messenger-RNA, 전령 RNA)유전자를 인체에 직접 주입하는 방식이다. 코로나 바이러스를 둘러싼 껍질의 스파이크 단백질을 합성하는 유전 정보대로 배열한 유전물질(mRNA)을 우리 몸에 직접 주입하여, 우리 몸의 세포가 그 정보대로 코로나 바이러스의 껍질 단백질을 만들게 하는 것이다. 그러면 우리 몸의 면역계는 이를 외부 침입자인 코로나 바이러스로 알고 공격하며 항체를 만들게 된다. 이것은 바이러스를 이루는 단백질 조각을 우리 몸에 넣는 독감 바이러스와도 전혀 다른 방식의 백신이다.

단지 9개월 만에 개발된 변형된 mDNA, mRNA 백신을 임상실험 과정도 없이 최초로 전 인류에게 심는다

변형된 mRNA 유전자를 백신으로 직접 사용할 수 있다는 아이디어가 나온 것은 오래전 일이지만 실제 사람 몸에 투여하는 것은 이번이 처음이다. 평소 같으면 10년 이상 철저한 임상 실험을 거쳐 방대한 자료로 안전성 검증을 한 다음에 사용 승인을 했겠지만, 이번에는 미국을 중심으로 전세계적인 팬데믹 상황이 심각하다는 이유로 긴급 승인을 해 준 것이다. 이런 새로운 방식의 백신을 실제적인 임상실험도 거치지 않고 직접 인간의 몸에 그것도 전 인류를 대상으로 투여하는 것은 도박에 가까운 사건이다. 이번에 승인 받은 두 회사 중 화이자(Pfizer)는 국제적인 대형 제약 회사로 잘 알려져 있지만, 실제로 mRNA 백신을 만든 회사는 화이자와 같은 계열사인 독일의 바이오앤테크 생명공학회사이다. 모더나도 미국 MIT와 하버드 대학이 있는 매사추세츠의 대학 도시 케임브리지에서 2010년 설립된 유전공학 바이오 업체로서, 아직 상품을 내놓거나 약품을 양산한 경험이 없는 생명공학 연구 개발 업체이다. 이 두 회사의 mRNA 백신은 위에서 말한 대로 mRNA 자체가 불안정한 분자로서 유전 정보의 변형이 쉬워 영하 70도나 영하 20도의 저온에서 운반하고 보관해야 한다.

변형된 DNA 유전자를 사용한 회사들

영국의 아스트라제네카, 얀센(혹은, 존슨 앤드 존슨)백신도 긴급 승인을 받아 접종이 시작된다. 영국의 케임브리지에 있는 아스트라제네카는 영국-스웨덴 국제 회사로 옥스퍼드 대학과 공동으로 이 백신을 개발했고, 존슨 앤드 존슨은 벨기에 자회사인 얀센을 통해 백신을 개발했다. 이 회사들의 백신은 mRNA 대신 코로나 바이러스의 유전정보를 가진 변형된 mDNA 유전자를, 바이러스 벡터(바이러스 운반체)를 통해 우리 몸에 주입하는 백신이다. 즉, 감기 기능을 상실한 이미 2003년 사스 코로나 바이러스 백신에 사용되었던 아데노바이러스에 이 mDNA를 넣어 우리 몸의 세포 속으로 전달하도록 만든 백신이다. 즉, 코비드-19 코로나 바이러스와 유사한, 메르스 코로나 바이러스의 DNA를 가진 아데노바이러스를 투여하는 방식이다. 이 백신이 우리 몸에 주입되면, 주입된 mDNA가 코로나 바이러스 단백질을 만들고, 이 단백질이 면역계를 작동시켜 기억 세포와 항체를 만들게 한다. 불안정한 RNA 대신 안정한 DNA를 사용하기에 상온에서 보관이 가능하며, 기존에 알려진 바이러스를 운반체로 사용한다는 점에서 화이자나 모더나 백신보다는 다소 전통적 방식 같지만, 이 방식 역시 변형된 유전 물질을 인체에 직접 넣는다는 점은 마찬가지이다. 그러나 메르스 감기 바이러스인 아데노바이러스는 두 가닥 이중 나선의 유전자로서 한 가닥 코로나 바이러스의 백신을 만드는 데는 효율성이 떨어져 70% 정도 면역체계를 형성한다.

변형된 mDNA, mRNA를 만들 때 포함된 하이드로겔 루시페라제 형광물질의 정체

코로나 백신에 사용된 변형된 mDNA, mRNA 유전자를 만들 때 사용된 숙주들이 쥐세포, 식물세포, 붉은털 원숭이 세포, 어린아이 태반 세포들이 사용된다. 뿐만 아니라 변형된 DNA, RNA 유전자가 몸속에 들어가서 금방 깨어지기 때문에 변형된 유전자를 세포속에 정상적으로 들어 가게 하려고 lipid nanoparticle 이란 물질로 특별한 포장을 하게 되는데 이것이 하이드로겔 나노 입자이다. 뿐만 아니라 백신 주사 결과 목적대로 사람의 유전자가 변형되어 코로나 면역 체계로 바뀌었는가에(트랜스펙션,transfection) 대한 결과를 확인하기 위해 루시페라제 형광물질을 함께 백신 속에 포함을 한다. 적외선 측정기를 통해 코로나 면역 시스템으로 유전자가 확실하게 트랜스펙션(transfection)이 안된 사람은 정확하게 유전자 변이가 확정될 때까지 계속해서 코로나 백신 주사를 맞아야 한다. 어떤 사람이 나는 백신 주사를 맞았다고 말을 해도 적외선 측정기로 트랜스펙션이 확인이 되지 않으면 보건여권이나 코로나 백신을 맞았다는 확인 신분증을 발급 받을 수 없다.

2020년 3월부터 시작된 코비드-19 백신 개발 경쟁

2020년 3월 11일은 바이러스와의 전쟁에 있어 매우 중요한 의미를 지닌 날이다. 이날 세계보건기구(WHO)는 코비드-19를 전염병으로 분류했다. 이 선언이 있은 후 과학자들은 백신 개발에 본격적으로 뛰어 들기 시작했다. 2020년 3월31일 '메디컬 뉴스 투데이'에 따르면 가장 먼저 백신 개발을 선언한 곳은 미국이다. 3월 중순 미 국립보건원(NIH)과 제약사 모더나(Moderna)가 백신 후보 물질을 시험하기 위한 자원봉사자를 모집하기 시작했다. 당시 모더나는 바이러스 유전정보를 활용하는 mRNA 백신이라는 새로운 유형의 백신 개발을 시도하고 있었다. 그런데 놀라운 사실은 한 번도 백신이나 약품을 만들어 시판한 경험이 없는 모더나가 단 하루 만에 코로나 바이러스 염기 서열을 해독하고 코로나 백신을 만드는 기반을 확보했다는 사실이다.

4월 들어 영국 옥스퍼드 대학과 제약사 아스트라제네카(Astra-Zeneca)도 백신 개발에 뛰어 들었다. 공동연구팀은 이전에 독감 백신 등을 만든 기존 방식을 활용해 백신을 개발하고 있었다. 기능을 약화시킨 침팬지 아데노바이러스에 코비드-19 바이러스 항원을 붙여 사람 몸 안에 주입한 후 면역 반응을 불러 일으키는 방식이었다.

5월 들어 제약사인 화이자(Pfizer)는 생명공학 회사 바이오앤테크(BioNTech)와 공동으로 mRNA 백신 후보물질을 개발한 후 사람을 대상으로 한 1상 시험(안전성 시험 포함)을 시작하고 있다고 발표했다. 당시 화이자는 백신 후보물질을 그처럼 짧은 시간에 개발해 사람을 대상으로 한 1상 시험에 들어갈 수 있었던 데 대해 큰 만족감을 표명하고 있었다. 핵심 기술을 개발한 바이오앤테크 덕이었다.

2020년 12월 들어서는 영국, 미국 등 일부 국가들이 백신 사용을 승인하기 시작했다. 12월 2일 영국 보건당국은 화이자 백신을 승인한 후 12월 8일부터 접종을 시작했다. 12월 11일에는 미 식품의약국(FDA)이 화이자 백신 사용을 허가했고, 3일 후 접종을 시작했다. FDA는 12월 18일 모더나 백신을 승인했고, 12월 21일 유럽위원회도 유럽 전역에 화이자 백신 사용을 승인한다.

일반적으로 백신을 개발하기 위해서는 십수 년에서 수십 년이 걸렸다. 그러나 코비드-19의 경우 전염병 선언 이후 불과 9개월 만에 전 세계 백신들이 완성되었다. 믿어지지 않는 짧은 기간에 백신을 개발해 사용하는 획기적인 일이 진행되고 있다. 이런 모든 과정들이 코비드-19 팬데믹을 통한 세계인들의 두려움을 이용하고 있는 것이다.

아스트라제네카는 코비드-19 바이러스 표면 항원 유전자를 침팬지 아데노바이러스 주형에 넣어 만드는 방식인 '바이러스 벡터' 기술로 생산된다. 이 백신은 영상 2~8℃의 일반 냉장고 온도에서 최소 6개월간 백신을 운송·보관·관리할 수 있다. 아스트라제네카가 공개한 임상 3상 중간분석 결과에 따르면 평균 예방 효과는 70.4% 정도다. 화이자나 모더나 백신보다 낮은 수치다. 임상 시험 중 횡단성 척수염 등 예상하지 못한 부작용이 발생해 2020년 9월 임상 시험이 중단 되었지만 안전성 검토 결과 백신과 직접적 연관성이 없다는 판단이 나오면서 임상이 재개된 바 있다. 아스트라제네카 백신은 2020년 12월 30일 영국을 시작으로 인도, 아르헨티나, 멕시코 등에서 긴급 사용 승인이 이뤄졌다. 예방접종 대상자는 만 18세 이상으로 1회 접종 후 4~12주 후 2회 투여한다. 아스트라제네카는 SK바이오사이언스와 계약을 체결해 이 백신을 국내 생산한다.

출처 : https://www.sedaily.com/NewsView/22H8NJVV0Q

피부에 붙이는 코로나 백신 개발

빌 앤드 멀린다 게이츠 재단은, 2019년 12월 18일 딥 스테이트의 두뇌인 매사추세츠 공대(MIT)에 눈에 보이지 않는 마크의 개발연구에 자금을 지원했다. MIT의 연구자는 백신 접종 기록을 전자적 또는 종이에 기록하는 것이 아니라, 인간의 피부에 직접 부착하는 비밀방법을 발견했다고 한다. 피부에 직접 붙이는 백신 역시 하이드로겔 루시페라제를 사용하므로 보이지 않는 문신처럼 미소한 양자 도트(극소 반도체로 구성되는 패턴)로 구성되어 있어 적외선을 비추어 검증할 수 있는 방법이다. 이런 백신은 어디에서나 쉽게 사서 붙일 수 있는 것이 장점이다. 붙이는 밴드형 백신은 일정한 시간이 지나면 밴드 속에 있는 하이드로겔 루시페라제 센서가 독사의 어금니와 같은 원리로 피부속을 뚫고 들어가 용해되어 이식되는 방법이다.

3. 빌 게이츠의 통합사역과 코비드-19 백신

특허를 받은 빌 게이츠 짐승의 표, 하이드로겔 루시페라제

다음의 기사는 카레이드 스코프의 메일 매거진에 실린 내용이다.

신체활동 암호 화폐, 바이오 시스템 WO2060606

세계지적소유권 기관의 공식사이트에는, 마이크로소프트 테크놀로지 라이선싱(Microsoft Technology Licensing)과 LLC에 의해 2019년 6월 20일에 특허가 출원된 사실이 기재되어 있다. (http://patentscope2.wipo.int/search/en/detail.jsf?docId=WO2060606)

제목은 "신체활동 데이터를 사용하는 암호화폐 시스템(CRYPTOCURRENCY SYSTEM USING BODY ACTIVITY DATA)"이다. 특허번호는 "WO2060606"이 부여되어 있다.

맨 앞의 "WO"란 "World Order(세계질서)" 즉 "세계질서(특허번호)2060606"이라는 의미이다. 한마디로, 이 특허는 인체에 내장된 센서에 의해 한 사람 한 사람의 행동 감시와 능력에 따른 노동의 성과를 평점화해서 그 보수가 암호화폐에 의해 지불되는 디지털 금융거래와 조합된 완전한 노예 감시 시스템이라는 것이다.

현금 없는 공산주의 통제사회를 만들고 있는 ID2020 디지털 화폐

기업이 바이러스를 두려워해 지폐의 사용을 회피하고, 사람들이 캐시리스(지폐없는) 사회를 갈망하게 될 때까지, 앞으로 여러 모양의 변종 코비드-19 바이러스 공습이 덮쳐오게 될 것이다. 민주당 상원의 원인 셰로드 브라운은 디지털 달러를 추진하고 있으며 누구나 Fed Account라고 불리는 디지털 달러 지갑을 설정할 수 있게 된다고 주장하고 있다. 문제는 디지털 통화지갑은 누가 관리하는가 하는 것이다. 빌 게이츠의 특허 WO2060606에서 말한 것처럼 어느 "존재"로부터 제공된 "태스크"를 실행한 사람에게 주어지는 암호화폐는 누가 발행하는 것일까요? 그 "태스크"가 마이닝(블록체인 화폐를 발굴하는 개인)에 해당하는 작업이라면, 블록체인을 사용한 민주적인 디지털 통화가 될 것이다. 그러나 중국인민은행에 의해 출시될 디지털 위안화와 같은 중앙집권적인 암호화폐라면, 그것은 틀림없이 짐승의 표를 받을 것을 사람들에게 강요하는 "바벨론(짐승)"의 공산주의 통제사회 상업시스템이나 다름없는 것이다. 안타깝게도 그 짐승의 표야말로 빌 게이츠 재단에서 특허를 낸 양자 닷 타투라고 할 수 있다.

ID2020 사업은 유엔에서 추진한 2030 지속가능개발목표 사업의 하나로 2030년까지 전 세계 사람들에게 유엔 세계정부의 디지털 신분증을 심는 것이다. 특히 신분증이 없는 난민들과 저개발 국가 사람 중에 10억-15억의 사람들이 자신의 신분을 증명할 수 있는 신분증이 없어 의료혜택이나 교육, 경제적인 도움을 받지 못하고 있기 때문에 그들에게 디지털 신분증을 갖게 하여 세계 국민으로 의료, 교육, 경제적인 도움을 받게 하겠다는 정책이다.

그런데 놀라운 사실은 ID2020 디지털 신분증 안에 비트코인 블록체인 전자화폐 시스템이 구성되어 있다는 사실이다. ID2020 사업을 주도적으로 하고 있는 빌 앤드 멀린다 재단은 GAVI(세계백신면역협회)까지 주도적으로 사업을 추진하면서 빌 게이츠 재단을 통해서 특허를 받은 WO2060606 생체정보추적장치와 MIT 공대에서 만든 마이크로 니들과 함께 패키지가 되어 2030년에 완성될 유엔 세계정부 시스템의 골격을 이루고 있다는 것이다. 코비드-19 팬데믹을 통해서 WEF(세계경제포럼)가 2021년부터 추진하고 있는 The Great Reset은 코비드-19로 통제사회를 구축하여 자본주의의 숨통을 끊고, 제 4차 산업 혁명을 완성하여 비효율, 비경제, 비능률의 구질서를 마감하고 신세계질서 세계정부를 세우는 것이다.

마이크로 니들 백신접종 딜리버리 시스템은 하이드로겔 루시페라제 센서

빌 앤드 멀린다 게이츠 재단은 2019년 12월에 MIT에 마이크로 니들 백신접종 딜리버리 시스템을 개발시키기 위해 자금을 제공하고 2020년 특허를 받았다. 그들이 개발한 추적시스템은 정확한 백신기록을 유지하는 과정을 대폭 간소화 할 수 있다. BCG 백신주사를 떠올리게 하는 격자 모양의 여러 개의 주사바늘(마이크로 니들)은 용해 가능한 하이드로겔 당(糖) 베이스로 되어 있어 피부에 주사를 맞으면 그대로 바늘이 피부에 용해되어 없어지는 성질을 가지고 있다. 주사바늘(마이크로 니들)이 피부 내에서 용해되어 없어지면 미크론 스케일의 캡슐화 된 양자 닷 만 남아 근적외선(NIR) 빛을 비추면 그 기하학상의 패턴을 컴퓨터가 읽어내 투여된 백신을 특정할 수 있다. 이 일련의 장치는, 디지털 통화 기반의 바벨론(짐승)상업 시스템을 실현하는 것이 목적이다. 마이크로 니들 백신접종 딜리버리 시스템은 분명히 코비드-19 팬데믹 공포를 이용해 사람들에게 백신을 받아 들이게 하려는 전략인 것이다.

HR6666(추적법)

2020년 5월 1일, 민주당의 하원의원인 바비 리 러시(Bobby Lee Rush)는 39명의 공동 이름으로 TRACE법(The Trace Act)을 입법했는데, 전국 규모의 검역프로그램을 확립하는 것을 목적으로 하고 있으며, 일단 하원의 에너지 상거래위원회에 제출되었다. 그 후 보건소위원회에서 2020년 5월 14일 목요일에 COVID-19 대응에 있어서의 과학적 완전성 보호에 대한 공청회가 열렸지만, 공청회의 내용설명이나 증인의 명단은 공개되지 않았다.

(https://energycommerce.house.gov/newsroom/press-releases/ec-announces-hearing-on-protecting-scientific-integrity-in-covid-19-response)

이 TRACE법(Trace Act)은 일명 "추적법"으로 불리며, 정식 명칭은 HR 6666다.(HR은 하원이 제출했다는 의미) 불길한 6의 트리플 "666"을 성경의 "짐승의 표"와 연관지어 생각하는 신학자들은, 이것이야말로 반기독교와 사탄을 나타낸다고 경계하고 있다. 교회 사람들의 생각에 동참하는 미국의 많은 기독교인들이 이 법안의 이름 "HR 6666" 또한 "666"과 관련지어졌다고 경고하는 동영상을 유튜브에 올리고 있다. 분명히 빌 게이츠가 취득한 특허 번호가 "060606"인 것도 미국인들 사이에 "666" 짐승의 나라를 유행시킨 원인이 되고 있다.

민주당의 주도로 바비 러시와 함께 HR 6666을 제출한 39명의 공동제안자 중의 한 명으로, 인디애나 주의회 의원인 안드레 카슨(Andre Carson)은 즉각 공청회에서 이 법안의 내용을 심의하는 위원들로부터, "이 법안의 6666이라는 번호는 어떻게 취득했느냐"는 경위를 질문 받았다. 이에 대해 카슨 하원의원은 다음과 같이 설명했다. "이 법안에 6666이라는 숫자가 할당된 것과, 그 타이밍에 대해서는 나도 염려를 가지고 있다. 하지만 6666은 단순히 차례대로 제출되는 법안에 우연히 주어진 번호일 뿐이다."

https://www.wthr.com/article/hr-6666-hoosier-lawmaker-warns-false-claims-target-covid-19-testing-bill)

감염자를 추적하는 콘택트 트레이서 직업

TRACE 법을 구체적으로 알아보면, 검사원이 각 가정의 문을 갑자기 노크하고 강제적으로 침입해 그 집의 거주자에게 유무를 묻지 않고 코로나 검사를 실시하므로써 감염자를 찾아내는 것을 합법화하는 법률이 HR6666인 것이다. 그 뿐만 아니라 양성반응이 나온 감염자에 대해서는 마치 경찰이 범인을 체포하기 위한 수사망을 펼치듯 감염자가 접촉한 모든 개인의 이름을 알아내고 그 사람들에게도 컴플리언스(통제,감시)를 강제할 수 있도록 하는 것이다. HR 6666의 시행은 강권적인 코비드-19 바이러스에 대한 포괄적인 대처를 "노멀(정상적 상태화)"로 만드는 것을 목적으로 하고 있으며 그 최종적인 목표가 세계적인 백신예방접종을 의무화하는 전략이다.

노스캐롤라이나 주 정형외과 의사이자 반 백신 운동 지지자인 라시드 알리 부탈(Rashid A. Buttar)의사는 "캘리포니아 주의 벤추라가 TRACE 프로그램이 시작되는 '최초의 실험장'이 될 것"이라고 밝혔다. 라시드 알리 부탈 의사가 최초에 경고의 기사와 동영상을 투고한 페이스북은 부탈 의사를 배제하기 위해 "이 의사의 정보에는 일부 허위가 포함되어 있다"는 성명서를 달아 그를 음모론자인 것처럼 보이게 했다. 그러나 이 동영상이 올라오자 마자 유튜브 등으로도 확산되어 14시간 만에 100만회 재생을 기록하기에 이르렀다. 만일 TRACE 법이 미국의회를 통과하면 백신의 강제접종과 격리정책이 확실히 실행될 것이다.

미국 정부는 셧 다운에 의해 일자리를 빼앗긴 사람들에 대한 실업 대책의 일환이면서도 코로나 감염병 확산 차단이라는 두 마리 토끼를 잡기 위해 만든 법으로 감염자를 발견해 그 사람을 반강제적으로 격리하는 권한이 부여되어 있는 "컨택트·트레이서"라고 하는 새로운 직업을 만들었다. 그들은 언제든지 문을 두드리고 들어와 아무 말도 없이 당신의 손에 근적외선(NIR)빛을 쏘아 당신의 손에서 양자 닷 타투가 떠오르지 않으면 즉시 연행을 시도할 것이다. 이 직업에 대한 광고가 CNN과 뉴욕 타임즈에 올라와 있다.

https://www.facebook.com/DrRashidAButtar/videos/urgent-full-disclosure-from-inside-dr/554900395460372/)

물밑으로 연결된 중국과 미국, 록펠러, 빌 게이츠 특허 WO2060606

HR6666(추적법)의 미의회 제출에 맞추려는 듯, 빌 게이츠가 진행하고 있는 것이 ID2020 유엔 디지털 신분증 시스템이 빌 앤 멀린다 재단에서 설립한 GAVI(세계면역협회)를 통해서 실시되고 있는 코비드-19 백신 주사 사업과 연계되어 함께 추진이 되고 있다. ID(Identity)2020 인정 시스템을 아주 짧게 말하면 신체에 양자문신을 넣은 사람들에게 세계 시민으로 인정을 하고 종이 화폐를 완전히 철폐한 뒤, 암호화폐를 기반으로 하는 새로운 경제시스템의 일원으로서 편입될 자격을 얻게 하는 것이다. 이것은 요한 계시록에서 예언된 짐승의 표를 가진 자만이 물건을 사고 팔게 하는 통제사회를 만들기 위한 개인 인증 디지털 시스템이다.

그렇다면, ID2020 인정의 열쇠가 된 양자 닷 타투 시스템이란, 어떤 기술일까요? PYMNTS.com의 2020년 3월 27일자 기사에 따르면 "디지털 ID의 플랫폼으로 기능하기 위한 예방접종"이라고 설명되어 있다. 빌 게이츠 재단은, ID2020을 실현하기 위해 액센츄어, 세계적인 디자인 회사(IDEO), 세계면역백신연합(GAVI), 록펠러 재단, 월드뱅크 등 40여 다국적 기업들과 컨소시엄을 만들어 제휴하고 있다. 즉 양자 닷 타투란, 단순한 예방접종이 아니라 백신접종 시에 개인인증 신분증을 부여해 신세계질서 시민으로 인증하고, 새로운 경제활동에 참여하고, 새로운 소비사회에 참여할 권리를 부여하는 노예화 백신주사 시스템이라는 것이다.

(https://www.pymnts.com/digital-identity/2020/id2020-whats-needed-for-digital-identity-in-2020/)

중국은 이미 위안화를 디지털화 하고 큐알(QR)코드를 만들어 전국적으로 상용화 하고 있다. 농담으로 중국은 거지도 큐알코드로 적선을 한다는 말이 있다. 큐알코드를 통한 안면인식 통제사회 시스템을 시골 구석구석까지 완벽하게 구축 하였다. 그리고 전 자동화 통제 시스템을 통해서 중국의 모든 국민들의 신용등급을 자동 전산화 시켜 도덕적으로, 경제적으로, 윤리적으로 평가를 하여 유사시 죽이고 살릴 사람들을 구분하고 있다. 뿐만 아니라 중국을 출입하는 모든 이들에게 백신주사 여부를 증명할 디지털 신분증이 큐알 코드에 의해서 확인이 되고 있다.

이미 중국은 빌 앤 멀린다 재단으로부터 엄청난 자금을 지원을 받아 안면인식 통제사회 시스템과 코비드-19 백신 시스템을 확립하여 유엔이 추구하고 있는 제 4차 산업혁명 과학적 공산주의 유토피아의 세계적인 롤 모델 국가로 만들어 졌다. 지금 미국 트럼프가 강력하게 저항하는 이유도 바이든 대통령이 중국의 완벽통제 시스템을 한국의

K-방역시스템을 통해 미국에 구축하는 것이다.

고 로버트 F 케네디 아들의 폭로, 코비드 백신은 유전공학 백신이다

다음의 글은 로버트 F. 케네디(Robert F. Kennedy)의 아들이자 전 대통령 존 F. 케네디(John F. Kennedy)의 조카인 로버트 F. 케네디 주니어(Robert F. Kennedy, Jr.)의 2020년12월9일 긴급 메시지이다.

전 세계 모든 사람들에게

코비드 백신은 어떤 대가를 치르더라도 피해야 한다.

“코비드-19에 대한 다음 예방접종과 관련된 중요한 질문들에 대해 긴급히 주의를 환기시키고 싶다.” 그는 “백신접종 역사상 처음으로 최신 세대의 이른바 mRNA 백신이 환자의 유전 물질에 직접 개입해 유전자 조작을 나타내는 개별 유전 물질을 변형하는데, 이는 이미 금지되어 지금까지 범죄로 간주됐다”고 말했다. “이러한 개입은 유전자 조작식품과 비교할 수 있는데, 이 식품 역시 매우 논란이 되고 있다.” 그는 “현재 언론과 정치인들이 문제를 대수롭지 않게 여기고 있고, 심지어 어리석게도 새로운 형태의 잘못된 백신을 정상으로 돌아가기 위한 강력한 요구가 있음에도 불구하고 듣지 않고 있다, 이번 백신 접종은 보건, 도덕, 윤리의 측면뿐 만 아니라 유전적 손상 측면에서도 문제가 있으며 이전 백신에 의한 피해와는 달리 돌이킬 수 없고 되돌릴 수 없는 것”이라고 말했다.

“친애하는 환자 여러분, 전례 없는 mRNA 백신을 접종한 후에는 더 이상 백신의 증상을 보완적으로 치료할 수 없게 될 것이다.”

“다운 증후군, 클라인 펠터 증후군, 터너 증후군, 유전적 심장병과 같은 유전적 결함을 가진 사람처럼 인체에서 독소를 제거하는 것만으로는 더 이상 치유 될 수 없기 때문에 그 결과와 함께 살아야 할 것이다. 혈우병, 낭포성 섬유증, 레트 증후군 등 유전적 결함은 영원하기 때문이다!”

“이것은 분명한 의미인데, 만약 mRNA 예방접종 후에 예방접종 증상이 나타나면, 이 예방접종으로 인한 손상은 유전적으로 되돌릴 수 없기 때문에 아무 의사나 치료사들도 여러분을 도울 수 없을 것이다."

"내 생각에 이 새로운 백신들은 역사상 그렇게 중요한 방법으로 저질러진 적이 없는 반인륜적 범죄를 상징한다."

"경험이 풍부한 의사 볼프강 워다르크(Wolfgang Wodarg) 박사가 말했듯이: 사실 대다수의 사람들을 위한 이 '유망한 백신'은 유전 공학이기 때문에 금지되어야 한다!"

중국의 코로나 완치자 76%가 후유증을 앓고 있다.

1년 전에 중국에서 코로나 바이러스에 감염되었다가 완치 판정을 받은 환자들이 1년이 지난 지금까지 후유증에 시달리고 있다는 보도가 나왔다. 후유증을 요약해 보면 머리카락이 심하게 빠진다. 우울증, 자폐증, 호흡 곤란증, 기억력 감퇴, 두통, 가슴통증, 복부통증(맹장), 속쓰림, 피부변색(보라빛), 피부 건조증(상하 짧은 옷 불가), 주기적 피로감, 특히 중국 완치자 30%에게 폐의 2-30% 손실이 나타남, 폐의 섬유화, 빠른 운동시 호흡곤란, 불면증, 불안증, 강박증, 코로나 바이러스는 에이즈 바이러스처럼 완치후에도 감염된 사람의 면역세포들을 조금씩 파괴함으로 이런 후유증들이 계속될 수 있다고 한다. 완전 정복이 불가능한 바이러스라는 것이다.

4. 다르파(미국방과학연구소)와 하이드로겔 루시페라제

바이오센서가 포함되어 있는 나노테크 백신을 개발하고 있는 펜타곤

미국 국방부(펜타곤)의 기관인 국방과학연구소(일명 DARPA: 다르파)와 빌&멀린다 게이츠재단은 실리콘밸리 기업인 프로프사(Profusa)와 제휴해 (소프트 콘택트렌즈와 유사한) 하이드로겔로 만들어진 나노기술의 일부를 개발하였다. 프로프사는 체내에서 일어나는 화학적인 반응을 계속적으로 감시하기 위한 조직 통합형 바이오 센서인 개척 기업이다.

동사의 공식 홈 페이지에 "바이오센서를 중개해 인플루엔자의 초기 징조를 측정하기 위한 연구를 개시했다"고 되어 있는 것처럼, 프로프사의 "매립형 하이드로겔 바이오센서"는, 향후의 COVID-19 백신으로 사용한다. 이것은, 백신주사를 통해 피하에 이식(임플란트)할 수 있는 하이드로겔(소프트 콘택트 렌즈와 유사한 소재)을 사용한 딜리버리 시스템(약물 수송 시스템)의 중요한 자료이다.

빌 게이츠와 DARPA가 자금을 제공해 프로프사에게 개발시킨 이 바이오 센서는, 나노기술의 일부로서, 무선 네트워크(5G구동인 IoT 또는 사물인터넷)와 연결해, 인체에 대한 정보를 당국(즉, 인공지능 정부)에 보낼 뿐만 아니라, 당국의 정보도 수신할 수 있다. "프로프사가 국방부의 DARPA로부터 750만달러의 자금을 지원받아 개발한 임플란트가 가능한 바이오센서"이다.

미국 국방부(펜타곤)와 빌 게이츠의 마이크로소프트 재단과 함께 10년 전부터 국민을 감시하는 나노칩을 개발하고 있다. 일명 "대리 뇌계획"이다. 이 계획에 대한 국방부의 최종 목표는 인류를 트랜스휴먼화하는 것이라고 하였다. 군사정보 전문사이트 "디펜스 원(Defense One)"의 "군사 자금으로 개발된 바이오센서는 장기적으로 팬데믹 검출에 사용될 가능성이 있다"고 하였다. 프로프사가 개발한 바이오센서가 2021년 초에 FDA(미국 식품의약국)의 승인을 취득할 예정이다. 이것은 2020년 3월 시점의 보고로, COVID-19 백신을 널리 접종하도록 언론이 부추기던 시기와 같다. 디펜스 원(Defense One)은 하이드로겔 바이오센서의 특성과 용량에 대해 개략적으로 설명하고 있다.

하이드로겔 바이오 센서는 루시페라제 형광물질과 함께 몸의 유전자 속에서 일어나는 모든 정보를 읽고, 형광신호로부터 다른 신호를 생성함으로써, 의사나 보건당국 등에 개개인의 신체정보를 발신할 수 있다. 뿐만 아니라 보건 당국으로부터 전달되는 신호에 의해서 조종될 수도 있다. 이것을 쌍방향 인터페이스 장치라고 한다. 보건당국은 당사자보다 먼저 열이 나는 것이나 몸 안에서 일어나는 모든 정보를 미리 알아서 격리 또는 원격진료로 대처할 수 있게 된다.

이것은 2020년 5월 27일에 빌 게이츠 재단에서 특허를 받은 "양자 닷 타투 딜리버리 상업 시스템"과 같다. 빌 게이츠의 마이크로소프트 테크놀로지 라이센싱이 취득한 특허 WO2060606 역시 양자 닷·타투·시스템을 사용하고 있는 것이다. 양자 닷 타투 백신을 통해 피부의 아래에 내장된 하이드로겔 루시페라제는 생화학 반응을 일으켜 전기 신호를 할 수 있도록 형광물질을 발광한다. 따라서, 전철의 개찰구나 회사의 현관, 호텔의 입구 등에 근적외선(NIR)장치를 설치해 두면, 그 사람이 면역 백신 접종을 마쳤는지 알 수 있게 되는 것이다. 즉, 양자 닷 타투 자체가, 파우치와 빌 게이츠가 필사적으로 전 세계인에게 심으려고 한 "면역 여권"이 되는 것이다.

놀라운 것은 하이드로겔 루시페라제 인공센서가 5G 주파수에 의해서 사물인터넷이나 인공지능 쌍방향 인터페이스로 연결이 되어 빅 데이터에 연결이 되면 개인 뿐 아니라 어느 특정 지역의 모든 사람들을 원격으로 통제 지시하여 행동을 컨트롤 할 수 있다는 사실이다.

퀀텀 닷 나노 테크 딜리버리 시스템 ID2020

퀀텀 닷은 나노미터 단위 크기의 반도체 결정체를 이르는 말이다. 나노미터 (㎚)는 10억분의 1m를 가리키는 단위로 1나노미터는 성인 머리카락 굵기의 10만분의 1정도에 해당한다. 한국어로는 양자점이라 한다. 퀀텀은 물리학에서 불연속적인 최소단위의 물리량을 뜻하는 양자를 의미한다. 무기화합물 입자는 나노미터 단위로 작아지면 원자 사이의 상호작용으로 인해 에너지 준위가 분리되어 에너지가 불연속적인 분포를 보이게 된다. 반도체가 나노미터 단위로 작아지면 전자가 매우 자유롭게 돌아다니는 현상이 나타나는데 이때 나노기술을 통해 전자의 움직임을 모두 제한한 것이 퀀텀 닷(양자점)이다. 현재 반도체를 통해 사용되고 있는 최첨단 나노기술을 인간의 몸에 심는 것이 추적이 가능한 양자 백신 마이크로칩이다. 양자 백신이 나노미터 단위로 작아지면 전자가 매우 자유롭게 돌아다니므로 일거수일투족을 감시하게 되는 것이다.

대규모로 쉽게 추적할 수 있도록 눈에 보이지 않는 문신 개발이 양자점이다. 이 양자점은 환자의 백신을 접종한 부위의 피부에 새겨지므로 백신 접종 여부가 기록된 증명서나 컴퓨터 기록이 따로 필요하지 않다. 이 기술은 백신 카드가 분실되거나 전혀 존재하지 않는 지역과 전자 데이터베이스가 사용된 적이 없는 지역에서도 환자의 백신 접종 여부를 빠르게 익명으로 감지하여 모든 사람이 백신을 접종받게 할 수 있다고 MIT의 케빈 맥휴 연구원이 밝히기도 했다.

양자 문신은 생체 적합성, 미크론 규모의 캡슐에 내장된 형광 구리 기반 양자점을 포함하는 용해 가능한 미세 바늘을 적용하는 것이 포함된다. 미세 바늘이 피부 아래에서 용해 된 후, 캡슐화 된 양자점을 남기고 그 패턴은 판독된 백신을 식별하기 위해 판독 될 수 있다. 이 양자 문신은 빌 게이츠 프로젝트인 ID2020 디지털 신분증이다. 현재 디지털 ID를 구현하는 가장 적합한 방법은 RFID 마이크로 칩 임플란트(하이드로겔 바이오센서)를 통하는 것이다.

ID2020은 록펠러재단, 세계백신면역연합, 액센추어(세계 최대의 경영 컨설팅), IDEO(미국 디자인 회사) 등 40개의 회사와 제휴를 맺었다. 이 프로젝트는 유엔의 지원을 받아 UN의 지속가능개발목표 이니셔티브에 통합되었다. 하이드로겔 바이오센서는 인간의 신체활동을 감시하기 위해 다가오는 코로나 백신에 사용할 가능성이 매우 높다. 이것은 형광 신호 물질과 연결된 하이드로겔을 피부 속에 주사로 주입하고 피부에 부착된 장치를 통해 인체정보 신호를 무선으로 전송하는 기술이다.

유전공학으로 만든 변종 코로나 바이러스를 원격 조종할 수 있다

다르파와 빌 게이츠 재단에서 만든 나노 테크놀로지 백신 시스템인 하이드로겔 루시페라제는 유전공학으로 만들어진 코로나 바이러스를 조종할 수 있다. 코로나 바이러스 백신은 인간 몸의 면역 시스템이 인식할 수 있도록 낙태된 어린아이 인간세포와 쥐, 식물, 침팬지, 붉은 털 원숭이와 같은 매개체 유전자를 통해서 얻은 코로나 바이러스를 결합하여 만든 mDNA, mRNA를 사람 몸의 유전자에 주입시켜 면역 시스템을 세우는 것이다. 이미 미국 프로프사와 빌 게이츠 재단에서 만든 양자 닷 타투 시스템에서 사용되고 있는 나노 바이오 센서인 하이드로겔 루시페라제를 통해서 사람 몸의 유전자 정보를 읽어 확인하고 통제하는 과정에서 할 수 없는 일은 아무것도 없다.

이미 사람의 유전자와 연결되어 있는 식물이나 동물의 유전자 연결고리를 통해서 사람을 식물인간으로 만들 수 있고, 사람을 쥐나 원숭이와 같은 하이브리드 인간으로 만들 수 있다는 것이다. 헐리우드 영화에서 나온 좀비인간들도 만들 수 있는 것이다. 마음만 먹으면 개인적으로 가정적으로 집단적으로 원격 조종하여 무엇이든지 할 수 있는 인간 노예화 목장 시스템이 되는 것이다.

2012년부터 개발된 다르파(미 국방과학연구소)의 하이드로겔 센서

1969년 DARPA에서 군사작전 시스템을 위해 최초로 네트워크 개념과 인터넷의 원형인 알파넷(ARPANET)을 개발 하였다. 1970년대에는 칼 센더스를 통해서 베리칩을 개발했다. 1969년에 개발한 최초의 인터넷 알파넷이 미군의 작전 시스템에 사용되다가 1989년 마이크로 소프트 빌 게이츠에게 기술을 넘겨 w,w,w 인터넷 망의 서비스가 시작되어 빌 게이츠가 돈방석에 앉게 되었다. 1970년에 칼 센더스가 개발한 베리칩은 2011년 오바마 행정부에서 원격의료 시스템으로 정착이 되었다.

미군이 사용한 무기체계는 세계 최고의 기술과 보안을 요하는 것으로 보통 일반인들이 상용화하여 사용하기 10년-20년 전부터 기술을 개발하여 가지고 있는 것들이다. 다르파는 하이드로겔 나노 센서 역시 2012년부터 빌 게이츠 재단과 함께 개발을 시작했다. 지금도 다르파에서는 사람들이 상상할 수 없는 최첨단 나노 기술로 만든 비밀 무기들을 가지고 전 세계를 접수하고 있다. 세상 어느 국가도 미국을 대적할 수 없는 것은 다르파에서 개발한 최첨단 기술의 무기들 때문이다. 다르파는 비슈느식 문어발 운영으로 세계에서 개발되고 등록된 최고기술들을 수집하고 위탁개발 할 뿐 아니라 고액의 돈을 주고 사기도 한다.

마치 초고화질 감시 인공위성 카메라를 통해서 지구상 어디에서도 일어나는 일들을 30cm 크기로 감시할 수 있는 것처럼, 다르파에서 개발한 하이드로겔 센서는 멀리서도 한 사람의 신체 정보를 모두 알 수 있을 뿐 아니라 원하는 대로 신체정보를 조작해서 노예화 할 수 있다. 20년 동안 백신을 연구했던 닥터 캐리 메디는 하이드로겔 센서를 통해서 먹고 있는 항생제의 종류, 혈압, 당뇨, 월경주기, 성행위 빈도수, 심지어 마음의 생각까지도 읽을 수 있다고 한다.

최종 코비드-19 백신은 ID2020이다

코비드-19의 바이러스는 끝없이 변종을 일으켜 최첨단 유전공학적인 백신을 필요로 한다. 일단 감염이 된 후에는 빠른 속도로 퍼지기 때문에 시간상 코비드-19를 완전하게 종식시킬 수 없다 그렇다고 변이된 바이러스를 대상으로 계속해서 백신을 개발할 수도 없다. 그러나 ID2020 디지털 칩안에 있는 하이드로겔 센서를 모든 사람들에게 심어 놓고 감시를 한다면 코로나 바이러스에 감염되어 최초의 열이 날 때부터 감지하여 격리시켜 코로나 바이러스 활성화를 막을 수 있다면 지구상에서 코로나 바이러스를 영원히 사라지게 할 수 있는 것이다. 그런데 이것은 그들이 최종적으로 찾고 있는 명분일 뿐이다. 진짜 이유는 코비드-19를 통해 만든 ID2020 면역백신 속에 하이드로겔 센서를 넣어 인류를 영원히 통제하려는 것이 엘리트들의 진짜 목적인 것이다.

2021년부터 시작된 엘런 머스크의 스타 링크 서비스

테슬라 자동차 회장인 엘런 머스크 스타링크 사업은 2025년까지 지구 1200km 궤도에 광대역 위성통신 4425개, 300km 저궤도 통신 위성 7500개를 쏘아 올려 지구 전체를 대상으로 1Gbps 5G 초고속 위성 인터넷 이동통신 서비스 사업을 계획하고 있다. 2018년 첫 발사 이후 지금까지 1000기 이상을 쏘아 올렸고, 현재 총 955기가 궤도에서 활동 중이다. 스페이스X는 스타링크 위성을 한 번 발사할 때마다 60기씩 쏘아 올리고 있으며, 2021년에는 40차례 발사를 계획하고 있다. 계획대로라면 올해만 2400기의 소형 인공위성이 우주에 올라가는 셈이다. 우주 전문 매체 스페이스닷컴은 "2018년 스페이스X는 26회 로켓 발사라는 최다 기록을 세웠는데 올해 이 기록이 깨지게 될 것"이라고 전망했다.

스페이스X는 현재 운용 중인 위성을 이용한 스타링크의 베타서비스를 2020년 하반기 미국과 캐나다에서 시작했다. 월 사용료는 99달러(약 11만 원)로 책정했다. 스페이스X는 지난해 11월 영국에서 스타링크를 서비스할 수 있는 면허 승인을 받은 것으로 알려졌다. 그리스, 독일, 호주에서도 스타링크 사업 승인을 받은 상태이다.

스페이스X는 향후 인공위성을 더 많이 쏘아 올리면 인터넷 데이터 전송 속도를 50Mbps에서 150Mbps로 향상시킬 수 있을 것으로 예상한다. 국내 인터넷 평균 전송 속도가 25Mbps 수준이라는 점을 고려하면 이보다 훨씬 빠르다.

2025년부터 완성될 지구촌 5G 노예화 시대

미국 전기차 회사 테슬라 CEO 엘론 머스크가 설립한 '스페이스X'의 위성 인터넷 서비스인 '스타링크'에 미국 인터넷 사용자 절반 이상이 가입하겠다는 여론 조사 결과가 뒤늦게 알려졌다. 스타링크는 2025년대 중반까지 1만2000개 고궤도(1200km)와 저궤도(300km)에 소형위성을 쏘아 올려 글로벌 초고속 인터넷 망을 구축하는 사업이다.

5G 초고속 주파수는 직진하는 성질 때문에 빌딩이 즐비한 도시에서 100m마다 안테나 1개씩을 설치해야 하는 번거로움이 있다. 위성에서 직접 쏘는 스타링크는 장애물이 없이 직접 전달하기 때문에 지구 어디에서든지 쉽게 연결이 가능한 것이 특징이다. 스타링크는 모든 위성 인터넷 통신망이 구축이 되면 모든 초고속 인터넷 주파수 사용료를 무료로 제공 한다고 한다. 앞으로 제 4차 산업 혁명이 완성되어 유엔의 세계정부가 들어 설 때 스타링크 엘런 머스크의 위성 인터넷 서비스는 구글과 함께 엄청난 빅 데이터 완벽통제사회의 위력을 발휘할 것으로 예상된다.

과학의 발전으로 야기된 현대문명의 편리함은 편리하다 못해 과학의 노예화가 구축되고 있는 것이다. 이것이 하나님을 섬기지 아니하고 과학 물질 문명의 편리함을 좇아 살아 왔던 인류가 스스로 들어가야 할 올무이다. 그래서 요한 계시록에서는 최후의 심판이 기록되어 있는데 사이언톨로지 물질의 신 루시퍼와 창조와 구속의 신인 하나님 중에 반드시 하나를 선택 하도록 강요를 받아 짐승의 표와 어린양의 표를 받은 사람으로 구별되어 하나는 영벌로 또 하나는 영생으로 들어가게 된다.

누가 나를 지배해야 하는가?

마지막 시대 지구상에 사는 모든 사람들은 자신이 선택하지 않아도 운명처럼 먹고 살기 위해 자신의 주인을 결정해야 한다. 왜냐하면 세계가 한 사람의 독재자가 다스리는 빅 데이터 통제사회로 구축되기 때문이다. 76억의 인구를 마치 한 사람을 통제하듯이 모든 것을 감시하고 마음의 생각까지도 읽어 모든 범죄를 원천적으로 차단하는 시대에서는 개인적인 자유는 사라진 것이다. 여기에서 인간의 존재가 무엇인가를 생각하게 될 것이다. 먹고 살기 위해서는 반드시 이런 통제사회속으로 들어가야 하는 것이다.

예수님은 죄인들을 위해 십자가에서 죽으시고 부활하셔서 찾아 오셨다. 누구든지 예수를 영접하고 예수님을 머리로 삼고 순종하고 살기만하면 하나님의 아들로, 성령의 거룩한 전으로, 예수님의 신부로 살 수 있다. 그러나 죄인들은 예수를 믿기는 하지만 그 믿음조차도 세상에서 잘 먹고 잘 사는 도구로만 이해하지 절대로 자신의 몸을 주님께 드리기를 싫어한다. 이것이 입으로만 주여 주여 하는 신복음주의 믿음이다. 교회는 예수님의 몸이다. 즉 예수님의 수족이 되는 것이다. 반드시 예수님을 나의 머리로 삼고 주인으로 모셔야 하는 것이다.

머리에 어린양의 표를 받은 자들은 예수님이 주인이 된 성도들이다. 그들은 어린양이 어디로 인도하든지 따라가는 자들이다. 그러나 머리에 짐승의 표를 받은 자들은 짐승 즉 물질의 신인 루시퍼를 주인으로 섬긴 자들이다. 그들은 먹고 살기 위해 물질이 인도하면 어디든지 따라가는 자들이다. 그래서 한편은 영생으로 또 한편은 지옥으로 가서 태워지는 것이다.

당신은 오늘 이 시간 자신을 돌아 보아야 한다. 나는 정말 주님이 주인이 되어 있는 사람인가? 아니면 물질이 주인이 되어 있는가? 그리고 당신의 정신이 말짱할 때 단호하게 결정하고 세상에서 탈출해야 할 것이다.

코비드-19는 신세계질서를 세우기 위해 ID2020 백신을 심는 것

페마(FEMA,미국연방재난관리청)에서 20년간 근무했던 쎌레스트 쏠럼(Celeste Solum) 이 신세계질서를 폭로했다. 코비드-19의 목적은 세상 속에 글로벌 단일세계정부를 세우기 위한 전략이다. 세상은 코비드-19와 함께 이미 신세계질서 속에 있다. 세계 모든 나라 사람들이 코로나 바이러스 검사를 받아야 한다. 목적은 코로나 항체 유무를 알기 위한 것이라지만 사실은 모든 사람들의 유전자를 슈퍼 퀀텀 컴퓨터에 저장하는 것이다. 저장된 혈액속의 DNA는 검색이 가능한 보건당국이나 수사당국의 컴퓨터에 검색이 가능하도록 데이터베이스화 한다.

백신예방접종을 보급하기 위해 이미 48개 백신들이 개발되고 있다. 백신 속에는 세 가지가 들어 가는데 첫째는 낙태된 인간 태아의 줄기세포가 들어 있고, 두 번째는 인간화된 쥐의 세포, 세 번째는 인간화된 식물세포이다. 다음의 내용이 최악인데 다르파에서 개발한 하이드로겔 센서 (DARPA Hydrogel sensor)가 포함된 것이다. 미국 국방과학연구소 다르파에서 개발한 하이드로겔 센서는 기본적으로 젤라틴의 형태 속에 있는 나노 입자들인데 그것이 피부 속에 주입되면 체내에서 조립되고 자라기 시작해서, 인대, 뼈, 세포 등 사람의 몸의 조직과 결합하게 된다. 그것이 체내에서 자라고 신체의 일부가 되므로 그것을 제거할 수가 없을 뿐더러, 사람이 슈퍼컴퓨터에 연결되어 인공 지능과 하나가 된다. 즉 사람이 컴퓨터나 기기의 인터페이스가 가능한 단말기가 되는 것이다. 코비드-19는 남녀노소 모두가 백신을 받아야 한다고 말할 것이다. 이것을 받으면 자신이 아프다는 것을 스스로 알기 전에 보건국에서 아프다는 것을 먼저 알게 된다. 그리고 또한 이것은 감시 체계가 될 것인데, 사람이 무엇을 먹는지, 운동을 하는지, 무슨 보조제를 복용하는지, 약을 제대로 복용하는지, 어떤 물을 마시는지 등을 보건국에서 모두 알게 된다.

월드 워 Z 영화속의 좀비 인간들

월드 워 Z는 2013년에 만들어진 영화이다. 한국 평택 험프리 기지에서부터 시작된 메르스 코로나 호흡기 바이러스가 세계를 강타한다. 그런데 바이러스에 감염된 자들은 죽지 않는 좀비 송장처럼 숨을 거칠게 쉬면서 건강한 사람들의 피를 빨아 먹기 위해 목숨 걸고 달려든다. 일단 좀비 인간들에게 물리면 바로 감염이 되어 똑같은 일들을 한다. 영화 속의 한 어머니는 감염되어 딸을 물어 희생시킨다. 주인공이 좀비들의 정체를 알기 위해 조사를 하다가 좀비들이 병든 나약한 사람들을 공격하지 않는 사실을 알고 스스로 장티푸스에 감염되어 좀비들에게 다가가자 좀비들은 병든 주인공에게 관심이 없다. 어느날 갑자기 전 세계적으로 일어나는 좀비 바이러스 사건은 2003년 사스 코로나 바이러스와 2012년에 유행한 메르스 코로나 바이러스 팬데믹 영화이다. 그런데 특이한 사항은 좀비들의 테러가 도시를 중심으로 일어나고 산이나 바다와 같은 곳에서는 좀비들이 활동을 하지 못한 것이다. 도시에 무슨 비밀이 있을까? 5G 주파수 광역대? 원격조종? 스마트 시티?

2017년 개봉한 킹스맨 영화에서 사람들의 몸에 칩을 심어 원격 조종을 통해 서로를 죽이게 하는 장면이 나온다. 유전자 조작을 통해 만든 변형된 DNA, RNA를 백신속에 넣어 사람 유전자와 결합시켜 면역체계를 만들 때 쥐와 식물과 침팬지 유전자를 사용한다. 백신속에 있는 하이드로겔 쌍방향 인터 페이스를 작동시켜 DNA 속에서 일어나는 모든 생체정보를 전달 받을 뿐 아니라 원격으로 유전자를 조종하여 집단폭동, 집단자살, 좀비인간, 식물인간 동물인간 등으로 만들 수 있다. 엘리트들은 이것을 지구촌 인간 목장화 프로젝트라고 한다.

5. 신세계질서 지상 유토피아 프로젝트, 스마트 시티

엘리트 인간들이 꿈꾸는 지상왕국, 스마트시티

지상에 하나님의 왕국(kingdom)을 추구하는 신사도 운동가들이 꿈꾸는 왕국은 도시이다. 예수 전도단 총재 존 도우슨은 도시를 점령하라는 책을 썼다. 도시는 가인의 후예들이 건설한 죄악의 도시이다. 신세계질서의 교과서인 플라톤의 이상국가 역시 폴리스라고 하는 도시국가에서 완성된 것이다. 헬라신국의 비밀은 폴리스라고 하는 도시국가이다. 헬라 신국은 선민들이 사는 도시국가와 가축인간들이 사는 장소를 완벽하게 구분하였다. 그래서 그들은 도시국가를 운영하는 민회를 에클레시아 라고 명명 하였다. 알렉산더 대왕은 알렉산드리아에 명품도시를 건설했다. 칼빈도 제네바에서 성시화 운동을 했다. 아브라함 카이퍼 역시 암스텔담을 그의 왕국으로 만들려고 일반은총과 주권신학을 만들어 성시화 운동을 했다. 존 웨슬레 역시 홀리시티 운동을 했다. 수많은 신세계질서 헐리우드 영화를 보면 도시는 유토피아로 도시 외곽은 디스토피아로 묘사되었다. 도시는 풍요, 명예, 평화,

안전, 건강, 질서가 보장된 곳으로 철저하게 높고 튼튼한 장벽을 만들어 침입자의 출입을 제한하고 있다.

스마트 도시는 블록체인 디지털 화폐를 사용한다. 모든 사람들의 신분이 빅 데이터에 저장되고 신분이 확인되지 않는 사람은 즉시 체포된다. 의료, 쇼핑, 교육, 종교, 문화활동은 비대면으로 이루어진다. 누군가 발병이 되면 그 사람은 즉각적으로 분리 수용이 되고 헬스케어 원격진료 시스템에 의해서 모든 질병은 발병되기 전에 조치가 취해진다. 음식의 요리와 쓰레기 처리는 모두 자동화로 이루어진다. 꿈만 같은 세상이 마지막 7년 동안 이 땅에서 이루어진다. 이것이 신세계질서 곧 적그리스도가 통치할 나라이다. 이곳에서 이런 모든 혜택을 누리는 조건은 단 하나 뿐이다. 이 도시가 통제하는 빅 데이터 컴퓨터 시스템에 동의해야 한다. 그러면 이 모든 것이 보너스로 주어진다. 이런 모든 혜택을 주는 조건이 바로 666 짐승의 표를 오른손과 이마에 받는 것이다. 이때가 7년 대환난 후 삼년 반이 시작될 때이다.

세계적으로 일어나고 있는 스마트 시티 운동

2020년 5월 22일 일본 의회는 소위 '슈퍼 도시' 또는 '스마트시티'의 개정 법안을 통과시켰다. AI와 빅데이터를 활용해 지정된 도시 내 10개 분야 중 최소 5개를 관리하게 된다. 10개 분야는 교통, 물류, 결제, 시 행정, 의료 및 간병, 교육, 에너지 및 물, 환경 관리 및 폐기물 관리, 범죄 예방, 재난 관리 및 안전 등이다. 중앙정부 및 민간 기술기업과 협력해 이러한 영역의 데이터 네트워크가 연계될 예정이다. 드론은 지역 주민들에게 상품을 전달하기 위해 도입된다. 컴퓨터 데이터는 지역 에너지 사용을 감시한다. 특히 재생 에너지원을 비롯한 지역 생산 에너지원을 보다 시기적절하고 저렴하게 제공한다.

스마트시티의 의료 시스템은 의료나 간호가 필요한 환자들이 컴퓨터를 통해 원격으로 상담과 도움을 받을 수 있게 해준다. 온라인 강의실 학습을 초, 중, 고등학교 간의 데이터를 연계함으로써 개별 사용자에 맞는 학습 서비스를 가능하게 한다. 자율주행차는 사람들을 태우고 특정 목적지로 운송하도록 프로그램이 될 수 있다. 모든 것이 전자적으로 지불될 수 있기 때문에 현금을 가지고 다닐 필요가 없다. 모든 데이터는 도시의 데이터 연결 플랫폼, 즉 도시 거주자에 대한 정보를 기록하고 서로 다른 분야에 걸쳐 공유할 수 있는 거대한 저장장치에 의해 수집되고 정리될 것이다.

국제 스마트시티 운동을 분석하는 미국 기업 네비건트리서치가 2019년 6월 발표한 보고서는 전 세계 286개 도시에 최소 443건의 스마트시티 프로젝트가 있었다고 밝혔다. 그리고 2028년까지 누적 세계 스마트시티 기술 시장이 1조 7000억 달러에 이를 것으로 추산했다. 닛케이 아시안 리뷰는 노무라연구소의 조사 결과 현재 남아시아와 동남아시아의 약 40개 도시에서 350개의 스마트시티 프로젝트가 개발되고 있다고 밝혔다.

안면 인식과 전송 기록을 활용해 코로나19 환자의 움직임을 추적하는 싱가포르 시스템이 대표적이다. 알리바바는 코로나19에 노출될 위험이 높다고 평가되는 사람들의 일부에게 건물에 대한 접근을 제한하는 앱을 제공한다. 알리바바는 또 중국의 여러 도시에 사람들이 마스크를 착용했는지를 감지하는 시스템도 배치했다. 지디넷은 싱가포르 주민들은 추적을 위한 웨어러블 시스템을 그리 달갑게 받아 들이지 않는 것 같다고 보도했다.

세계적으로 스마트 시티 플렛폼은 연결되어 있다.

다음 기사는, 카레이드 스코프의 메일 매거진 최신호 빌 게이츠의 양자 닷·타투(짐승의 도장)의 666상업 시스템-2의 도입(프롤로그)에 기록된 일본의 스마트 시티 법 개정에 대한 기사이다.

일본은 검찰청법 개정이나 종자종묘법 개정 등을 뒤로 미룬 채 즉각 바다 건너에 있는 미국이 시키는 대로 새로운 생활양식, 뉴 노멀을 연호하기 시작했다. 이번 팬데믹으로 세계경제의 패러다임 전환이 일어날 것이다. 당장 스마트 시티 구상에 착수해 5G를 추진하지 않으면 내일의 일본쌀은 없다는 협박을 받은 것처럼 아베 신조와 각료들은 뭐가 뭔지 모른 채 바쁘게 움직이기 시작했다. 이 내각은 유치원 유희 내각이다. 아무 것도 모르고 있다. 5G와 스마트 시티에 의해 자유가 완전히 죽는다. 자유와 전제주의가 정면으로 격돌하는 제3차 세계대전이 시작되었다. 검찰청법 개정안, 국가 공무원법 등 개정안에 국민이 관심을 돌리고 있는 사이에, 자민, 공명, 유신이 슈퍼 시티 법안을 22일의 참의원 특별위원회에서 찬성 다수로 가결했다. 이것이야 말로, 긴급 조항 이상으로 무서운 법률이다. 국민의 자유를 완전히 빼앗는 스마트 시티 법안은 반드시 폐기해야 한다. 슈퍼 시티 법안의 본질은, 인공지능(AI)통치를 통한 세계정부에 모든 규범을 맞추는 것이다.

미국 바이든이 꿈꾸는 코비드-19를 통한 완벽통제사회 구축 시나리오

미국 바이든 대통령은 우선순위 1번으로 코비드-19를 완벽 통제하는 것이다. 바이든이 어떤 방법으로 코비드-19를 통제할 수 있을까? 바이든은 문대통령과 전화통화에서 K-방역에 대한 관심을 보였다. 중국의 완벽통제 시스템을 코비드에 적용한 것이 K-방역이다. 이것을 바이든이 벤치 마킹해서 미국에 적용하려고 하는 것이 시나리오이다. 그래서 한국의 K-방역을 연일 띄우고 있는 것이다.

이미 각 사람의 스마트 폰 전화번호는 스마트 시티 플렛폼 주파수 광역대에 편입되어 있다. 이 도시에서 저 도시로 넘나들 때마다 광역대 주파수를 통해 이동이 확인되고 추적이 되고 있다. K-방역이 성공한 이유이다. 이제 미국에서도 스마트 시티 광역 주파수 플렛폼을 통해서 이런 완벽통제 사회가 구축이 된다. 이것이 완성될 때까지 면역백신 주사와 코로나 바이러스 창궐은 이미 예정되어 있다.

미국이란 나라는 한국과 같지 않다. 개인의 자유가 국가의 자유보다 더 우선시 되는 나라이다. 그래서 집단적인 통제사회를 구축하는 과정이 절대로 녹녹지 않다는 것이다. 엄청난 값을 지불해야 한다. 수많은 폭동과 데모, 살인과 반항은 국가적으로 내전을 방불케 하는 혼란이 있을 것이다. 이것이 또한 엘리트 인간들이 노리는 전략이기도

하다. 아마도 미국은 코비드-19를 위한 완벽 통제사회를 구축하기 전에 무너질 것이다.

충남도가 추진하고 있는 스마트 시티 통합 플랫폼

충남도가 2021년 1월 13일 도청에서 15개 시군 등 19개 유관기관 관계자 등이 참석한 가운데, '충남 스마트 시티 광역 통합 플랫폼 구축사업' 착수보고회를 개최했다. 스마트 시티 통합 플랫폼 사업은 방범·방재, 교통, 환경, 시설물 관리 등 각종 정보시스템을 연계해 신속한 응급상황 대처 및 효율적인 도시 관리를 위한 스마트 인프라를 구축하는 사업이다. 이날 보고회는 충남도가 재난 · 안전사고 등 다양한 분야에서 광범위하게 발생하고 있는 도시문제를 해결하고 도민 생활과 밀접한 스마트 특화 서비스를 제공하기 위해 첫걸음을 내딛는 자리다.

충남 스마트 시티 광역 통합 플랫폼 구축사업'이 2021년 5월까지 완료돼 '스마트 도시 안전망서비스 6개'와 '충청남도 특화 스마트 서비스 11개'가 제공되면, 도내 교통사고, 범죄, 화재 발생 등이 획기적으로 감소할 것으로 기대된다고 충남도가 전망했다. 그동안 지자체 간 행정단위를 넘어서는 범죄 경로, 산불, 구제역 전파 등 도시문제 발생 시 지자체간 상황 공유가 불가능 하였고 기초 지자체별 통합 플랫폼 개별 구축으로 공간적 · 비용적 중복투자 비용 발생 등이 불가피했다.

충남 스마트 시티 광역 통합플랫폼이 구축되면 광역 중심의 정보공유 및 활용, 인프라 공유로 도입비용 절감 효과가 기대되고, 또한 도내 CCTV 2만1145대 통합연계로 4229억원의 안전자산 취득효과가 발생할 것으로 기대되며, 무엇보다 5대 범죄 감소 및 재난·응급상황 신속 대처를 통해 도민의 안전 체감도 상승을 견인할 것으로 내다봤다.

금산군 스마트 시티 통합 플렛폼

2021년 1월 4일 충남 금산군이 올해 정보통신기술을 활용한 스마트 시티 통합플랫폼 서비스 구축에 나선다. 군은 우선 올해 플랫폼 서비스 기반 구축을 위해 총 12억 원을 들여 CCTV 관제센터 중심의 경찰·소방을 연계한 스마트 도시 안전망을 구축할 계획이다. 스마트 솔루션 확대를 위한 공모사업을 신청, 주민들이 체감할 수 있는 서비스를 확대할 계획이다.금산군은 세부적으로 불법투기 및 주차 자동경고, 공공 와이파이 확대, 드론 활용 재난 재해 감시, 실시간 공기 생태 공지 시스템 구축을 제시했다.

서울 수도 경비사령부 스마트 시티 통합 플렛폼 구축

육군 수도방위사령부가 서울 시내 폐쇄회로(CC)TV 영상을 실시간으로 확인한다. 서울 시내에서 테러 등 안보 위기상황이 벌어졌을 때 신속하게 현장을 확인하기 위한 조치라는 게 군의 설명이다. 2021년 1월 15일 육군 수방사는 "국토교통부, 서울시와 협력해 서울지역 내 CCTV 통합 모니터링을 할 수 있는 '스마트 시티 통합 플랫폼'을 최근 구축했다"고 밝혔다. 국방부와 국토부는 지난해 8월 국가 안전보장과 직결된 상황에서 군이 지방자치단체 CCTV를 실시간으로 활용할 수 있도록 하는 스마트 도시 안전망 구축업무협약을 체결했다. 이에 따라 수방사와 예하 52·56사단에 관제시스템이 설치됐다. 서울시 25개 구 CCTV 영상정보도 2023년까지 수방사에 제공될 예정이다. 앞으로 수방사는 작전상황실에서 현장 CCTV를 보며 상황을 파악해 대응할 수 있게 됐다. 작전 수행능력과 지휘통제능력이 높아지는 것은 물론 산불이나 홍수, 신종 코로나 바이러스 감염증(코로나19) 등 비군사적 위기에 신속하게 대응할 수 있다는 게 수방사의 설명이다.

수방사는 "지금까지는 국가 안전보장을 위협하는 상황이 발생하면 부대 관계자가 각 지방자치단체 스마트 도시센터를 방문해 CCTV 영상을 확인해야 했는데 여기에 많은 시간이 소요되면서 신속한 초기대응에 어려움을 겪어왔다"고 추진 배경을 설명했다. 일각에서는 군이 실시간으로 서울 시내 CCTV를 확인할 경우 인권 침해나 개인정보 침해 우려가 있다는 지적이 나온다. 이에 대해 수방사는 "서울시가 제공하는 CCTV 정보는 관계 법령이 허용하는 국가안전보장 및 지역재난

대처와 관련한 경우에만 한정하는 것으로 정했다"며 상황 발생 시 지자체 영상관제 승인을 받은 후 관제전용 PC에서만 활용 가능하며 영상정보 이용 및 제공 등의 처리기준도 개인 정보보호법을 따르도록 했다고 설명했다.

전쟁이 일어나면 군사작전을 위한 도로를 확보하기 위해 가장 먼저 도시 출입구 차량 출입을 차단한다. 이것은 미국 페마 계엄령에도 직시되었다. 현금인출이 중지되고, 사람의 이동이 금지된다. 전쟁이 일어나면 도시는 전염병이 돌기 시작한다. 전염병 차단을 위해서라도 도시는 완전 봉쇄된다.

6. '크리스퍼' 유전자 가위란 유전공학

크리스퍼 유전자 가위 (유전자 편집 기술)

유전자 가위란 생명의 가장 기본 단위인 유전자 염기서열을 잘라내거나 붙여서 유전자를 편집하거나 조작하는 유전공학 기술을 말한다. 1세대인 '징크핑거'와 2세대 '탈렌'을 거쳐 2012년에 발견한 3세대 기술인 '크리스퍼'가 주로 활용되고 있다. 가격이 비싸고 과정이 복잡한 1·2세대 유전자 가위와 비교해 3세대 유전자 가위는 저렴하고 간편해 많은 과학자들이 연구에 뛰어 들었다. 유전자 교정이 가능해지면 유전자 질환 치료는 물론, 난치병 치료, 불필요한 유전자를 제거해서 병충해에 강한 농작물 등도 만들어낼 수 있다. 2017년 11월 13일, 미국에서 대사질환을 앓고 있는 환자에게 복제된 교정 유전자와 유전자 도구를 주입하는 세계 최초의 유전자 시술이 시행되었다. 2018년 11월 중국 남방 과기대 허젠쿠이(賀建奎) 교수는 에이즈(HIV) 바이러스의 감염을 막기 위해 특정 유전자를 제거한 유전자 편집으로 쌍둥이 아기의 출산에 성공했다.

2020년 노벨화학상을 받은 '크리스퍼' 유전자 가위 과학자들

2012년 스웨덴 우메오 대학의 에마뉴엘 샤르팡티에(Emmanuelle

Charpentier) 교수, 미국 UC버클리의 제니퍼 다우드나(Jennifer A. Doudna) 교수는 크리스퍼를 이용해 유전정보가 들어 있는 모든 DNA를 정교하게 잘라낼 수 있음을 입증했다. 그리고 스웨덴 왕립과학원 노벨위원회는 두 사람을 2020년 노벨화학상 수상자로 선정했다. 현재 프랑스 태생인 에마뉴엘 샤르팡티에는 독일 막스플랑크 연구소 교수로, 제니퍼 다우드나는 UC버클리 교수로 재직 중이다.

노벨위원회는 보도 자료를 통해 "두 사람이 개발한 '크리스퍼 유전자 가위' 기술이 생명과학에 혁명적인 영향을 미치고 있으며, 암을 비롯해 부모로부터 물려받은 유전자 질환을 치료할 수 있는 길을 열어주고 있다."고 평가했다. '크리스퍼 유전자 가위' 기술은 세계적인 과학 학술지 '사이언스' 지를 통해 2015년 최고 혁신 기술로 선정된 바 있다. 같은 해 '네이처'에서도 과학을 발전시킨 10대 인물에 '크리스퍼 유전자 가위' 기술 개발자를 포함시켰다. 세계적인 양대 학술지에서 이 기술을 지목하고 있는 것은 향후 생명과학에 혁명적인 결과를 가져올 수 있다는 것을 말해주고 있었기 때문이었다. 〈네이처〉가 같은 날 발표한 '과학계 뉴스 인물 10명' 중 1위는 준쥬황 중국 중산대학연구원이었는데, 선정된 이유가 크리스퍼 유전자 가위로 인간 게놈 편집(Genome Editing)을 했기 때문이었다. 연구팀은 동물의 배아나 인간 성체세포가 아닌 인간 수정란을 대상으로 유전자 교정 실험을 했고, 관련 논문을 투고했으나 거절당했다. 생명과학자들 중에서는 인간의 생식세포와 배아에는 게놈 편집을 제한하자는 주장이 나왔다.

크리스퍼는 DNA 유전정보를 편집할 수 있는 일종의 유전 공학 기술로 유전자 가위라고도 불리는 제한효소를 사용해 DNA의 이중사슬 구조를 분리하고, 특정 부분을 절단한 뒤 표적 부분의 유전자 정보를 더하거나 제하는 방식으로 행해진다.

DNA 한 가닥만 자르는 유전자가위

교육과학기술부는 서울대 김진수 교수 연구팀이 DNA 두 가닥 중한 가닥만을 자르는 유전자 가위 기술을 개발해 세포 독성이나 돌연변이를 유발하는 부작용 없이 원하는 장소에만 변이를 일으키는데 성공했다고 밝혔다. 유전자 가위(engineered nuclease)는 특정 염기서열(DNA 표적 자리)을 인식해 절단하거나 교정하도록 고안된 인공 제한효소다. 인간세포를 포함한 모든 동·식물세포에서 특정 유전자를 절단해 변이를 일으키거나 교정하여 다양한 질병을 치료하는데 사용되는 도구로, 최근 과학자들로부터 주목 받고 있는 신기술이다.

특히 김진수 교수가 주도적으로 개발·보급한 이 기술은 과학전문지 '네이처'의 자매지인 'Nature Methods (IF=20.7)'로부터 '올해의 기술(Method of the Year 2011)'로 선정되는 영예를 얻었다. 지금까지의 유전자 가위 기술은 이중나선 DNA 두 가닥을 모두 잘라내 독성을 일으키거나, 표적(target)하지 않은 곳에서도 작동하여 원치 않는 돌연변이를 발생시키는 등의 문제점이 있었다. 김 교수팀의 유전자 가위 기술은 DNA 한 가닥만 자른 후 어떠한 부작용 없이 표적 장소에서만 유전자를 교정하는 첫 사례로 의미가 크다.

김 교수는 "유전자 가위 기술은 유전자의 염기서열을 교정하거나 뒤집어진 유전자를 원상 복구하는 등 최근 과학자들이 주목하는 신기술이다. 향후 이 기술을 통해 유전자 또는 줄기세포 치료뿐만 아니라 에이즈나 혈우병과 같은 난치성 질환을 원천적으로 치료하는데도 활용될 수 있을 것으로 기대 한다"고 연구 의의를 밝혔다.

7. 유전자가위로 치료하는 코비드-19 면역 백신

세포와 유전자의 구조

사람의 몸은 100조개의 세포로 구성되어 있다. 세포는 핵과 다른 구조로 되어 있는데 핵안에는 염색체 DNA 유전자가 있다. 염색체(chromosome)는 실같이 생긴 유전자들이 실덩어리처럼 감겨 실뭉치를 이루어서 한 세포 안에 23개의 유전자 덩어리로 되어 있다. 한 덩어리 염색체는 두 쌍을 이루고 있는데 각각 부모로부터 받은 정보들로 한 쌍을 이루어 하나의 세포 속에는 46개의 염색체가 있는 셈이다. 이 염색체 하나를 꺼내 보면 꼬불꼬불하게 나선형의 실처럼 생긴 유전자들이 감겨진 실뭉치처럼 되어 있다. 이 뭉치를 잡아 당기면 꼬불꼬불한 나선형의 실이 풀어져 나오는 것처럼 실같이 생긴 유전자가 길게 늘어져 나오는데 그 실같은 것은 수많은 핵산(DNA)들이 조립되어 2중 나선 형식으로 구성되어 있는 것이다.

이중 나선 구조에 두 줄이 있고 두 줄 사이에 아데닌(A), 구아닌(G), 티민(T), 시토인(C)이라는 네 종류의 염기들이 둘씩 쌍을 지어 조립되어 있다. 줄은 토막난 당분으로 구성되어 있는데 한 토막 마다 한 종류의 염기들이 부착되어 있다. 그 염기가 부착된 한 토막의 당분들을 서로 일렬로 붙여 연결시켜 주는 것이 인산이다. 한 토막의 당분과 그 당분에 부착된 염기와 인산, 이렇게 세 가지의 물질이 함께 조립식으로 결합하여 한 개의 핵산(DNA)을 형성한다. 바로 유전자란 이 핵산들이 두 개씩 한 쌍의 조립식으로 결합하여 길게 나선형 줄을 형성하고 있는 것이다. 하나의 세포에는 30억 쌍의 핵산을 이루는 염기들의 결합으로 유전자를 이루고 있다. 이 30억 쌍의 염기배열 가운데 세포의 기능을 담당하는 유전자의 종류가 약 3만여 종류이다.

크리스퍼란 유전 공학은 무엇인가?

크리스퍼란 일정한 간격을 두고 주기적으로 분포하는 짧은 회문 반복서열을 말한다. 영어 약자로 CRISPR(Clustered Regularly Interspaced Short Palindoromic Repeats)이다. 크리스퍼는 유전자의 특징 서열을 인식해서 자르거나 편집할 수 있는 유전공학이다. 크리스퍼는 짧은 유전자 서열과 DNA를 자르고 붙일 수 있는 것으로, 이를 이용하면 수십억 개의 유전체 서열에서 원하는 서열을 찾아서 마음대로 바꿀 수 있다. 흔히 유전자 치료라고 하는 기술이 바로 크리스퍼 유전자 가위를 이용한 것이다.

크리스퍼 유전자 가위의 본질이 세균의 면역체계에 있다. 세균도 외부로부터 침입한 바이러스로부터 자신을 보호하려는 면역 시스템이 있다. 세균은 외부에서 침입한 낯선 바이러스를 짧은 서열로 내부에 저장해 둔다. 그리고 이 서열에 맞는 바이러스가 다시 한 번 침입하면 세균은 제한 효소라는 DNA 절단 단백질을 동원하여 침입한 바이러스를 작게 절단하여 무력화 시킨다. 크리스퍼는 이러한 세균의 면역체계를 이용하여 만든 기술이다. 원하는 유전자를 인식하는 짧은 유전자 서열과 DNA를 자를 수 있는 제한효소 세트가 크리스퍼 가위이다. 세균의 면역계를 모방했기 때문에 복잡하지 않고 저렴하게 응용할 수 있다. 크리스퍼 유전자 가위는 발명을 한 것이 아니라 세균의 면역계에서 발견된 것이다. 이로 인하여 특허 분쟁이 생기고 있다.

크리스퍼 유전자 가위는 DNA나 제한효소, 면역계 같은 분자생물학을 알아야 이해 할 수 있다. 여기에서 제한효소는 DNA 서열을 인식해서 자르는 체내 작동 기구이다. 이 단백질에는 유전자 서열을 인식하는 RNA 부분과 인식한 서열을 자르는 단백질 부분이 결합되어 있다.

유전자 가위로 무엇을 할 수 있는가?

사람의 품종을 개량할 수 있다. 모기나 해충의 유전자를 바꿔 박멸시킬 수 있다. 어린 아이 배아 유전자를 바꿔 힘 있는 군인, 아름다운 영화 배우, 미스 월드 미녀, 키가 큰 모델, 아인슈타인과 같은 천재, 돼지 속에서 인간의 간을 만들어 낼 수 있다. 반인 반수 키메로 인간을 만들 수 있다. 과학자들이 원하는 무엇이든지 만들 수 있다. 슈퍼 돼지, 슈퍼 소, 병이 들지 않는 바나나, 인류가 추구하는 식량문제도 해결될 수 있다. 과학자들은 크리스퍼 유전자 가위 유전공학은 AI 인공지능 보다 현대인들에게 더 큰 영향을 줄 것이라고 단언한다.

유전자 가위로 편집된 사회 가타카(GATTACA)

1997년 개봉한 영화 가타카(GATTACA)의 제목은 DNA의 염기 서열인 A, T, G, C의 철자로 만들어졌다. 이 영화가 그리는 미래사회에는 유전자가 인간의 직업과 운명을 결정짓기 때문에, 인간의 유전자 조작은 선택이 아닌 필수라는 사실을 그리고 있다. 이 가상의 미래사회는 열성인자가 제거된 인공수정을 통해 우성인자만을 지니고 태어난 엘리트 아이들이 지배계층을 이루고, 자연 수정을 통해 배합된 유전자를 지니고 태어나는 신의 아이들은 이 지배계층의 통제와 감시를 받는, 철저한 계급사회다. 영화는 이 신의 아이들 계급과 엘리트 아이들 계급의 각각의 운명에 대해 무거운 질문을 던진다. 한 형제이면서도 유전자 가위로 편집되어 엘리트 인간으로 태어난 한 사람, 유전자 가위를 통해 편집되지 않고 그대로 태어난 또 한 사람, 이 두 사람이 살아가는 신분 사회는 엘리트 인간들이 꿈꾸며 만들어 가는 신세계 질서이다. 영화가 만들어진 후 24년이 지난 2020년 사람의 유전자를 편집할 수 있는 유전자가위 기술로 프랑스 태생인 에마뉴엘 샤르팡티와 제니퍼 다우드나 UC버클리 교수는 노벨 화학상을 받았다.

유전자 가위로 편집되어 에이즈 면역 세포를 가지고 태어난 쌍둥이

2018년 11월, 학계를 발칵 뒤집었던 유전자 편집으로 태어난 쌍둥이는 지금도 생명윤리 논란에 휩싸여 있다. 그리고 이들을 탄생시킨 중국의 허젠쿠이 박사는 징역 3년에 벌금 300만 위안(약 5억원)을 선고 받았다. 중국 심천지방법원은 前 중국 남방과기대 허젠쿠이 부교수 및 그의 동료 2명에게 유죄를 선고했다. 동료 2명은 각각 징역 24개월과 18개월을 선고 받았다. 불법 의료행위에 가담했다는 것이 이유다. 이들은 혐의에 대해 인정했고, 평생동안 재생의학 및 연구에 참여하는 것이 금지됐다.

2018년 11월 허젠쿠이 박사는 유튜브를 통해 크리스퍼(CRISPR-Cas9) 유전자 편집 기술을 사람의 수정란에 적용시켜 쌍둥이 여아 루루와 나나를 출산시켰다고 알렸다. 이들은 윤리 심사 자료를 위조해 남자 쪽이 에이즈(HIV) 양성 보균자인 부부를 모집했고, 정자와 난자의 수정란을 편집해 바이러스가 침입하는 세포의 입구를 막아 배아를 체내에 삽입했다.

이를 통해 태어난 쌍둥이는 에이즈에 원천 차단 됐다는 것이 허젠쿠이 박사의 주장이다. 허젠쿠이 박사는 이러한 유전자 편집 기술로 탄생한 아기는 미래에 감염에 대한 위험을 피할 수 있다고 주장했다.

제2장 신세계질서

1. 신세계 질서(New World Order)란 무엇인가?

자칭 엘리트 인간들이 꿈꾸는 지상의 유토피아가 있다. 엘리트 인간들은 가나안 7족속들의 후손들로 이 땅에 공산주의 유토피아 왕국을 세우려하는 니므롯의 후예들이다. 미국 뉴욕은 니므롯의 후손인 가나안의 상인들이 세운 도시이고, 뉴욕의 자유 여신상은 광명의 신인 니므롯의 부인 세미라미스이다. 미국 워싱톤 DC(district of Columbia)는 니므롯의 부인 세미라미스가 다스리고 있는 콜롬바 여신의 신전이다. 백악관은 세미라미스를 상징한 올빼미(릴리스) 모양으로 도시계획이 되어 있는데, 콜롬바 여신이 세상을 통치하는 보좌를 상징한다. 바벨탑을 세워 하나님을 대적했던 니므롯의 후예들이 마지막 날에 전 세계를 유엔으로 세계정부를 세워 하나님을 대적하기 위해 세운 마지막 나라가 신세계질서이다. 미국 트럼프가 공격하고 있는 일명 글로벌리스트들이다. 이들은 미국을 통해서 제 3의 유엔 중심의 세계정부인 신세계질서를 세우려 하고 있다.

니므롯은 최초의 공산주의자이다. 역시 신세계질서 세계정부인 유엔도 공산주의 국가이다. 그동안 음모론으로 치부되었던 일루미나티, 프리메이슨, 장미십자단, 공산주의자들의 정체가 미국 트럼프 대통령의 폭로로 만천하에 그 모습이 공개 되었다. 그래서 지금부터 표면적으로 나타난 세계전쟁은 조 바이든을 중심으로 한 공산주의자들과 트럼프를 중심으로 한 반공산주의자들의 전쟁이다. 글로벌리스트들이 코비드-19를 매개체로 통제사회 빅 브라더가 지배한 세계정부를 세우려 한다.

그래서 면역백신을 심어 신세계질서 통제사회를 구축하려는 자들과 그것을 거부하고 개인의 자유를 지키려고 면역백신을 거부하는 자들의 전쟁이 시작되고 있다. 물질세계를 중심으로 한 공산주의 무신론자들과 영혼의 세계를 추구하는 자유주의 유신론자들의 전쟁이 시작된 것이다. 이것이 결국은 요한 계시록에 기록된 짐승의 표를 받는 자들과 어린양의 표를 받는 자들이다. 끝까지 살아남은 자들은 짐승의 표가 없는 자들이 매매를 하지 못하고 의료 진료를 받지 못하고 죽어야 하는 요한 계시록에서 예언한 모든 말씀이 성취되는 것을 볼 수 있을 것이다.

2. 신세계질서를 이룩하기 위해 그들이 만든 7대 목표

1) 모든 개별 국가의 파괴

먼저 그들은 개별 국가를 파괴하려고 한다. 왜냐하면 세계를 하나의 국가로 만들어 통치해야 하기 때문이다. 그래서 세계전쟁을 일으키려고 준비하는 것이다. 전쟁을 통해서 개별 국가를 파괴할 수 있다. 하나의 경제를 통해서 개별국가를 파괴한다. 은행가들을 통해서 모든 나라가 빚더미에 앉게 한다. 그래서 개별 국가의 국경을 경제로 허물어 버린다. 이것이 2021년부터 그들이 시작하는 종이 화폐 자본주의를 무너뜨리고 비트코인 디지털 화폐가 지배하는 공산주의 경제 시스템으로 만들어갈 The Great Reset이다.

2) 모든 종교를 파괴하여 루시퍼 종교로 통합한다

종교를 통합하여 하나의 세계정부를 세우려 한다. 종교가 다르면 통합이 될 수 없다. 그런데 종교를 통합하는데 가장 큰 걸림돌이 기독교이다. 그래서 기독교를 타락시키고 부패하게 해서 무너지게 하고 종교다원주의 운동을 일으켜 기독교를 파괴시키고, 666 면역 백신 시스템을 작동시켜 기독교인들을 두렵게 하여 해체시키는 것이다. 코비드-19의 가장 큰 목적 중의 하나는 기독교를 파괴하는 것이다. 그러나 하나님은 이들을 알곡과 가라지를 골라 내시는 타작기로 사용하신다.

3) 가족제도 폐지

신세계질서 나라는 공산주의 국가이다. 공산주의의 특징은 국가가 부모가 되는 것이다. 이것이 가나안 족속들의 특징이다. 가족애를 말살 시킨다. 왜냐하면 국가주의가 약화되기 때문이다. 가족제도를 파괴하는 방법은 젊은 사람들에게 결혼을 하지 못하게 하는 것이다. 그래서 그들에게 좋은 직장을 갖지 못하게 하고 알바나 파트타임 일자리를 통해서 겨우 살아갈 수 있도록 정책을 만든다. 포스트모더니즘과 뉴 에이지 문화를 통해서 느낌이나 감정대로 사는 것이 성공하는 것이라고 세뇌를 시켜 타락문화를 권장하고 드라마나 영화 등을 통해 독신주의를 조장하도록 세뇌를 시킨다. 요즈음 계속 침소봉대(針小棒大)되어 보도가 되고 있는 아동학대에 대한 뉴스들은 자식들을 부모로부터 떼어 놓기 위한 세뇌교육이다.

4) 사유재산 제도 폐지

엘리트 은행가들이 싼 이자를 통해 개인이나 기업에 많은 빚을 지게 하여 사유재산을 빼앗아 가는 정책들은 이미 추진되었다. 은행가들은 모든 토지, 모든 건물, 심지어 연금까지 담보로 대출을 해 주고 있다. 욕심과 탐욕의 약점을 이용하여 사유재산을 모두 빼앗아 가는 것이다. 상속세를 높여 부가 대물림 하지 못하도록 정책을 시행한다. 환율을 조작하고 주식들을 조종하여 사유재산을 모두 사라지게 한다. 코비드-19로 인한 셧 다운 전면봉쇄는 이미 뇌사 상태에 빠진 자본주의 경제의 숨통을 완전히 끊어 버리는 것이다.

5) 고율의 상속세로 상속권의 폐지

공산주의 사회로 가는 가장 빠른 방법은 부자들이 가지고 있는 재산의 대물림을 막는 것이다. 그 방법이 상속세를 천문학적으로 늘리고, 상속권을 폐지해 버리는 것이다. 저명한 사람들을 동원하여 사회단체에 재산을 기부하게 함으로, 자식들에게 재산을 대물림하는 상속제도를 폐지하거나, 공공사업이나 인류애를 조성하는 일에 재산을 넘기는 운동을 하게 한다.

6) 애국주의 파괴

프리메이슨이나 일루미나티 세력들은 국가주의나 애국주의가 없다. 그들에게 있는 하나의 나라는 신세계질서이다. 이 나라가 그들이 꿈꾸는 공산주의 유토피아이다. 일루미나티 세력들은 비록 대통령이라 할지라도 자기 나라를 위해 일하지 않고 신세계질서를 세우기 위해서는 자기 동족들을 희생하기도 한다. 공산주의자들은 무서운 비밀결사들이다. 그들은 조직이 추구하는 목적을 위해서 목숨을 걸고 서약을 해야 하고, 배반하면 반드시 목숨을 내놓아야 한다. 수많은 배도자들이 자살이라는 이름으로 제거되고 있다.

7) 일루미나티의 통제를 받는 국제 연합 아래 세계정부 창조

미국이 온 정성을 쏟고 있는 사업이 유엔을 앞세워 주도적으로 이끌어가는 것이다. 그들이 유엔 본부를 뉴욕 록펠러 땅위에다 지은 것도 역시 세계 패권을 유엔을 통해서 얻으려 하는 작전이다. 수많은 미래학자들은 오래 전부터 미국이란 간판이 내려지고 유엔이란 간판으로 대체될 것이라고 예언을 하고 있다.

3. 장미십자회 신세계질서 10계명

미국의 조지아 가이드스톤(Guidestones)

영국 런던 서쪽 130km 솔즈베리 평야에 세계 10대 불가사의 중

하나인 영국 스톤헨지(stonehenge)가 있다. 미국 조지아 주에도 현대판 스톤헨지가 있다. 이것을 조지아 가이드스톤(Guidestones) 이라고 부른다. 이 석조물은 1979년 프란시스 베이컨이 속한 비밀결사 장미십자회에서 세운 것으로 미래에 대한 예언, 10계명이 거대한 돌판 위에 세계 8개국의 언어로 새겨져 있다. 영어, 러시아어, 아랍어, 중국어, 힌두어, 히브리어, 스페인어, 스와힐리어의 8개 언어이다. 뉴아틀란티스 책을 통해 미국을 세운 프란시스 베이컨의 후예들인 장미십자 비밀결사들이 미국을 통해서 이루기를 원하는 신세계질서 10계명이다.

장미십자회의 정체는 일루미나티 예수회이다. 세계 3대 비밀 결사들이 있다. 이들은 모두 한 가지 목적을 가지고 있다. 신세계질서이다. 미국의 장미십자회 수장은 프란시스 베이컨이다. 그는 1627년에 뉴아틀란티스 책을 썼다. 이 책의 내용은 미국을 새로운 신세계로 세우는 정책들이다. 토마스 모어는 1516년 유토피아 책을 썼다. 이 책 역시 신세계인 미국에 대한 책이다. 이들 모두가 장미십자회 소속 비밀결사이다. 계몽주의 철학자들이 모두 장미십자회 소속 비밀 결사들이다. 마틴 루터의 상징이 장미십자이다. 그도 역시 장미십자단으로 종교개혁을 통해 중세 교황권을 무너뜨렸다.

장미십자회는 연금술(Alchemy), 카발라(Kabbalah), 고대 이집트 마법과 깊은 관련이 있다. 시온수도회와 연결되어 프리메이슨의 뿌리이기도 하다. 장미십자회는 영적인 연금술인 영지주의로 로젠 크로이츠가 주장한 신과의 화학적 결합이 목적이다. 즉 악령들과 채널링을 통해 신과의 합일을 이루는 카발라 생명나무 교리이다. 유대 카발라가 추구한 것이 신세계질서이다. 수많은 장미십자단의 수장들은 미국을 신이 명령한 신세계로 세우도록 신의 명령을 받았다고 한다. 그것이 바로 조지아 주 스톤헨지에 기록된 10계명이다. 미국 건국의 조상들이 바로 루시퍼의 채널러들이다.

1 계명, 인구감축

자연과 영원한 조화를 위해 인구를 5억 이하로 유지하라

1계명은 인구 감축이다. 공산주의자들이 꿈꾸는 신세계질서는 경쟁이 없는 사회를 만드는 것이다. 왜냐하면 경쟁이 있으면 싸움이 있고, 싸움이 있는 한 완전한 공산주의 유토피아를 만들 수 없기 때문이다. 공기를 가지고 싸우는 사람이 없다. 공기를 사는 사람도 파는 사람도 없다. 왜냐하면 너무나 많이 있기 때문이다. 이런 이론이 경쟁 없는 사회라고 한다.

그래서 인구를 완전히 감축하는 것이 가장 큰 과제가 되는 것이다. 현재 세계 인구가 76억이다. 제 4차 산업이 발달하면서 노동자가 필요 없는 시대가 왔다. 인구 90%가 직장이 없어진다. 수입이 없어지는 것이다. 이들을 누가 먹여 살릴 수 있을까? 그래서 인종청소가 필요한 것이다. 이미 제 3차 대전의 시나리오는 인종청소를 위해 준비가 되었다. 인구 밀집 지역에 대량살상 무기를 만들어 놓았다. 인구 밀집 지역에 많은 원자력 발전소를 지었다. 인구 밀집 지역에 지진을 일으킨다. 전쟁의 명분은 패권전쟁, 테러전쟁, 종교전쟁, 영토전쟁, 보복전쟁이라 하지만 목적은 너무 많은 인구를 줄이는 것이다. 이것 또한 하나님께서 허락하신 심판의 방법이다. 겉으론 전쟁을 통해서 사람들이 죽어 가지만 영적으로는 오랜 세월 복음을 거절한 심판인 것이다.

사스, 메르스, 코로나 바이러스, 콜레라, 장티프스 등과 같은 질병들이 이미 준비가 되었다. 그들은 중세 봉건사회를 무너뜨리기 위해 베네치아 상인들의 무역선에 쥐떼들을 숨겨 무역선이 들어간 항구마다 풀어서 페스트 전염병으로 유럽의 인구 절반을 죽게 하였다.

2 계명, 인간복제

번식을 현명하게 지도하며, 다양성과 건강함을 증진 시켜라

여자가 더 이상 아기를 낳지 않고 인구를 유지시키는 새로운 방법이 강구되고 있다. 이것이 인간 복제이다. 이미 인간 복제기술은 완성이 되었다. 그것을 정책적으로 시행만 하면 되는 것이다. 대책 없이 인간을 복제하는 것이 아니다. 주문식으로 꼭 필요한 인간을 맞춤형으로 복제를 하는 것이다.

3 계명, 언어통합

새로운 언어로 인류를 통합하라

이미 자동 통역기 센서들이 개발되었다. 칩을 머리에 붙이기만 해도 원하는 언어를 들을 수 있고 말할 수 있다. 바벨탑 사건을 통해 7000개 언어로 분산이 되어 다시는 배도를 하지 못하도록 조치하셨다. 그런데 타락한 인간은 다시 언어를 하나로 만들어 창조주 하나님을 향해 배도를 꿈꾸고 있다. 이것이 마지막 또 하나의 심판을 받을 바벨탑이다. 일부러 공부하여 수학을 배우거나, 영어단어를 암기할 필요가 없다. AI 알고리즘 인공지능이 대신 해주기 때문이다. 이것이 666 시대이다.

4 계명, 공산주의 통제사회

감정, 신앙, 전통, 그리고 모든 것을 절제된 이성으로 다스려라

코비드-19는 공산주의 통제사회를 예고하고 있다. 인간은 원죄의 부패성 때문에 개인 스스로도 통제가 불가능한 존재이다. 재물에 대한 욕심, 쾌락을 추구하는 정욕, 정치 패권주의, 종교 맹신주의 등 인간이 스스로 통제하기가 불가능한 모든 것들을 절제된 이성으로 다스리라고 한다.

비밀결사 엘리트 인간들은 인간을 너무나 잘 알고 있다. 그래서 엘리트 장로들의 시온의정서를 보면 인간들에게는 자유는 말로만 주고 실제로는 주지 말라고 한다. 왜냐하면 가축인간들에게 자유를 주면 오히려 자신과 그 자유를 준 사람들을 해(害)하려 하기 때문이라고 말한다. 즉 자유를 주지 않은 것만 못하게 된다는 것이다. 주어도 소용이 없다는 뜻도 된다.

타락한 죄인들은 하나님도 통제가 불가능한 존재이다. 그러나 하나님께서는 인간을 구원하시기 위해 음부(陰府)까지 내려 가셨다. 아직도 하나님은 죄인들이 돌아오기를 천년이 하루같이 하루가 천년 같이 기다리신다. 중국은 체제를 지키기 위한 비용이 국방비보다 더 많이 사용된다고 한다. 엘리트 인간들의 마지막 목표는 하나님도 통제가 불가능한 가축인간을 완벽 통제하는데 있다. 이것을 지구촌 인간 목장화 프로젝트라고 한다. 금수(禽獸)와 같은 인간을 그들이 마음대로 사용하기 필요한 수족과 같은 존재로 만드는 것이다. 설국열차에서 나온 기차의 부품처럼 사용하기를 원한다.

그렇게 되면 광신자 그룹 같은 종교인도, 섹스 중독자도, 도박 중독자도, 알콜 중독자도, 폭력 중독자도 없어진다. 이것은 절대 교육으로 되지 않는다. 죽인다고 해결이 되는 것도 아니다. 이들이 만들고 있는 짐승의 표가 유일한 방법이다, 코비드-19 면역백신 시스템은 완전하게 인간을 통제할 수 있도록 만들어 졌다. 엘리트들은 가축인간들의 몸에 하이드로겔 센서를 통해 그들의 생각까지도 통제할 수 있다.

왜 성경에 666 짐승의 표를 받은 자는 영원히 구원을 얻지 못하고 세세토록 타는 불못에서 고통을 당한다고 했을까? 666 짐승의 표는 인간을 하이브리드 인간으로 바꾸어 버리기 때문이다. 즉 인간성을 완전하게 파괴하여 버린 것이다. 때로는 사이보그 인간이 되고, 때로는 좀비도 되고, 때로는 식물인간도 될 수 있다. 유전자를 변경하여 하나님의 형상인 인간성을 파괴시켜 버리기 때문에 그 사람은 자유의지를 가지고 회개할 수 있는 기회조차도 박탈 당하는 것이다.

5 계명, 국제 사법 재판소

사람과 국가들은 오직 공정한 법과 법정으로 보호하라

5계명은 세계 헌법 재판소이다. 세계정부 법원은 성경에 나와 있는 모든 진리를 악으로 규정을 하고 성경대로 믿고 사는 사람들을 재판하는 중세 종교 재판국과 같은 곳이다. 여기에서 세계 단일정부, 단일 종교, 단일경제체제를 위해서 위반하는 모든 사람들을 척결시키는 일을 한다. 현재 네델란드 헤이그에 국제사법재판소가 있다. 이곳의 이름이 평화의 궁전이다.

6 계명, 지방 분권 제도 10권역

모든 나라들은 내부적으로 의결하고(자치권을 주고) 외부 분쟁은 세계 법정에서 해결하도록 하라

지방분권 제도를 활성화한 통치 제도이다. 로마 제국이나 페르시아 제국 역시 세계를 통치할 때 총독제도를 사용하였다. 신세계질서는 세계를 열 개 권역으로 나눴다. 2차 세계 대전이 끝나고 이미 구획정리를 했다. 그리고 2009년 반기문 사무총장 때 유엔 밀레니엄 프로젝트를 통해서 또 다시 확정을 했다. 1. 신세계 정치질서 수도:미국, 2. 신세계 농업질서 수도:칠레, 3. 신세계교육질서 수도:한국, 4. 신세계 환경질서 수도:호주, 5. 신세계 경제질서 수도:EU, 6. 신세계 노동질서 수도:폴란드, 7. 신세계 에너지 질서 수도:아랍연합, 8. 신세계 산업질서 수도:카자흐스탄, 9. 신세계 통신 질서 수도:인도, 10. 신세계 사회질서 수도:남아공

신세계질서 세계정부는 각 나라마다 자치권을 주되 중앙집권체제로 통치하는 것이다. 이것이 미국이 U.S.A가 되어 통치하는 방법이다. 현재 미국은 신세계질서 롤 모델이다.

7 계명, 과학적 획일주의

사소한 법과 쓸모 없는 관리들을 피하라

신세계질서 통치방법은 신속한 획일주의이다. 복잡하지 않고 단순하며, 오직 하나의 통치 방법만을 추구하는 가치관이다. 이것은 최초의 배도자 니므롯의 바벨탑이 그러했다. 그는 모든 사람들을 건물을 구성하고 있는 벽돌처럼 만들어 일사불란(一絲不亂)하게 통치하였다. 신세계질서가 추구한 사회는 인간사회를 시계 톱니바퀴처럼 통제하

는 것이다. 신인간들은 세상을 자신들만의 왕국을 세우기를 원한다. 이것이 중세 봉건사회이고 계급사회이다. 현대도 그들은 그들이 원하는 왕국을 세우기 위해 신분사회를 구체화하고 있다. 신분사회란 플라톤의 이상국가에서 농부는 일만하고, 군인은 전쟁만 하고, 철인은 통치만 하는 사회이다. 시계 부속처럼 평생동안 한 가지 일만 반복해서 하는 사회이다. 이것은 자유의지를 가지고 한 것이 아니라 유전자를 바꿔 그렇게 하게 하는 것이다. 인간 노예화 프로젝트이다.

8 계명, 전체주의

개인의 권리와 사회의 의무를 조화시켜라

개인의 권리와 사회의 의무를 조화시키라는 말은 전체주의를 고착화시키라는 의미이다.

이는 히틀러와 무솔리니를 통해서 세웠던 전체주의다. 스파르타와 카르타고 도시국가에서 이미 시행했던 공산주의 전체주의에서는 사람 개개인의 존재와 가족의 구성 단위는 오로지 국가의 존립을 위해 존재해야 했다. 그래서 그들은 자식을 낳는 방법도 모든 여자들을 국유화시켜 아무 남자들과 국가를 위해 자식을 낳게 하였다. 자식들 또한 일찍부터 국가가 공동 보육원과 국가가 운영하는 탁아소에서 키우면서 그들의 부모가 국가라는 사실을 인식시켰다.

전체주의 사회에서는 동지애도 없다. 가족애도 없다. 친구의 우정이나 의리도 없다. 인간으로 누려야 할 낭만이나 자연속에서 누리는 감성조차도 자아비판의 대상이 된다. 이것이 하나님의 아들의 사랑을 거절한 심판이다. 북한의 정치체제가 고대 스파르타와 카르타고를 빼닮은 전체주의 모델이다. 이것이 그들은 그들의 부모가 김일성, 김정일, 김정은이라고 찬양하는 이유이다.

신세계질서는 전체주의 사회이다. 하나님은 예수님을 통해서 우리를 구원하여 하나님의 자녀로 삼으시고 하나님을 아바 아버지라고 부르며 무한한 자유를 누리게 하셨다. 그러나 인간은 교만과 탐욕과 불신 때문에 이것을 거부하고 오히려 하나님을 원망하고 살다가 결국은 루시퍼의 포로가 되어 거대한 나라에 작은 하나의 부속품으로 굳어져 버린 것이다. 이것이 어리석은 인간이 받을 심판이다. 천년왕국에서 누리는 아름다운 자유와 평화와 영광을 생각하면 눈물이 난다.

9 계명, 뉴 에이지 종교

영원 속에서 소중한 진실-아름다움-사랑의 조화를 추구하라

신세계질서는 뉴 에이지 문화를 추구하는 세계이다. 뉴 에이지란 인간을 자연과 우주의 에너지와 연결된 영생불사의 존재로서의 가치관을 추구하는 세상이다. 엘리트 인간들은 헬라 일원론 철학을 통해 모든 우주의 생명체는 일자(一者)라는 신으로부터 유출되어 나왔기 때문에 근본적으로 하나라는 것이다. 여기에서 환생교리가 나온다. 동물보호가 지나쳐 동물을 자신들의 아내와 아들과 딸로 삼고 사는 문화이다. 식물도 자연보호도 마찬 가지이다. 이것을 뉴 에이지 문화라고 한다. 하나님 대신 피조물을 조물주처럼 섬기는 것이다.

그들이 추구하는 종교관이나 가치관은 자연이 곧 사람이고, 사람이 곧 신이다. 그러므로 자연과 사람과 신은 하나가 되는 것이다. 사람과 동물이 하나 되고, 사람과 자연이 하나 되고, 사람과 우주가 하나 되는 것이다. 동물속에 남편이 있고, 식물속에 아들과 딸이 있는 것이다. 여기에서 해와 달과 별들을 섬기면서 예배하는 바알 종교가 나온다. 나이와 성별도 차별이 없다. 감정이 가는대로 산다. 느낌이 가는대로 산다. 동물이나 식물이나 전혀 개의치 않는다. 특히 뉴 에이지 문화에서 동성애를 가장 아름다운 무지개 사랑으로 찬양한다.

10 계명, 자연주의

지구의 암적인 존재가 되어서는 안된다- 자연을 위한 공간을 마련해 두어라

이들의 신은 자연이다. 우주가 그들의 하나님이다. 나무와 별들을 향해 노래를 하고 절을 하면서 섬긴다. 새해가 되면 해맞이를 하면서 해를 섬기고 일 년의 행복을 기원한다. 이것이 모두 피타고라스 종교이다. 유진 피터슨이나 C.S 루이스가 가진 영성은 이런 자연주의 영성이다. 영성훈련 역시 자연주의 영성이다. 자연이란 물질을 신으로 섬기는 맘몬 종교이다. 구약시대에 유다가 망한 이유가 바로 해와 달과 별들을 섬기고 나무들을 향해 예배하고 노래를 하였기 때문이다. 이것이 가나안의 문화이고 종교이다. 오늘날에도 프리메이슨들은 아름다운 환경이 조성된 깊은 숲과 계곡에서 동성애와 음란축제를 열고 자연숭배를 한다. 지금까지는 그들이 사람들의 눈을 피해서 은밀하게 행하였던 비밀종교가 공개적으로 시행되고 있다.

4. 가짜 팬데믹 백신에 맞서는 의사들

스페인 의사 400명 코비드-19 팬데믹 백신 반대

스페인 의사 400명은 2020년 7월25일 스페인 마드리드에서 모임을 갖고, 코비드-19가 "거짓 유행병"이라고 주장했다. "진실을 위한 의사협회" 회원들은 마드리드 프레스 팰리스 회의장에서 열린 발표회를 통해 4가지를 스페인 정부에게 공개적으로 묻고 답변을 요구했다.

1. 코로나 바이러스 희생자가 계절성 감기 환자보다 적은 이유
2. 코비드-19 통계가 과장되어 발표된 이유
3. 건강한 사람을 격리시키고 마스크 착용 의무화를 하는 과학적인 근거
4. 마스크 의무 착용을 반대한 의사의 면허증을 정지시킨 이유

"진실을 위한 의사협회"를 이끌고 있는 앙헬 루이스 발데페냐스는 마스크 의무 착용을 반대하는 발언을 한 뒤에 보건당국으로부터 의사면허를 정지 받았다. 그는 바로 사법당국에 표현의 자유 침해라고 소송을 냈다. 그는 "우리는 반드시 세계 정부들에게 절대 백신접종을 강제하거나 추천할 수 없다고 말을 해야 한다"고 강조 했다.

독일 의사 500명 코비드-19 유행병은 계획되었다

2020년 8월 29일 독일의 "정보를 위한 의사들의 모임" 500명 이상의 의사들이 코비드-19 유행병은 계획되었다고 전국적인 기자 회견에서 충격적인 성명을 발표했다.

"코로나 공황은 연극이다. 사기예요. 사기꾼. 세계적인 범죄의 한복판에 있다고 이해해야 할 때입니다." 이 대규모 의료전문가 집단은 대중에게 주류 언론의 엄청난 오보를 알리기 위해 매주 50만 부에 달하는 의학신문을 발행한다. 그들은 또한 2020년 8월 29일 1200만 명이 가입하고 수백만 명이 실제로 나타난 것과 같은 유럽에서 대규모 시위를 조직한다.

이탈리아 의사 160명이 반대한 코비드-19 면역 백신

이탈리아 의사 160명 모두 코로나 백신에 대해 반대한다는 성명을 발표했다. 백신에는 균을 약화시키는 과정 중에 수은, 알루미늄, 포름알데히드 등 각종 독성물질이 들어가기 때문에 유해하며 특히나 코로나 백신이라는 것은 그동안의 백신과 차원이 다른 유해함을 여러 의사들이 밝히고 있다.

최초 코로나 바이러스 폭로자 리원량(李文亮)의 희생

중국 후베이성 우한에서는 지난해 12월 초부터 원인을 알 수 없는 바이러스성 폐렴 환자가 발생했다. 중국은 이를 곧바로 세계보건기구(WHO)에 보고하지 않았다. 또 최초 발생지로 꼽히는 우한 화난수산시장을 통제하지 않았고, 이를 보도한 소셜미디어의 관련 내용을 검열했다. 사태 초기부터 신종 감염병 가능성을 주장한 의사 리원량(李文亮)을 처벌했다. 코로나-19 기원을 조사할 WHO 조사단은 2020년 1월에나 우한을 찾아간다. 리원량은 한동안 실종상태로 있다가 코로나 바이러스에 감염되어 희생된 첫 번째 의사가 되었다.

코로나 통제 없고, 경제 폭망도 없이 팬데믹을 이겨내는 스웨덴

팬데믹 초기부터 취약 계층만 보호하고 다른 규제 없이 집단면역을 추진한 스웨덴이, 지금 전 세계인의 부러움을 사고 있다. 그들은 마스크 착용하지 않고, 평소대로 장사하고, 학교를 가면서 자유롭게 생활했다. 스웨덴 보건 당국은 '국민의 몸의 건강, 마음의 건강, 경제적 문제, 사회적 문제까지 종합적으로 고려한 최선의 선택'이라고 한다. 팬데믹 초기에 사망자가 많았지만 스웨덴은 해마다 8만 명 정도가 사망하는 초고령국가이다. 생의 끝자락에 있는 요양원의 고령자들이 봄에 많이 사망했지만, 전체 사망자 통계를 보면 올해 사망자 수도 평년과 비슷하다. 고령인구가 많아서 매년 사망자가 많은 스웨덴의 인구 구조부터 이해해야 한다.

스웨덴은 통제를 하지 않아서 경제적 피해가 적다. WHO의 특사인 David Nabarro 박사는 "코로나 봉쇄는 모든 사람, 특히 가난한 이들과 중소기업의 생계를 완전히 깨뜨린다"고 강조하면서 스웨덴의 방역을 칭찬했다. 통계로 보면 결과는 더욱 명확해 진다. 2021년 1월10일 기준으로, 스웨덴의 인구는 1008만 명이다. 이중 코로나에 확진된 사람은 523,486명이고 그중에 사망자는 10,323명이다. 전체 중에 확진자는 19명당 1명이고 사망자는 50명당 1명이다. 독일의 인구는 8300만 명이다. 그중에 확진자는 200만 명으로 46명당 1명이고, 사망자는 4만 명으로 50명당 1명이다. 결과적으로 통제를 전혀 하지 않았던 스웨덴이나, 완전 봉쇄를 강하게 추진한 독일의 수치를 비교해 보면 확진자 수는 스웨덴이 19명 중1명으로 독일의 46명 중 1명보다 높았다. 그러나 사망율은 독일이나 스웨덴이나 50명당 1명으로 같았다 결국 원천 봉쇄를 한 독일이나 자유스럽게 방임했던 스웨덴은 아무런 차이가 없었다는 것이다. 이것이 코비드-19가 거짓된 전염병이란 이유이다.

코로나 바이러스 보다 해로운 마스크 상시 착용, 저산소 이산화탄소과다증

고밀도 마스크를 이용한 성균관대 의대의 실험에 따르면, 마스크 상시 착용으로 하루 산소 섭취량을 11% 감소시키는 것으로 나타났다. 매일 착용한다면 더욱 악영향을 미칠 것이다. 노벨상 수상자이자 암세포 대사 이론의 창시자인 오토 워버그 박사는 “저산소증이 암의 본질적인 원인”이라고 한다. 세계적인 면역학자이자 암 전문가인 아보 도오루 교수 역시 “저산소증이 암의 주요 원인”이라고 한다. 암은 우리 국민의 사망 원인 1위고, 우리나라의 암 발병률은 세계적인 수준이다. 마스크 상시 착용은 “저산소증, 이산화탄소과다증”으로 건강에 매우 해롭다. 이미 건강한 고등학생이 마스크 쓰고 수업 중에 실신했고, 중국에서는 사망자까지 나왔다.

체내에서 산소의 역할은 음식물을 에너지로 만드는 것이다. 산소가 부족하면 음식물을 에너지로 만드는 대사작용이 원활하지 못해 결국 생명에너지가 부족해지고 면역력 저하와 온갖 중병을 키운다. 에너지가 되지 못한 음식물, 즉 불완전 연소물은 독소로 쌓여 혈액 오염, 모든 기능의 저하와 만병을 키운다. 배출해야 할 이산화탄소가 체내에 쌓이면 더 심각한 심신 장애를 일으킨다. 독감 보다 약한 코로나19 예방 때문에 마스크 상시 착용으로 암, 치매, 중풍, 심장병, 고혈압, 당뇨병, 우울증, 급성호흡곤란증후군, 스트레스호르몬중독증, 학습장애 등 나머지 모든 병을 키워야 하는가에 대하여 의사들은 질문을 던진다.

마스크 상시 착용은 면역력을 무력화시킨다. 호흡이 원활하지 못해 답답하면 노르아드레날린, 아드레날린, 코르티솔 등의 스트레스호르몬이 다량 분비되어 면역력을 초토화시킨다. 스트레스호르몬이 면역력을 무력화 시킨다는 사실을 발견한 한스 셀리에 박사는 노벨상을 받았다. 오하이오 주립대 의과대학 연구팀은 스트레스 호르몬이 분비되면 면역계의 중심인 백혈구의 활동이 저하되어 치유 관련 유전자 등 100개 유전자의 활동이 완전히 멈춘다는 연구결과를 발표했다. 단시간에도 면역력이 급격하게 저하되었다. 마스크 상시 착용은 온갖

스트레스호르몬을 다량으로 생산해서 결국 만병을 키우는 지름길이라고 의사들은 주장한다.

우리나라에서는 스트레스와 우울증으로 해마다 1만3천명 이상 자살하는 세계 1위의 자살국가다. 마스크 상시 착용으로 늘어난 스트레스가 지금 우리의 몸은 물론이고 마음까지 빠르게 병들게 한다. 의학의 아버지라 불리는 히포크라테스는 "우리 몸이 최고의 의사"라고 했다. 이 말은 내 안에 최고의 약인 면역력이 있다는 것이고, 바로 자신이 아픈지를 판단하는 주치의라는 말이다. 몸의 균형이 깨어져서 병을 키우는 상황이 되면 신호를 보낸다. 이것을 "전조증상"이라고 한다. 일본의 의사 이시하라 유미 박사는 "전조증상을 무시하면 반드시 중병을 키운다"고 한다. 몸이 피곤한 것은 휴식하라는 신호이고, 목이 마른 것은 빨리 수분을 보충하라는 신호이다. 이것을 무시하면 암과 같은 중병을 키우게 된다. 마스크를 계속 착용하면 누구나 두통, 현기증, 피로, 스트레스 등 고통스런 증상을 바로 느낀다. 몸이 빨리 산소를 원활하게 공급하고, 이산화탄소를 배출하라는 신호를 보내는 것이다.

로버트 F 케네디는 코비드-19 면역 백신은 우리몸의 모든 면역체계를 무력화시켜 모든 병의 치료가 불가능할 것을 경고하고 있다.

5. ID2020과 백신여권 연계 갈등

ID2020 기술 자문인 하버드 대학교수 사임

2020년 5월 29일 ID2020 기술 자문인 하버드 대학 엘리자베스 르니에리스가 사임의사를 발표했다. 이유는 마이크로소프트사에서 ID2020과 백신여권 프로그램을 포함하려는 시도에서 일어난 갈등이다. 그가 지적한 ID2020 문제점은 불투명성, 기술만능주의, 기관의 영향력, 면역증서에 블록체인을 적용함으로써 발생하는 리스크 등이다. 그는 "이제 ID2020의 사명이 무엇인지 자신 있게 이야기할 수 없게 되었다. 그저 개인의 신원 솔루션을 띄우는 데만 열정적으로 매달려 있는 것 외에는 관심이 없어 보인다."

엘리자베스 르니에리스는 하버드대학교의 버크만 클라인 센터에서 근무하는 연구원이자 국경을 넘나드는 데이터 보호와 프라이버시 분야의 전문가이다. 팬데믹으로 인한 프라이버시 침해와 관련한 르니에리스의 우려는 지난달 중순에 발간된 백서에도 나타나 있다. 르니에리스는 바이러스에 항체가 있다는 것을 증명하는 면역 증서 도입이 사람들의 프라이버시와 집회 결사 및 이동의 자유를 침해할 수 있다고 주장했다.

"정부에서 블록체인 기반 코로나19 면역 증서나 면역 여권을 채택하면 시민들의 인권과 자유에 심각한 문제를 초래할 것이다." - 엘리자베스 르니에리스-

"누가 개발하는가에 따라 심각한 취약성이 생겨난다. 기술적인 문제만큼 중요한 사안이다. ID2020에 블록체인이 적절하지 않은데도 억지로 끼워 맞추고 있다." - 엘리자베스 르니에리스-

그는 ID2020 기술 자문역을 떠나면서 말했다.

"나는 인권은 등한시하고 상업적인 이익에 좌우되는 기관에서는 일할 수 없다고 판단했다. 현재로서 잃을 것이 너무 많다." - 엘리자베스 르니에리스

엘리자베스 르니에리스의 말에 의하면 마이크로소프트사에서 ID2020 디지털 신분증 블록체인속에 백신여권을 집어 넣으려는 음모가 폭로된 것이다. 그는 이 일에서 떠났고 급속히 ID2020 디지털 신분증은 전 세계적으로 통용되는 디지털 여권으로 자리매김을 하고 있다.

이미 마이크로소프트사는 MIT 공대를 통해서 마이크로 니들 나노 패치를 개발하였고, 양자 닷 나노 딜리버리 시스템인 WO2060606 특허도 받았다. 이런 기술들이 통합되면 어마무시한 통제사회가 시작되는 것이다. ID2020 디지털 신분증속에 백신여권과 이를 확인할 수 있는 루시페라제 형광물질과 유전자 속에 있는 정보를 송수신할 수 있는 하이드로겔 나노 센서가 들어가면 세계인들을 동시에 완벽통제 사회 시스템으로 다스릴 수 있는 것이다.

백신 면역 증서의 불안정성

면역 여권이나 증서는 코로나19 항체 검사에서 양성이 나오면 개인이 받을 수 있는 디지털 또는 물리적인 문서이다. 병을 겪고 나서 항체가 생기면 어느 정도 면역력이 생긴다. 면역 백신을 맞아도 코로나 항체가 바로 효과가 있는지, 면역이 얼마나 오래 지속하는지는 아직 연구 단계에 있다. 면역 여권은 사람들이 직장으로 돌아가고 더 큰 이동의 자유를 누릴 수 있게 해줄 수 있다. 그러나 2020년 4월 말 세계보건기구(WHO)는 면역 여권에 관해 "코비드-19에 감염된 후 완치 판정을 받고 항체를 보유한 사람들이 다시 감염되지 않는다는 증거는 아직 없다"고 경고한 바 있다. 그러나 이스라엘과 칠레 같은 국가는 WHO의 경고를 무시하고 증서를 도입하겠다고 밝혔다.

ID2020은 공공과 민간부문이 함께 만든 연합으로, 마이크로소프트, 액센추어, 하이퍼레저 등 40개의 파트너들이 참여하고 있다. ID2020에서는 "디지털 ID 솔루션과 기술"의 설계, 투자, 보급을 위한 글로벌 모델을 개발하는 것을 목표로 하고 있다. 이와 같은 불확실한 상황에서도 마이크로소프트사가 무리하게 ID2020 블록체인속에 백신여권을 셋팅하려고 하는 것은 이미 설계된 신세계질서 프로젝트이기 때문이다.

중국에서 요구한 건강큐알(QR)코드

2020년 11월 27일 중국은 중국을 방문하는 자들에게 개인별 건강 QR코드를 확인하는 과정을 거쳐 출입 허가를 할 것이라고 말했다. 시진핑 주석은 G20 정상회의에서도 건강QR 코드 시스템을 전 세계에 확대 제안하기로 했다. 중국에서는 큰 건물에 들어가려면 스마트폰으로 건물별 QR코드를 인식해야 한다. 코로나19 위험 지역 방문 기록이 없고, 감염자가 아니라는 확인이 떠야 출입이 가능하다. 스마트 폰 속에는 각자의 고유 번호는 물론 건강 상태와 과거 동선까지 고스란히 기록돼 있다. 발트 3국과 호주, 뉴질랜드는 이미 시행하고 있다.

코비드-19 디지털 보건 여권, 2021년 WEF 어젠다

다보스 세계경제포럼(WEF)은 2021년을 Great Reset 해로 정하고 코비드-19 디지털 보건 여권을 추진하고 있다. 당분간은 백신증명 여권과 음성 확진 증명서를 겸하여 사용하여 출입국 통제를 하겠지만, 결국은 유엔에서 추진중인 ID2020 디지털 신분증과 백신속에 들어가 있는 식별 형광물질을 통해서 신분을 확인하는 세계적인 통일 시스템이 등장할 것이다. 세계적으로 보편화 되어가고 있는 백신(보건) 여권은 이미 미국 워싱톤주에서도 ID2020을 이용한 보건여권이 추진 중에 있다. 누구든지 보건여권이 없이는 비행기 탑승이 거부된다.

6. The Great Reset(자본주의와 구질서 해체)

The Great Reset

다음 기사는 카레이드 스코프의 메일 매거진 최신호 다보스 포럼의 "그레이트 리셋 2021년 선언은 세계경제 붕괴가 불가피함을 예고하고 있다"의 일부이다.

글로벌 엘리트들이 한 자리에 모이는 세계경제포럼(World Economy Forum/WEF) 연례총회는 2021년의 주제를 그레이트 리셋(The Great Reset)으로 결정했다. 이것은 "지구 환경이 드디어 한계에 와 있다"는 것을 경고하면서, 세계의 모든 시스템을, 일단 리셋 할 필요가 있다는 것을 세계시민에게 경고한 것이다. 그들은 빚더미에 앉은 세계 경제를 리셋 할 것이다.

"매혹의 밤" 다보스 포럼에서 바빠지는 정치 지도자들 "그레이트 리셋이 개시되다"

2020년 6월 5일, 세계경제포럼(WEF)의 유튜브 공식채널에 올라온 홍보 동영상의 제목이다. 여기에 나오는 사람들은 구시대 질서를 끝내고, 자신들이 마침내 세계노예제도의 정점에 군림 한다는 영원한 꿈을 이뤄내는 기쁨을 누리고 있는 사람들이다. 그들은 신묘한 표정으로 연기하면서 지구 온난화 위기를 부추기고 있는 유럽 왕가, 국제

은행가로 이어지는 글로벌리스트들이다. 그들은 자신들이 통제가 가능할 때 시장의 붕괴를 유도할 것이다. 즉 2021년부터 시작한다고 예고하고 있는 것이다.

EU는 곧 독일이다. 독일의 메르켈은 2021년에 은퇴할 것을 표명했는데, EU는 과연 그때까지 버틸 수 있을까? 트럼프 재선은 그들의 시나리오에서 삭제된 것처럼 보이지만, 과연 미국에서 계엄령이 발동될까? 그들이 준비한 시나리오에 따라, 우한 발 팬데믹의 발단을 만든 시진핑은 테이블 밑에서 트럼프와 어떤 만남을 가졌을까?

세계경제포럼은 Covid-19를 충분히 활용해 단숨에 세계적인 패러다임의 전환을 이루고자 한다. 이른바 유엔의 2030 어젠다와 일치해, 이를 보완하는 악명 높은 어젠다 21이 2021년 1월의 세계경제포럼 연례회의 "그레이트 리셋" 공식선언에 의해 출범한 것이다.

어젠다21의 21이 2021년의 시작을 나타내는 암호였음을 알게 된 사람들은 적잖이 당황하고 있다. 세계경제포럼은, 공식 전문 사이트를 만들어, 즉각 지구환경 붕괴 캠페인에 나섰다. 미국 조 바이든의 등장으로 세계정부운동은 가파르게 진행된다. 이번에야 말로 진짜 시작된 것이다.

국제통화기금(IMF)의 전 전무이사인 크리스틴 라가르도가 공개 석상에서 재삼 재조명했던 "국제통화의 리셋"은, 글로벌 통화를 국제디지털통화로 대체하는 것을 의미하는데, 세계경제포럼은 그 마저도 그레이트 리셋의 일부일 뿐, 세계의 상상을 초월한 격변이 2021년부터 드디어 시작된다 라고 대중들에게 예고하고 그 준비를 촉구하고 있는 것이다.

2020년 다보스 포럼(무질서로부터의 질서)

코로나 바이러스로 인한 팬데믹 공포가 확산되던 2020년 1월21일부터 24일까지 스위스 다보스에서 열린 2020 세계경제포럼(World Economic Forum)의 주제가 The Great Reset이었다. 전 세계적인 소요의 확산과 기후변화 그리고 정치적 경제적 위기와 코비드-19 사태를 해결하기 위해 세계경제의 근본적인 틀을 바꾸어야 한다는 의미에서 The Great Reset이라는 구호를 내걸었는데, 그 내용을 보면 "ORDO AB CHAO(Order out of Chaos)"이다. "위기를 통한 새로운 세계의 질서(New World Order)를 만든다"는 일루미나티의 어젠다 그 이상도 그 이하도 아닌 것이다.

흥미로운 것은 현 코로나 사태의 가장 큰 수혜자인 미국 민주당의 조 바이든 대선주자가 바로 세계정부주의자들의 The Great Reset 어젠다 코드를 맞춰 선거운동을 펼치고 있다는 사실인데, 이런 바이든을 지지하기 위해 TIME지가 미국 대선 투표가 시작되는 2020년 11월3일에 맞춰 2020년 11월2일자 국제판 표지로 The Great Reset를 내걸었다. 일루미나이트, 딥스테이트 세력들은 조 바이든을 미국 대통령으로 당선시킴으로 미국 경제를 붕괴시켜 The Great Reset 어젠다 발동을 준비하고 있다.

세계금융시스템은 이미 파괴되었는데 그 원인은 명백하다. 감당할 수 없는 거대한 빚더미와 재정적자, 파열된 금융시스템, 버블 주식시장, 금으로 바꿀 수 없는 가짜 종이돈으로 인하여 세계금융시스템은 이미 무너졌으며, 복구가 불가능하다. 신자유주의 경제정책으로 무너뜨린 세계금융시스템을 프리메이슨들은 양적완화(QE:quantitative easing)라는 임시방편으로 세계 금융시장을 유지시키면서 국가와 기업과 개인들에게 감당할 수 없는 빚을 지게 하여 폭망 시키고 있는 것이다.

미국 연준이나 국가 중앙은행들이 윤전기를 통해 찍어낸 가짜 종이돈들이 이제 천문학적인 인플레로 무너지게 되는 날, 세상은 암흑천지가 될 것이다. 이것이 그들의 신세계질서 어젠다인 무질서속의 질서이다. 그들이 꿈꾸는 새로운 질서를 위해 의도적으로 구시대 질서를 무너뜨리는 전략인 것이다. 2021년은 지금까지 연명해 왔던 자본주의 세계경제시스템이 무너지고 그들이 꿈꾸는 블록체인 디지털 경제 시스템이 작동된다. 이것이 제 4차 산업 과학적 공산주의 혁명의 시작이다.

2021년에 시작될 The Great Reset

2020년에는 엘리트들이 2021년에 그들의 재설정을 시작하려는 의도가 무엇인지 밝히면서 세계주의자들의 계획이 결실을 맺을 것으로 보고 있다. 세계경제포럼은 Covid Action Platform의 일환으로 Great Reset 이니셔티브를 공식적으로 발표했으며, 2021년 1월 세계 및 주요 언론과 좀 더 공개적으로 그들의 계획을 논의하기 위한 정상 회담이 예정되어 있다.

세계경제포럼(WEF)은 또 세계가 무너져 가는 일련의 이미지와 지구 온난화에 대한 개념으로 우리를 두렵게 하기 위한 무해한 탄소 배출량을 대기 중에 방출하는 공장들의 모습으로 구성된 재설정에 관한 다소 이상한 동영상을 게재했다. 그리고 나서 버튼을 누르면 파괴가 재설정 되고, 모든 것이 자연 그대로의 인간이 없는 자연의 세계로 되돌아 오고, 우리와 함께 하세요 라는 단어가 있다.

IMF의 논의에 따르면, 그 재설정은 기본적으로 단일 세계경제체제와 잠재적인 세계 정부를 형성하는 다음 단계이다. 이것은 2020년 초에 진짜 코로나 사태가 일어나기 불과 두 달 전에 빌&멜린다 게이츠 재단과 세계경제포럼에 의해 개최 되었던 코로나 바이러스의 대유행 시뮬레이션 이벤트 201에서 제공된 해결책들과 일치한다.

이벤트 201은 전염병에 대한 최고의 해결책 중 하나는 코로나 바이러스에 대한 재정적 지원을 다룰 수 있는 중앙 집중화 된 세계경제기구의 IMF와 같은 기관이 될 것이라고 제안했다. 실제 코로나 바이러스 확산의 사건들이 국제통화기금과 세계경제포럼의 세계적인 재설정 계획과 직접적으로 일치할 뿐만 아니라 이벤트 201시뮬레이션과 정확히 일치하고 있다. 이 모든 것들이 지구 건너편에서 소리 없이 미리 써 놓은 시나리오 각본대로 되어져 가고 있다.

벨로루스 대통령의 폭로 IMF, World Bank 자금지원

2020년 9월 27일 알렉산드르 루카 센코 벨로루시 대통령은 지난 달 벨로루시 전신국인 BelTA를 통해 세계은행과 IMF가 "코비드 구호

원조" 형태로 9억4천만 달러의 뇌물을 제공했다고 밝혔다. 미화 9억4천만 달러의 대가로 세계은행과 IMF는 벨로루시 대통령에게 다음과 같이 요구했다.

1. 국민에 대한 극도의 봉쇄와 폐쇄정책
2. 안면 마스크 의무화 강요
3. 매우 엄격한 통금 시간을 부과
4. 경찰 국가를 부과
5. 철저한 경제 봉쇄

벨로루시의 알렉산드르 루카 센코 대통령은 IMF의 제안을 거부하고 그러한 제안을 받아 들일 수 없으며 그의 국민을 IMF와 세계은행의 요구보다 우선시 할 것이라고 말했다. IMF와 World Bank는 수십억 달러의 실패한 항공사를 구제하고 있으며, 그 대가로 항공사 CEO가 강제 안면 마스크 커버와 같은 매우 엄격한 정책을 시행하도록 강요하고 있다. IMF와 세계은행은 다보스 경제포럼과 전략을 짜고 코로나 사태를 이용하여 각 국가와 세계 자본주의 경제시스템의 숨통을 끊고, 세계경제시스템을 세계정부의 단일 은행인 IMF나 세계중앙은행이 지배한 제 4차 산업 디지털 블록 체인으로 리셋시키고 있다.

코로나 팬데믹에서 기아 팬데믹 제 3차 세계대전

엘리트 인간들이 새로운 시대의 리셋을 꿈꾸며 최악으로 몰아간 혼돈 상태는 제 3차 세계대전이다. 코로나 팬데믹을 통해 세계적인 경제 봉쇄로 말미암아 국가 재정이 고갈되고 재벌들이 해체되고 있다. 기업과 자영업자들은 파산을 하고 있다. 이제 인류가 가진 가장 큰 문제는 빚이 아니다. 자유도 아니다. 인권도 아니다. 먹고 사는 문제에 봉착하게 된다. 국가에서 지급한 구제금융이나 임시적인 구호품은 턱없이 부족하다. 자본주의 경제 시스템의 숨통이 끊어지므로 야기되는 기아 팬데믹은 국가들이 부도가 나서 모든 연금들이 사라지고, 이미 30-40% 폭등하는 곡물가격과 생필품 고갈 사태는 도시에서 굶어 죽은 사람들이 속출하게 된다. 이렇게 해서 일어난 폭동과 데모와 약탈은 전 세계적으로 일어나 제 3차 세계 대전으로 번지고 결국 인종청소가 시작된다.

엘리트 인간들이 꿈꾸는 인구 5억만 남기라

미국 조지아 주 가이드스톤에 인류가 지구상에 살아 남을 수 있는 장미십자단의 십계명이 기록되어 있다. 그중에 하나가 인구이다. 현재 세계 인구는 76억이다. 그러나 지구상에 경쟁이 없이 살아갈 수 있는 인구는 5억에 불과 하다. 5억이 넘은 인구는 경쟁 없는 아름다운 지구촌을 만들 수 없다는 것이다. 제 4차 산업 혁명이 시작되면서 모든 공장의 노동자들은 인공 지능 로봇에 의해 해고가 되고 있다. 모든 직장 역시 인공지능을 가진 알고리즘 로봇들로 대체되고 있다. 백화점이나 대형 마트 역시 자동 결제 무인화 시스템이 등장하면서 사람들이 필요 없게 된다.

스마트 배가 만들어져 화물을 싣고 도착하여 하역하고 다시 돌아올 때까지 모두 인공지능과 자동화 항법 장치에 의해서 이루어진다. 심지어 식당에서 서빙하는 사람도 로봇으로 대체되어 사라진다. 제 4차 산업이 완성되면 사람들이 필요 없게 된다. 직장이 사라지고 일자리를 잃게 되면 수입이 없어지는데 그렇다면 76억이란 사람들은 어떻게 먹고 살 수 있을까? 그 많은 사람들을 국가에서 기본 소득을 주어서 먹여 살릴 수 있을까? 불가능하다. 그렇다면 필요 없는 인구를 어떻게 해야 하는가? 여기에서 나온 것이 인류가 지구촌에 살아 남기 위해 인구수를 줄여야 한다는 인종청소 정책이 나온 것이다.

코로나 바이러스가 우연하게 일어난 사건이 아니다. 20년 넘게 정교하게 만들어진 바이러스이다. 제 4차 산업 혁명을 통해 지구촌에 세울 신세계질서를 출발시킨 전염병 전쟁이다. 코로나 바이러스를 통해서 비대면 시대가 시작되었다. 코로나 바이러스 확산을 막기 위한 명분이지만 사실은 제 4차 산업 혁명을 통한 새로운 시대를 시작한 것이다. 학교가 문을 닫고 집에서 공부를 한다. 직장에 가지 않고 재택근무를 한다. 예배당에 가서 예배를 드리지 않고 집에서 온라인으로 드린다. 쇼핑하기 위해 마트에 가지 않고 인터넷을 통해서 주문하고 택배로 배송이 된다. 지금까지 살아 왔던 모든 라이프 스타일이 바뀐다. 그러면서 지금까지 유지해 온 자본주의 경제 시스템이 사라지면서 국가가 주도한 공산주의 세상이 되는 것이다. 왜냐하면 빅 데이터 인공지능을 지배한 빅 브라더가 세상의 주인이 되기 때문이다. 여기에서 말한 빅 브라더가 적그리스도이고 배도자이다.

사람들은 코로나 사태가 끝나기를 갈망한다. 그러나 절대로 끝나지 않는다. 이제까지 경험해 보지 못한 새로운 세계로 인류를 끌고 가는 것이다. 이것을 "뉴 노멀"이라고 한다. 정상이 아닌 새로운 정상이란 것이다. 교사들은 인공지능 자동화 시스템 교과서가 대신한다. 약사는 로봇 약사가 일을 한다. 의사도 필요 없다. 세포까지 수술할 수 있는 로봇 의사가 준비 되었다. 목사도 필요 없다. 원어 풀이와 성경의 모든 내용을 알고 있는 인공지능 로봇 목사가 주제만 알려 주면 시간에 딱 맞춰 설교를 해 준다. 도시는 스마트 도시화가 되어 쓰레기 분리수거부터 모든 것들이 자동화로 해결이 된다. 이런 세상을 만들기 위해 비효율, 비능률, 비경제적인 구시대 구질서 유물들은 사라져야 하는 것이다. 코로나 바이러스는 이런 세상을 만들기 위해, 구시대의 유물들을 쓰레기통에 넣어 버리기 위해 준비된 것이다.

제 3차 세계 대전은 인종청소 전쟁

당신은 중국과 미국이 패권 전쟁을 하고 있다고 생각 하는가? 미국 트럼프와 바이든이 좌우파 싸움을 하고 있다고 생각 하는가? 세계 매스컴들이 보도하고 있는 모든 뉴스들이 사실이라고 생각 하는가? 미국의 시사평론가 제임스 퍼를로프는 말한다. 미국의 모든 적들은 모두 미국이 만든 적들이다. 하나님은 빛도 지으시고, 어둠도 지으신 분이다. 악한 자도 사용하시기 위해 지으시고, 선한자도 사용하시기 위해 지으신 분이다. 하나님의 광대하심을 다윗은 찬양을 하면서 사울과의 상대적인 싸움을 포기하고 하나님의 사람이 되었다.

당신이 구원을 받았다고 하면서도 아직까지 세상에 있는 것들에 대하여 묶여 있다면 아직까지 당신은 세상에서 온전한 구원을 받지 못한 사람이다. 왜냐하면 구원은 세상에서 분리된 것을 의미하기 때문이다. 당신이 진정 세상에서 구원을 받은 사람이라면 당신은 세상과 전혀 상관이 없는 사람이 되어야 한다. 당신이 세상에서 좌우파로 나눠져서 피 터지게 싸우면서 당신 스스로가 기독교인이라고 한다면 당신 스스로가 속이는 것이다. 주님의 재림을 기다리고 스스로 시민권이 하늘에 있다고 고백하면서 세상의 재물에 대하여 연연하면서 믿음으로 살지 못하고 있다면 당신은 아직까지 주님을 만날 준비가 되어 있지 않을 수 있다.

엘리트 일루미나티 인간들은 제 3차 세계 대전을 통해 인구 2/3를 청소한다. 이것은 이미 요한 계시록에 기록된 하나님의 심판이다. 코로나 바이러스가 도화선이 되어 세상을 불로 태우게 된다. 중국과 미국은 패권 전쟁의 명분으로 전쟁을 한다. 동북 아시아와 태평양 연안의 모든 나라들은 미국과 중국의 패권 전쟁의 희생물이 된다. 중동에서는 이란과 터키와 이스라엘을 중심으로 중동 핵전쟁이 일어난다. 기독교 계통의 자유 민주 국가는 이스라엘 편에 이슬람 계통의 공산주의 독재국가들은 아랍 편으로 갈라져서 전쟁을 한다.

유럽의 대도시들은 이스라엘을 도와 중동 전쟁을 하고 있다는 이유로 이미 유럽으로 들어간 수백 만 명의 아랍 난민들을 통해서 테러 전쟁이 일어난다. 미국 또한 난민들을 통해 준비된 테러 전쟁이 일어난다. 이미 테러 전쟁을 위해 준비된 소형 핵폭탄들이 있다. 핵융합으로 만들어진 소형 핵탄두는 손으로 들고 뛰어 다니면서 터뜨려도 히로시마 나가사키에서 터진 핵폭탄 보다 더 위력적이다. 3-4초 후면 죽을 수 있는 청산가리 탄들이 폭발한다. 각종 전염병 바이러스가 창궐한다. 도시는 봉쇄되어 공동묘지로 변한다. 이렇게 해서 전 세계 인구 2/3가 사라지게 된다. 그리고 남은 7년 동안 제 3의 유엔인 신세계질서 국가가 세워진다.

제 3유엔 등장과 신세계질서 세계정부

제 1차 세계 대전은 4년, 제 2차 세계 대전 6년, 제 3차 세계 대전은 1년을 전후로 2년을 넘기지 않을 것이다. 왜냐하면 승자도 패자도 없는 단지 인종청소 전쟁이기 때문이다. 제 3차 세계 대전은 인류 역사상 가장 처절한 카오스(혼돈) 상태가 된다. 이후에 미국을 중심으로 이스라엘 수도 예루살렘에서 새로운 시대가 선포된다. 신세계질서이다. 이것이 제 3 유엔의 출발이다. 평화의 도성 예루살렘에서 선포된 신세계질서는 제 4차 산업 혁명을 중심으로 한 공산주의 세계정부의 출현이다. 제 3유엔의 정치 지도자와 이스라엘의 정치 지도자는 7년 평화조약을 선포한다. 이 평화조약의 내용은 이스라엘이 동예루살렘 템플 마운틴에 성전을 건축하고 구약제사를 드리는 것을 허용하는 조약이다. 이것이 선포되는 순간 이방인의 시대는 끝이 나고 다니엘이 예언한 70이레 중 마지막 이스라엘 중심의 7년의 시대가 시작되는 것이다. 이 때 휴거가 일어나고 휴거하지 못한 성도들 이마에 어린 양의 표를 받고 7년 대환난으로 들어간다. 이중에 깨어 있는 성도는 광야 피난처 교회로 가서 후 삼년 반 동안 양육을 받고 살다가 예수님의 재림을 맞이한다. 깨어 있지 못하고 바벨론이란 도시를 탈출하지 못한 성도는 후 삼년 반이 시작될 때 적그리스도가 배도를 선포하고 짐승의 표를 거절한 기독교인들을 죽일 때 순교를 해서 예수님의 재림 때 첫째 부활에 참여한다.

제3장 짐승의 표, 666이란 무엇인가?

1. 666이란 무슨 뜻인가?

창조의 원리와 수학응용의 원리에서의 6

6이란 창조의 원리를 설명할 수 있는 숫자다. 하나님께서는 6일 동안 창조사역을 하셨다. 그래서 6이란 피조 세계의 창조의 수이다. 눈의 모양이 6각형이다. 물 분자도 6각형으로 되어 있다. 벌집도 6각형이다. 우리 몸의 건강한 모든 세포들도 6각형의 물들을 제일 좋아 한다. 철과 물질 분자 구조도 6각형으로 되어 있는 것들이 가장 강하고 안정적이다 왜냐하면 빈공간이 없이 가득 채워질 수 있는 형태이기 때문이다. 우주의 표준모형도 우주를 형성하는 물질이 6개 중입자, 6개의 경입자, 상호작용의 힘을 공급해 준 4개의 입자로 구성되었다. 세포를 구성하는 원자의 핵의 구조 역시 6개의 쿼크와 6개의 렙톤으로 이루어져 있고 이것에 힘을 보조한 4개의 소립자가 있다. 이렇게 6이란 수는 물질을 이루는 대표적인 숫자이다.

대수에서 6이란 수는 가장 적은 수로 가장 많은 소수를 가진 수이다. 1,2,3 세 가지를 가지고 있다. 그리고 자신을 포함해서 4개의 약수를 가진 수이다. 그래서 6을 이용한 60진법이 메소포타미아에서 발달이 되었다. 하루 24시간을 표시한 360도, 1시간 60분, 1분 60초, 지구의 자전과 공전 등으로 만들어진 시간들을 정할 수 있었다. 참으로 신기하게 하나님의 창조의 원리도 6이란 수이고, 이것을 수학적으로 편리하게 응용하고 이용할 때도 6이란 수는 다른 어느 수보다 독보적인 존재이기 때문에 6이란 수는 창조과학에서 많이 사용한다.

통일장 우주론으로 사용된 6

고대인들은 사람의 정체성을 우주에서 찾았다. 헬라 철학은 사람의 영혼과 자연을 포함한 우주의 생명을 하나로 보았다. 이것이 헬라 자연주의 물질철학이다. 근본적으로 사람이 우주적인 물질과 동일하다는 것이다. 헬라의 창조론과 구원론은 “일자”라는 신에게서 우주 만물이 유출되어 다시 “일자”로 회귀하는 것으로 보았다. 이것을 영겁회귀라고 한다. 영겁회귀란 과정속에서 우주만물은 자신의 생명의 기간 동안 환생이란 과정을 거친다. 우주가 “일자”에게 영겁회귀가 끝이 날 때 비로소 “일자”라는 신처럼 자유로운 세상을 만날 수 있게 된다는 것이다. 이것이 헬라 철학에서 말하고 있는 신인합일 사상이다.

동학에서는 이것을 천지인 사상이라고 한다. 하늘을 으뜸으로 1이라고 하고, 땅을 2라고 하고, 사람을 3이라고 정의 하였다. 그리고 이것을 합한 수인 6을 절대적인 우주의 수로 인식했다. 그래서 진정한 하늘의 1은 땅과 사람을 포함한 6이란 의미로 사용하였다. 같은 의미로 땅이란 2도 홀로 있을 때 존재가치가 없기에 하늘의 1과 사람의 3을 합한 6을 절대적인 땅으로 생각하였다. 사람의 3의 수도 역시 하늘의 수 1과 땅의 2를 합한 6이란 수로 사람의 절대적인 의미를 부여 하였다. 그래서 하늘과 땅과 사람의 온전한 연합을 이룬 천지인을 666이라고 하였다. 이것이 천부경에 나온 동학사상이다. 동양이나 서양이나 우주적인 철학은 똑같다. 동학의 천지인 666 시스템은 메소포타미아 마방진에서도 사용되었다.

유대 카발라 음양오행 물질 생성의 원리로 본 666

유대 카발라 음양오행은 해, 달, 화성, 수성, 목성, 금성, 토성이다. 해는 플러스, 달은 마이너스, 목성은 나무, 화성은 불, 토성은 흙, 금성은 철, 수성은 물이다. 해의 플러스와 달의 마이너스가 에너지가 되어

나무는 불을 만들고, 불은 흙을 만들고, 흙은 철을 만들고, 철은 물을 만들고, 물은 다시 나무를 만든다.

유대 카발라 생명나무 역시 물질의 생성 법칙으로 666을 사용한다. 바로 삼각형 피라미드의 원리이다. 삼각형은 세 개의 각과 세 개의 면으로 되어 있다. 그래서 삼각형을 6이라는 상징수로 생각한다. 피타고라스는 삼각형의 원리인 피타고라스 정리에 의해서 원의 둘레를 계산할 수 있는 파이를 만들었다. 인류 최초로 발견한 무리수이다. 그래서 피타고라스 교단에서는 원주 파이를 신의 수라고 불렀다. 그래서 그것을 구하는 방법을 비밀로 했다. 피다고라스 교단은 그들이 가지고 있었던 우주적인 신앙을 수로 설명을 하였다. 이것이 오늘날 과학이 되고 수학이 되고 음악이 되고 천문학이 되었다. 피타고라스는 신비주의 카발리스트로 피라미드 삼각형 원리로 우주를 설명하고, 종교철학을 만들었다. 이것이 플라톤의 데오스 철학이다. 바로 신인합일 헬라 종교이다.

유대 카발라 생명나무 원리는 피타고라스 교리에 의해서 남녀의 결합을 삼각형 두 개를 겹쳐서 상징한다. 이것이 이스라엘의 국기이다. 정삼각형 두 개를 포개서 만든 것이다. 꼭지점이 위로 올라간 것이 여자이다. 꼭지점이 아래로 향한 것이 남자이다. 이것은 남녀합일 결혼을 의미한다. 그리고 완성된 6각형 모양의 그림은 자녀를 상징한다. 이것이 유대 카발라 물질 생성의 공산주의 신학이다.

동물의 암수가 짝짓기를 해서 새끼를 낳는 것도 같은 원리이다. 식물의 암술과 수술이 수정되어 열매를 맺는 것도 같다. 플러스 전기와 마이너스 전기가 합하여 전기를 만들어 내는 것도 유대 카발라 생명나무 원리이다. 영적으로 우주적인 마이너스 에너지와 영적인 우주적인 플러스 에너지가 합하여 아인 소프로 연결이 되어 신과 합일을 이룬 것도 동일한 원리이다.

루시퍼, 뱀의 거짓말 너희가 하나님과 같이 되리라

“뱀이 여자에게 이르되 너희가 결코 죽지 아니하리라 너희가 그것

을 먹는 날에는 너희 눈이 밝아 하나님과 같이 되어 선악을 알줄을 하나님이 아심이니라"(창3:4-5)

뱀은 하와를 유혹할 때 너희가 하나님과 같이 되어 결코 죽지 아니하리라 말했다. 헬라 철학은 헬라신학이다. 왜냐하면 헬라 철학에서 기독교 신학이 나왔기 때문이다. 헬라 신학에서는 "영혼불멸론"을 주장한다. 사람은 죽어도 사라지지 않고 생명은 계속된다고 하는 것이다. 이것이 "영혼 불멸론"이다. 이것이 환생교리이다. 헬라신학의 목표는 신인간이다. 즉 신인합일인 것이다. 뱀이 약속한 대로 하나님과 같이 되는 것이다. 그들의 철학이고 그들의 신학이다. "영혼불멸론"은 지옥을 자연스럽게 부인한다. "영혼불멸론"은 만인 구원론으로 이어진다. 이것이 짝퉁 기독교 이단 신학이다.

하나님께서는 선악과를 먹으면 반드시 죽으리라고 하셨다. 그러나 뱀은 결코 죽지 아니하리라 말한다. 이것이 사탄 신학의 "영혼불멸론"이다. 뱀은 하나님과 같이 된다고 했다. 그렇다면 뱀이 하나님처럼 된다고 하는 말은 무슨 뜻인가? 생노병사를 정복한다는 뜻이다. 자연스럽게 연결하면 사탄은 타락한 인간들의 생노병사를 정복해서 영생불사 존재로 하나님과 같이 만드는 것이 된다. 이것이 천지인 사상이고, 일자(一字)로 영겁회귀한 다음 신인합일을 이룬 것이다.

뉴 플라톤 관상철학의 정체

뉴 플라톤 철학은 관상기도를 통해서 신인합일을 이루는 혼합주의 철학이다. 헬라 플라톤 철학은 유대 카발라 탈무드에서 나온 것들이다. 유대 카발라는 사람을 신적인 존재로 만드는 사탄신학이다. 뉴 플라톤 철학의 신인합일 관상기도 방법은 먼저 정화 과정을 거친다. 마음을 정돈하고 깨끗하게 하여 위로부터 내려오는 소피아를 받을 수 있어야 한다. 다음은 조명단계이다. 정화된 마음이 준비되면 위로부터 소피아라고 하는 지혜가 내려온다. 보통 조명은 먼저 영적 세계를 경험한 마스터 또는 채널러들로부터 내려온다. 그리고 신입합일에 들어간다. 신인합일에 들어간 것은 무엇을 의미하는가? 초자연적인 세계를 경험하고, 수많은 영적인 힘을 얻고 경험하는 것이다. 투시, 축사, 공중부양, 마인드콘트롤, 텔레파시, 신유, 예지, 예언, 유체이탈, 순간이동과 같은 능력을 경험하고 실사하는 것이다.

2. 사람이 신이 되는 두 가지 방법

카발라에서 사람이 신이 되는 두 가지 방법이 있다. 종교적인 관상기도, 명상 등과 같은 방법으로 가능하다. 다음은 과학적인 방법이 있다. 이것을 사이언톨로지 종교라고 한다. 양자역학을 이용한 방법이다. 사탄의 세력들이 발전시킨 과학은 종교적으로 체험한 초자연적인 능력들을 양자역학이란 방법으로 모두 해독하는 시대가 되었다. 뿐만 아니라 사람의 뇌파나 유전자를 원격으로 조종하여 신적인 존재로 만들어 버릴 수도 있다. 이것이 가능한 이유는 신의 입자라고 하는 힉스 입자이다.

사람을 신으로 만드는 유럽 입자 물리학 연구소

유럽입자물리학연구소(-粒子物理學研究所, 프랑스어: Conseil Européenne pour la Recherche Nucléaire, CERN)는 스위스 제네바와 프랑스 사이의 국경지대에 위치한 세계 최대의 입자 물리학 연구소이다. 원래 명칭은 유럽 원자핵 공동 연구소(Conseil Européen pour la Recherche Nucléaire)였고, 이를 따라서 CERN(IPA 발음: 프랑스어 [sɛʀn], 영어 [sɝn])으로 불린다.

현대 물리학은 우주 삼라만상의 형성과 존재를 표준모형으로 설명하고 있다. 표준모형은 우주를 형성하는 물질과 힘이 6개의 중입자와 6개의 경입자, 힉스를 포함한 5개의 보손(힘)의 상호작용으로 구성된다는 이론으로, 힉스만이 유일하게 발견되지 않아왔다.

세계 입자물리학자들은 스위스와 프랑스 국경에 설치된 지하 100m 27㎞의 거대강입자가속기에서 양성자와 양성자를 빛의 속도로 충돌시켜 힉스 입자의 존재를 2012년에 찾았다. 137억 년 전 빅

뱅 때 순간적으로 존재했던 힉스 입자는, 사라지면서 다른 입자들에 질량을 부여한 것으로 학자들은 추정하고 있었다. 힉스의 발견은 단순히 있을 수 있는 현상을 규명하는 것이 아니라 물질세계의 가장 깊은 원리가 작동하는지 확인하는 것이다. 강입자가속기를 통해 양성자를 빛의 속도로 충돌시키면 '미니 빅뱅'이 일어나, 순간적으로 힉스가 생긴다. 힉스는 생성되자마자 다른 입자로 붕괴되기 때문에 검출되지 않는다. 과학자들은 붕괴 뒤에 생성되는 입자들을 검출함으로써 힉스의 존재를 확인한 것이다. 힉스입자 발견으로 2013년 노벨상을 받았다.

힉스는 우주탄생을 설명하는 입자물리학 표준모형(standard model)의 모순을 해결하기 위해 추가된 입자다. 표준모형에 따르면 우주에는 12개 기본 입자와, 이들 사이에 힘을 전달하는 4개 매개입자가 있다. 137억 년 전 우주 대폭발(빅뱅) 직후 탄생한 기본 입자에는 질량이 없었다. 하지만 기본 입자들로 구성된 물질에는 질량이 존재한다. 입자에 질량이 없으면 빛의 속도로 움직이면서 다른 입자와 전혀 반응을 하지 않고, 우주 만물도 만들어질 수 없다. 자유롭게 움직이던 기본 입자를 붙잡은 것이 바로 힉스다. 과학자들은 힉스 입자로 가득찬 공간에 질량이 없던 기본 입자가 빠지면서 질량이 생기고 이동 속도가 느려졌다고 가정했다. 언론의 감시망을 잘도 빠져나가던 스타가 파파라치에게 둘러싸여 꼼짝하지 못하게 된 것과 비슷하다.

한국의 이휘소 박사는 영국의 힉스 박사와 함께 1972년 힉스 교수가 제안한 가상의 입자에 '힉스 보존(boson·매개입자)'이란 이름을 붙인 인물이다. 그는 기본 입자의 하나인 '참 쿼크'도 처음 예측했다. 살아 있다면 그 역시 힉스 교수와 함께 노벨상 수상자가 되었을 것이다. '힉스'라는 이름도 핵물리학자인 고 이휘소 박사가 1972년 논문에서 1964년 이 입자를 예견한 영국 물리학자 피터 힉스(83)의 이름을 따서 처음 사용했다. 이휘소 박사는 박정희 대통령 요청으로 "무궁화 꽃이 피었습니다" 암호명에 따라서 비밀리에 핵을 개발하다가 발각되어 미국에서 덤프 트럭을 통한 교통사고로 암살되었다.

왜 유럽입자물리연구소(CERN) 로고가 666인가?

유럽입자물리연구소 로고는 두 가지이다. 하나는 시바신이고 또 하나는 666이다. 과연 세계를 움직이는 엘리트 인간들이 천문학적인 돈을 쏟아 부어 CERN을 만든 이유가 무엇일까? 왜 그들은 그토록 많은 비용을 투자하여 힉스입자를 찾기를 갈망했을까?

유럽입자물리연구소 로고가 666인 이유는 통일장 우주론을 완성하기 위한 목표이다. 이미 언급한 대로 666의 상징은 천지인의 통합으로 우주의 모든 에너지를 사람과 일치시켜 사람의 영혼을 영생불사 존재로 만드는 것이다. 이것을 통일장 우주론이라고 한다.

유럽입자물리연구소 로고가 시바 여신인 이유도 역시 같은 원리이다. 인도의 시바신은 창조를 위한 파괴신인데, 시바신이 춤을 추면 현재의 세계는 완전히 파괴되고 새로운 세상이 창조된다. 이것을 리셋(RESET)이라고 한다. 신세계질서의 상징이다.

힉스입자가 발견되므로 현재 우주가 만들어졌을 때의 비밀을 알게 되었다. 이것은 거꾸로 새로운 우주를 리셋(RESET) 할 수 있다는 의미도 된다. 이것이 통일장 초끈이론이다. 이미 피터 힉스 박사는 처음부터 힉스 입자를 발견하여 통일장 우주론을 완성하는 것이 목표였다. 그래서 빅뱅이 일어났을 때 모든 물질에게 질량을 부여하여 오늘날의 우주를 생성시킨 신의 입자를 알아내려고 한 것이다. 이것에 대하여 스티브 호킹 박사는 만일 그런 입자를 발견하면 피터 힉스에게 100달러를 주겠다고 비웃었다.

댄 브라운이 지은 소설 '천사와 악마'에 유럽물리입자연구소, CERN (counseil européen pour la recherche nucléaire)이 세상을 리셋(RESET)할 수 있는 악마의 존재로 소개되고 있다.

통일장 우주론이 완성되려면 우주의 네 가지 힘인 중력, 전자기력, 강한 핵력, 약한 핵력이 하나로 연결되어야 한다. 이것을 가능하게 한 입자가 힉스이다. 초끈이론은 우주의 독특한 성질을 가지고 있는 물질들이 자신의 독특한 성질을 잃어버리지 아니하면서도 다른 물질과 연결되어 있는 최종적인 끈을 말한다. 힉스입자는 초끈을 연결하여 통일장 우주론을 완성시킨다. 양자역학에서 초끈은 10차원을 가진 다섯 개의 끈으로 이루어져 있고 이 다섯 개를 한 차원 높은 11차원에서 보면 하나가 된다고 한다. 여기에서 M이론이 등장한다.

우리가 살고 있는 우주는 시간과 공간으로 이루어진 3차원의 세계이다. 시간과 공간이 없어진 우주가 4차원이다. 4차원의 세상에서는 시간여행이 가능하고, 동시에 공간여행이 가능하다. 현대과학에서 확인된 우주는 11차원이다. 초끈이론과 스티브 호킹 박사가 주장한 눈에 보이지 않는 우주의 수는 10의 500승이라고 한다. 은하 우주는 1000억 개의 태양계로 이루어졌고, 지금 우리가 말한 하나의 우주는 은하 우주가 1000억 개로 이루어진다.

만일 통일장 우주론이 완성되면 어떤 일이 일어날까? 인간의 존재는 우주 에너지와 하나로 연결이 된다. 다시 말해서 동물과 식물과 태양과 별들과도 연결이 된다. 물질의 세계가 영원하듯 사람의 생명도 영원하게 된다. 이것이 헬라 자연주의 철학자들이 주장한 "영혼불멸론"이다. 그렇게 해서 사람은 신적인 존재가 되는 것이다. 이런 세상이 지금 우리 눈앞에 다가와 있는 것이다. 엘리트 인간들은 사이언톨로지 라는 종교로 사람을 신과 같은 "영생불사" 존재로 만들고 있다. 이것이 유럽입자물리연구소 로고가 666과 시바 여신인 이유이다.

최종적인 코비드 백신 ID2020을 통한 영생불사 존재인 신인간

변이 바이러스인 코로나 백신의 최종 목적은 ID2020 디지털 나노 칩이다. 빌 게이츠의 통합 시스템이 결국은 ID2020으로 완성된다. 그리고 코로나 백신을 만들 때 사용한 인간 태아 세포, 식물인간 세포, 쥐와 침팬지를 사용한 세포들을 통해서 사람의 유전자를 우주 에너지로 연결시켜 코로나 바이러스 뿐 아니라 인간의 모든 생노병사를 정복하여 영생불사 존재로 만드는 것이 엘리트들이 꿈꾸는 ID2020 프로젝트의 최종 목표이다.

뉴 에이지 종교는 사이언톨로지 종교이다. 일명 물병자리 종교다.

목적은 사람과 동물, 사람과 식물, 사람과 자연, 사람과 우주 에너지와 통합시킨 것이다. 그래서 사람이 동물도 되고, 사람이 식물도 되고, 사람이 하나님도 된다. 사람이 개와 결혼도 한다. 나무와 식물을 신으로 섬긴다. 자연이 사람이 되고, 자연이 하나님도 된다. 이것이 단순한 철학이나 이데올로기가 아니다. 실제로 이루어지는 과학이다.

통일장 우주론이 완성되면 사람은 생노병사를 정복하여 영생불사 존재가 될 수 있다. 이것이 현대판 생명나무이다. 하나님께서 금지시킨 생명나무 열매이다. 마지막 때 루시퍼가 사람들에게 먹게 하여 하나님과 같은 신이 되게 하는 것이다. 하나님께서는 선악과를 따먹고 타락한 아담이 생명나무 열매를 맺고 영생하지 못하도록 아담을 에덴에서 쫓아내고 화염검으로 출입을 막으셨다. 유대 카발라 생명나무 종교는 하나님이 금지시킨 생명나무 열매를 사람들이 먹게 하여 하나님과 같이 죽지 않는 존재로 만들려는 뱀의 종교이다. 하나님은 가인의 이마에 저주의 표를 찍어 아무도 그를 죽이지 못하게 하셨다. 말세의 짐승의 표 역시 루시퍼가 만든 생명나무 열매를 먹는 자에게 이마에 저주의 표를 찍는 것이다. 이것이 666 짐승의 표이다.

3. 짝퉁 천년왕국인 신세계질서

신세계질서를 꿈꾸는 가짜 유대인들인 엘리트 인간들은 구약에서 예언한 다윗의 메시아 왕국을 지상에 세우기를 원한다. 이것을 신세계질서 라고 한다. 신세계질서는 과학으로 만들어지는 신천지이다. 세계 3차 대전을 통해 인종청소를 끝낸 그들은 지금까지 그들이 축적시켜 온 모든 기술들을 동원하여 지상에 유토피아를 세운다. 그중의 백미는 통일장 우주론을 통해 양자역학 속에서 신처럼 자유스럽게 살아가는 세계를 실현시킨 것이다. 물론 하나님께서는 그들의 도전을 허락하지 않으실 것이다. 그러나 그들은 시도하고 선전할 것이다. 일명 타임머신과 같은 공간속에서 자유롭게 시공간을 초월해서 원하는 모든 것들을 양자역학을 통해서 가능하게 된다. 중국과 워싱턴은 거리가 멀지만 양자역학 속에서는 순간으로 만날 수 있다. 우주는 멀고도 멀지만 양자역학 속에서는 한 점의 거리 밖에 안된다.

이런 사람들을 신인간, 뉴맨, 원뉴맨, 트랜스 휴먼, 새인간이라고 부른다. 사람이 그렇게 되려면 반드시 한 가지가 무너져야 한다. 하나님께서 인간을 창조하실 때 심어둔 하나님의 형상이다. 즉 인격이란 것이다. 비록 타락한 인간도 가치가 있는 것은 그에게 조금이나마 남아있는 인격 때문이다. 인격이란 자신의 가치과 수치와 부끄러움을 인식할 수 있는 능력이다. 이것은 하나님의 형상으로 지음 받은 인간만이 가지고 있는 가치이다. 그래서 하나님은 죄인이라도 사랑하신다. 악을 물리칠 수 있는 힘은 없어도 악을 악이라고 인식할 수 있는 힘이다. 그러하기 때문에 인간은 회개가 가능하다. 돌이킬 수 있는 것이다. 그러나 이런 인격이 제거되어 버리면 더 이상 사람이 아니다. 동물이나 짐승이 되어 버린 것이다. 이런 인간을 하이브리드 인간이라고 한다. 결국 사탄의 최종 목적은 인간속에 하나님의 흔적을 완전히 지워버리는 것이다. 그리고 자신의 형상을 심는 것이다. 그래서 짐승의 표를 받은 사람들의 이름은 짐승의 이름이 되는 것이다. 코비드-19 백신이 바로 인간을 동물과 식물과 다른 인간과 혼합시켜 하이브리드 인간으로 만드는 프로젝트이다.

뭇별위에 내 보좌를 높이리라, 마지막 루시퍼의 도전

"너 아침의 아들 계명성이여 어찌 그리 하늘에서 떨어졌으며 너 열국을 엎은 자여 어찌 그리 땅에 찍혔는고 네가 네 마음에 이르기를 내가 하늘에 올라 하나님의 뭇별 위에 나의 보좌를 높이리라 내가 북극 집회의 산 위에 좌정하리라 가장 높은 구름에 올라 지극히 높은 자와 비기리라 하도다"(사14:13-14)

루시퍼가 말한다. 뭇별위에 나의 보좌를 높이리라, 지극히 높은 자와 비기리라, 루시퍼의 존재는 무시할 수 없는 존재이다. 그는 전능하신 하나님의 보좌 즉 통치를 넘겨다 볼 수 있는 존재이다. 감히 전능자와 비기리라 말을 한다. 이런 루시퍼와 관계가 깊은 자들이 엘리트 인간들이다.

에덴 동산에서부터 시작된 뱀의 후손들인 그들은 단 한 번도 지상의 통치권력을 잃지 않고 세상의 임금인 루시퍼와 함께 통치를 하고 있다. 그들이 만든 과학, 그들이 만든 철학, 그들이 만든 문명들은 모두 루시퍼에게 받은 것들이다. 그들이 4500년 전에 만든 피라미드는 신세계질서의 상징이다. 현대과학은 아직도 피라미드의 비밀을 알지 못한다. 그것은 세운 자들의 정체나, 정확한 천문지식이나, 과학적으로 만들어진 목적도 알지 못한다. 오늘날의 과학은 상상을 초월할 만큼 발전하였지만 그 모든 기술과 원리들이 누구에게서 온 것인지 모른다. 이 모든 것들의 출발이 가장 높은 자와 비기리라 말한 루시퍼이다.

그는 세상에 다윗의 메시아 왕국을 세우려 한다. 구약에서 예언한 자유스러운 나라이다. 새 하늘과 새 땅과 같은 세상이다. 사람의 생명이 나무와 같이 천년을 산다. 독사들의 독이 사라지고 어린아이와 함께 장난을 친다. 아무런 해됨도 없고, 무질서나 공허는 없다. 그저 자유롭고, 편하고, 행복이 가득한 곳이다. 엘리트 인간들은 그런 나라를 이 땅에 세우려 한다. 그것이 뉴 에이지 종교이고, 사이언톨로지 종교이다. 엘리트 인간들이 꿈꾸는 신세계질서는 4차원의 세상에서 사는 것이다. 비록 양자역학을 통해서 그들이 만든 시간과 공간 안에서 해방된 삶이지만 지금까지 인간들이 경험해 보지 못한 세상이다. 헐리우드 영화처럼 3차원의 세상과 4차원의 세상을 넘나들면서 자유롭게 사는 것이다. 아담이후 인간들이 꿈꾸는 천국과 같은 시간을 아주 잠시라도 경험하게 되는 것이다.

그러나 그 나라는 예수님이 재림하셔서 심판하실 배도자의 나라이다. 아무리 루시퍼가 사람들의 몸에 자신의 소유권을 찍고 마음대로 수족처럼 부릴 수 있어도 이미 구원받아 어린양의 표를 받은 자들은 해할 수 없다.

놀라운 것은 사탄의 세력들이 하는 모든 행위는 비록 거짓되고, 멸망의 길이지만서도 하나님께서는 그들을 통해서 하나님이 하시는 일의 비밀을 성도에게 알려 주신다. 이는 염소들이 양들의 길잡이가 된 것과 같은 원리이다.

이 세상에서 일어난 일들은 어느 것 하나 우연은 없다. 모두 하나님이 하신 일이다. 악한 자들이 자신의 욕심을 이루고 있는 것 같지만 그것 또한 하나님의 하시는 일과 전혀 무관하지 않다. 인간의 작은 머리로는 전능하신 하나님의 일을 측량할 수 없기에 우리는 하나님의 말씀대로 범사에 감사하고 항상 기뻐하고 쉬지 않고 기도할 뿐이다.

예수님이 세우시는 천년왕국

사람 몸에는 100조개의 세포가 있다. 세포 하나 속에 100조개의 원자가 있다. 원자의 크기는 1억분의 1cm이다. 원자는 핵과 전자로 되어 있고, 핵의 질량은 99.999이고 전자의 질량은 0.0001이다. 그러나 공간을 차지한 것은 99.999%에 전자가 있고, 0.001%의 공간에 핵이 있다. 핵은 17개 쿼크로 되어 있다. 지금까지 인간은 눈에 보이는 우주만을 보고 살았다. 그러나 양자 물리학이 발전하면서 눈에 보이는 우주는 실제가 아닌 홀로그램이란 사실을 알았다. 진정한 우주는 하나의 세포 속에 있다는 사실을 이제야 알게 된 것이다. 이것이 양자 물리학이다.

어머니 뱃속에서 한 생명이 수정되면 그것이 하나의 세포이다. 이 세포가 10달 동안 분화 과정을 마치고 나면 100조개의 세포를 가진 어린아이가 탄생된다. 어린 아이가 가지고 태어난 100조개의 세포는 하나의 세포마다 처음 수정되어 분화 되었던 DNA 설계도를 가지고 있다. 그래서 몸을 가지고 태어난 사람은 누구든지 자신과 동일한 100조명의 사람과 함께 살아가는 것이다. 그렇다면 진정한 나는 누구인가? 처음 수정되었던 하나의 세포가 나인가? 아니면 100조개의 세포로 분화되어 태어난 나인가? 진정한 나는 처음 수정된 하나의 세포인 것이다. 그렇다면 100조개의 몸을 가지고 태어난 나는 누구인가? 그가 바로 하나의 세포를 가진 나의 홀로그램인 것이다.

우주도 역시 같은 원리이다. 하나님이 처음으로 만든 하나의 우주 세포가 있다. 이 우주 세포가 분화의 과정을 거듭하면서 확장되고 있다. 이것이 바로 빅뱅 우주론이다. 현대 천문학에서 정의한 우주의 크기는 태양계가 1000억개 있어야 소우주가 되고, 소우주가 1000억개 있어야 우주가 된다. 그렇다고 그것으로 끝이 아니다. 지금도 우주는 계속해서 엄청난 속도로 확장되고 있다. 그렇다면 진짜 우주는 어디에 있는가? 처음 하나님이 지으신 하나의 우주 세포속에 있는가? 아니면 지금 우리 눈에 보이는 확장하고 있는 우주인가? 진짜 우주 역시 처음 하나님이 만든 하나의 우주세포인 것이다. 눈에 보이는 지금도 확장된 우주는 홀로그램 우주이다.

하나의 원자의 크기는 1억분의 1㎝이다. 이렇게 작은 원자의 이쪽 끝에서 저쪽 끝까지 이동하는데 얼마의 시간이 소요될까? 순간보다 더 짧다. 실제로 우리 몸에도 각 기관마다 나의 전체 설계도를 가진 세포들이 가득차 있어서 머리에서 발끝까지 감각이 전달되는 시간이 하나의 세포안에서 전달되는 것처럼 순간인 것이다. 우주도 같은 원리이다. 우주 이 끝에서 반대편 끝까지의 거리는 상상할 수 없고, 계산할 수도 없다. 그러나 우리가 계산할 수 없는 것은 홀로그램일 뿐이고 우주 전체 안에 처음 우주 세포가 양자 에너지로 우주에 가득차 있기 때문에 이쪽 끝에서 반대편까지의 거리는 1억분의 1㎝의 세포안에서 소요되는 거리일 뿐이다. 즉 순간적으로 이동할 수 있다는 것이다.

홀로그램이란 진짜가 아닌 허상일 뿐이다. 인기가 많은 가수들이 스케쥴이 바쁘면 직접 가서 노래를 하는 것이 아니라 홀로그램을 띄워 노래를 해도 잘 모르는 사람들이 있다.

어떻게 거대한 우주가 사라지고 또 다른 천년왕국이 세워질 수 있을까? 상상할 수 없지만 간단하다. 순간적으로 지금 눈에 보이는 홀로그램 우주는 사라지고 또 다른 새로운 우주가 세워지는 것은 오늘날 양자물리학에서는 아주 쉬운 일이다. 나의 몸 역시 홀로그램이다. 눈에 보이는 이 세상의 모든 것들도 역시 홀로그램이다. 진짜가 아니다. 모두 허상일 뿐이다. 이 모든 것들이 사라지고 하나님 앞에서 진짜 나는 홀로그램속에서 살았던 모든 것들에 대하여 심판을 받게 되는 것이다. 그러므로 성경은 너희 인생이 무엇이냐 잠간 보이다가 없어질 안개와 같다고 하였다. 일장춘몽과 같이 하루 밤의 꿈같다고 표현하기도 한다. 눈에 보이는 홀로그램 세상에 대하여 욕심을 버려야 한다.

그리고 참 나의 실체를 하나님 안에서 찾고 살아야 한다. 잠간 있다가 없어질 세상의 눈에 보이는 것들 때문에 속아서 진짜 나를 더럽혀서는 안되는 것이다. 솔로몬은 그의 인생을 바람을 잡으려는 것과 같이 어리석은 것이라고 하였다. 지금도 우리를 시험하는 모든 것들에 대하여 초연해야 한다. 그리고 주님께서 가지고 오실 진짜의 나라인 천년왕국에서 우리의 진가를 보여주어야 한다.

4. 루시퍼 사탄신학의 정체

기독교 신학의 뿌리는 플라톤 철학이다. 플라톤 철학은 유물론 철학이고 신인동형론 철학이다. 헬라 철학 자체가 "일자"라고 하는 조물주로부터 만물이 유출되고 복귀하는 유물사관이기 때문이다. 그래서 플라톤은 대화편인 티마이오스에서 소개한 창조신의 이름을 데미우르고스 라고 하였다. 데미우르고스는 헬라어로 만드는 자, 제작자란 뜻이다. 헬라철학은 물질 속에 창조신인 "일자"가 포함되어 있기 때문에 물질을 변형시켜 만드는 데미우르고스 역시 창조신이라고 부른다.

헬라철학의 뿌리는 유대 카발라 탈무드이다. 탈무드는 유물사관을 기초로 한 철학이다. 즉 물질의 모든 생성과정을 신의 역할로 보았던 것이다. 이것이 바로 범신론적인 공산주의 유물론 철학이다. 물질을 신으로 섬기는 헬라철학은 물질세계를 다스리는 바알 신학이고 루시퍼 신학이다. 세상의 번영을 위한 시스템인 것이다. 이것이 오늘날 기독교 신학이 번영신학으로 망한 이유이다.

클레멘트는 파에다고구스 교사편에서 불완전한 인간은 절대신에 대한 지식을 가질 수 없기 때문에 절대신을 알수도 없고, 절대신에게 다가갈 수도 없다고 하였다. 이것을 불가지론이라고 한다. 인간이 할 수 있는 유일한 방법은 가짜 신을 만들어 진짜 신에게 다가갈 수 있다고 하였다. 이것이 변증법적인 철학으로 만들어진 인본주의 신학이다. 플라톤 철학은 오리겐, 플로티누스를 통해서 뉴 플라톤 철학으로 발전했다. 뉴 플라톤 철학은 혼합주의 철학이다.

뉴 플라톤 철학은 관상철학으로 플라톤이 주장한 신인동형론으로 마음을 비우고 신을 향해 나가서 합일 하는 것이다. 관상이란 '빈'관에 '바라볼'상이다. 인간은 원래 신과 동족이었기 때문에 신의 형상이 남아 있어 신을 찾아가 합일할 수 있다고 주장한 것이 뉴 플라톤 관상철학이다. 뉴 플라톤 철학은 1875년 신지학을 만들 때 또 다시 접목이 되었다.

관상기도 방법은 정화, 조명, 합일이라는 세 단계를 거친다. 먼저 정화는 마음을 비우고 정결하게 하여 위로부터 내려오는 지혜를 받을 준비를 하는 것이다. 조명은 정화가 이루어진 구도자에게 빛(지혜)이 내려와 씨앗을 심어준 단계이다. 조명 단계에서는 이미 영적인 경험을 한 마스터나 채널러들의 도움을 받아서 씨를 얻게 된다. 그리고 합일에 들어가서 신적인 존재가 되는 것이다.

관상기도 대가는 사막수도원의 아버지 안토니우스이다. 오늘날 신사도운동 역시 관상기도 운동이다. 어거스틴의 신비주의 수도원 운동 역시 관상기도 운동이다. 24시간 기도 운동 역시 관상기도 운동이다. 관상기도의 원리는 유대 카발라 생명 나무 원리이다. 우주적인 여성 에너지와 우주적인 남성 에너지가 뱀으로부터 내려오는 소피아를 받아서 10개의 스피로트와 32개의 관문을 통과하면서 신인합일을 이루는 것이다. 그래서 결국 신인간이 되고, 원뉴맨, 새인간, 트랜스 휴먼이 되는 것이다.

666에 대한 오해

짐승의 표 666을 이해하는 것은 아주 중요하다. 왜냐하면 666에 대한 바른 이해가 없으면 많은 혼돈과 두려움, 그리고 정확한 영적인 분별을 할 수 없기 때문이다. 단편적으로 바코드가 666이다. 아니면 베리칩이 666이다. 코로나 백신이 666이다 라고 단정을 지을 수 있기 때문이다. 단지 숫자로서 666이란 아무런 문제가 없다. 록펠러 뉴욕 센터 주소가 666이라고 해서 그것이 짐승의 표는 아니다. 수많은 엘리트 인간들이 사용하는 손 사인 666도 역시 마찬가지이다. 광고에 나온 666 수비학으로 계산한 666, 게마트리아 수로 읽은 666 등 이루 헤아릴 수 없는 666 사인들이 우리 주위에 범람하고 있는데 과연 그것들이 무엇을 의미하는지를 포괄적으로 알아야 하고, 그것들이 추구하는 가치가 무엇인가를 알아야 한다. 그리고 결국 666이 짐승의 표가 되고, 그것들이 심판의 기준이 되는 것은 무슨 이유인가를 알아야 한다.

예를 들어 빌게이츠가 특허를 낸 양자 닷 타투 딜리버리 시스템의 특허 번호가 WO2060606인데 왜 그들이 666이란 수를 사용 하였는지를 알아야 한다.

666의 바른 의미는 무엇인가?

간단하게 몇 가지로 정리하면 666이란 신세계질서 로고이다. 그들이 666을 애용하는 것은 그것이 상징하는 시대가 그들이 꿈꾸는 유토피아이기 때문이다. 그들이 사용한 666은 사람과 우주 에너지를 연결시킨 통일장 우주론의 상징이다. 이것은 그들이 6000년 동안 인간의 생노병사를 정복하기 위해 인간의 생명과 죽지 않는 자연의 생명을 연결시키려고 했던 꿈이다. 그들이 사용한 666의 가장 중요한 의미는 사람을 물질세계를 지배하고 있는 루시퍼와 완전히 한 몸으로 만들어 버린 것이다. 이것을 장미십자단에서는 화학적 결혼이라고 한다. 우리 예수 믿은 사람이 구원 받음과 동시에 예수님과 결혼하여 한 몸이 되는 것과 같은 원리이다. 사단은 하나님의 형상으로 지음 받은 인간을 물질과 연결시켜 하나님의 형상을 지워 버리는 것이 666의 정체인 것이다.

666은 언제 셋팅이 되는가?

성경에서 666이 정확하게 위에서 지적한 목적대로 사용되는 시기는 7년 대환난 중에서 후 삼년 반이 시작될 때이다. 즉 적그리스도가 배도를 하고, 세상의 모든 사람들에게 짐승의 표를 이마와 오른 손에 받게 하여 신분증이나 전자화폐로 사용하는 것이다. 이때 이 표를 받지 아니한 자들을 죽이고 매매를 금지시키는 것이다. 그렇다면 그전에는 우리가 666과 같은 기능을 하고 있는 것들을 받아도 괜찮은 것인가? 아니다, 666이란 시스템은 하루 아침에 셋팅이 되는 것이 아니라 서서히 발전해서 결국 어느 시점이 되면 완전히 Reset이 되기 때문에 분별력을 가지고 우리 모든 삶의 라이프스타일을 바꿔가야 한다.

예를 들어서 코비드-19 백신속에 우리의 유전자를 변경시키고, 원격으로 조종하여 하이브리드 인간으로 만든다고 할 때 바로 백신을 받은 사람들이 하이브리드 인간이 되는 것은 아니다. 설령 그런 시스템이 사실일지라도 바로 그 시스템이 시행되는 것은 아니다. 그렇다고 그런 사실을 알고 있으면서도 백신을 받아도 된다는 말은 아니다. 분명하게 지적하면, 코비드-19 면역 백신은 앞에서 여러 종류의 증거들이 제시 되었듯이 후 삼년 반에 작동될 666 시스템이 분명하다. 그러나 아직까지는 666 시스템을 작동시킬 수 있는 시기가 아니다. 한 단계씩 준비를 하고 있는 것이다. 666 시스템을 작동시키기 위해 강력한 5G 주파수 네트워크 환경이 만들어져야 한다. 또 반드시 인종청소가 우선 되어야 한다. 반드시 모든 사람들에게 비밀리에 666 시스템이 심어져야 한다. 누구든지 666 시스템이 하이브리드 인간이 된다는 사실을 알게 될 경우 아무도 그것을 받아들이지 않기 때문이다.

코비드-19는 신세계질서 시스템을 작동시킨 출발이다. 코비드-19를 통해 제3차 세계대전이 일어나 인종청소가 되고, 마지막 7년의 신세계질서가 출발하기 전에 70% 세계인들에게 백신을 포함한 666 시스템을 받게 한다면 크게 성공한 것이다. 왜냐하면 원격으로 조종을 받을 수 있는 사람들이 세계인구 70%라고 한다면 전쟁 중에 666 시스템을 작동시켜 한 개의 도시의 인구를 모두 사라지게 할 수 있고, 개인적으로 사람을 죽이고, 자살하게 할지라도 어느 누구도 눈치를 채지 못하기 때문이다.

어떻게 666 시스템을 피할 수 있는가?

우리의 라이프스타일을 완전하게 변경시켜야 한다. 세상이 Reset

되기 전에 우리의 삶을 Reset해야 한다. 불가운데 있으면서 불에 타지 않을 수 없는 것처럼, 이런 세상에 살면서 앞으로 다가올 모든 올무에서 자유스러울 수 없는 것이다. 지금부터 문명의 혜택을 등지고 사는 훈련을 해야 한다. 가장 먼저 도시로부터 탈출해야 한다. 왜냐하면 신세계질서는 도시중심으로 이루어지기 때문이다. 가능한 행정구역이 시 단위와 읍 단위를 벗어나야 한다. 자급자족 시스템을 완비해야 한다. 생명을 함께 나눌 수 있는 공동체를 세워야 한다. 그리고 함께 격려하고 도우면서 환난 시대를 이길 수 있어야 한다. 가장 기본적인 것은 도시로부터 탈출해야 한다. 도시에 살면서 점점 조여 오는 집단적인 봉쇄와 통제를 나 홀로 벗어날 수 없기 때문이다.

5. 666 시스템과 하나님의 구속사

666의 본질은 하늘과 땅과 인간의 통합이다. 헬라 플라톤 철학은 이원론이다. 유물론과 관념론이다. 이것은 탈무드에서 주장한 신인간과 가축인간을 분류한 세계관이다. 가짜 유대인들은 자신들은 선민으로 신인간이지만 보통 인간들은 가축이란 것이다. 이것이 바로 플라톤의 이원론 철학의 뿌리이다. 그래서 그들의 인간론은 자신들을 제외한 모든 인간들을 가축으로 즉 동물이나 식물이나 생명체를 가지고 번식하는 유물사관으로 정의를 한다. 이것이 로고스 사상이고, 공산주의 인간론이다. 로고스란 자연과 우주의 원리로 음양오행 물질생성의 법칙이다.

공산주의란 사람의 가치를 노예나 고깃덩어리로만 이해를 한다. 축산업을 하는 사람들이 소나 돼지를 키우는 목적이 고기를 얻고 팔아서 경제적인 이득을 얻기 위해서 하듯이 가짜 유대인들의 인간론도 사람을 가축처럼 사육을 해서 고기와 돈을 얻는 것이 목적이다. 이것이 제국주의 식민정책이고 플라톤이 이상국가에서 말하고 있는 신분사회이다. 플라톤은 이상국가란 철학자들은 지혜를 가진 신인간이기 때문에 금면류관을 쓰고 통치를 할 수 있다. 그리고 나머지 가축인간들을 신인간들을 지켜주기 위해 군인으로 싸우고, 농민들은 농사를 지어 식량을 만들고, 노예들은 그들의 수족이 되어 일을 하는 것이다. 이것이 플라톤이 말한 정의로운 사회이다. 즉 신분사회인 공산주의 독재사회이다.

소크라테스가 아테네에서 "너 자신을 알라"고 하면서, 양떼론을 들고 나와 가축인간들이 정치를 하면 아테네가 망한다고 설파했던 것이다. 그러면서 젊은이들을 선동하여 공산주의 유물사관, 주체사상을 주입시켜 스파르타의 도움을 받아 공산주의 독재정부를 세우기 위해 혁명을 일으켰다가 실패하고 스스로 독배를 마셨다. 엘리트 인간들은 끊임없이 이 세상을 그들이 완벽하게 통제하고 지배하는 신분 사회로 만들기 위해 쉬지 않고 철학과 신학과 과학을 발전시켜 드디어 그들의 꿈을 이룰 수 있는 오늘에 이르게 되었다.

오늘날에도 동일하게 엘리트 인간들은 보통 인간들을 소, 돼지와 같이 가축으로 취급하면서 자신들의 이익을 위해서 사육을 하지만 가축 인간들은 이 사실을 알지 못한다. 왜냐하면 엘리트 인간들이 먹고 사는데 부족함이 없이 해주기 때문이다. 그런데 놀라운 사실은 이런 세상의 매카니즘을 허용하시고 통치하시는 분이 하나님이시다. 죄를 범한 인간들을 사탄의 세력들에게 붙여 고난을 당하는 가운데 회개하도록 하여 구원의 사역을 이루어 가신 하나님의 특별하신 섭리라는 것이다. 인류의 모든 역사의 문명의 발전을 이끌어 온 무리들은 가인의 후예들이다. 이들이 도시를 건설하고, 악기를 만들고, 경제활동을 하는데 필요한 기계와 공장을 만들고, 과학을 발전시키고, 문자를 만들어 보급을 했다. 비록 자신들의 명예와 탐욕을 위해서 한 일이지만, 국가를 세우고 법령을 만들어 통치를 했다.

그것들로 인하여 세상은 최소한의 질서를 가질 수 있고, 하나님은 이런 세상 속에서 구속의 역사를 펼칠 수 있는 것이다. 그래서 로마서 13장에서는 세상의 모든 국가 권력에 의해 지켜지는 최소한의 질서 유지는 그리스도인의 양심에 의해서 지켜져야 한다고 바울은 강조를 한다. 지금도 이렇게 아이러니한 세상은 계속되고 있다. 그러나 분명히 알아야 할 사실은 이 모든 것들이 다 하나님의 인류구속을 위한 통치 방법이란 사실이다. 최종적으로 하나님의 구원 계획이 완성되면 더러운 세상을 심판하실 것이다.

우리 구원 받은 성도가 이 세상을 살아가는 동안 수많은 핍박과 불이익과 편파적인 공격을 받을 수 있다. 예수님은 우리에게 선을 행하고 핍박을 받기 위해서 택함을 받았다고 하셨다. 세상에서 성도들이 억울함을 당하고 차별을 받아 고립되어도 그것 때문에 아파하고 싸워서는 안되는 것이다. 왜냐하면 그런 고통을 당하는 것 자체가 우리의 정체성이 세상에 속하지 않았다는 것을 증거해 주고 있기 때문이다. 그래서 야고보 사도는 너희가 세상에서 여러가지 시험을 당할 때에 기뻐하고 즐거워 하라고 하였다. 앞으로 말세에 세상에서 사는 성도는 하늘의 시민권을 가진 자의 정체성을 분명하게하여 세상과 싸우지 않고 아파하지 않는 것으로 증명해야 한다. 이것이 우리가 세상에서 통과해야 할 마지막 시험이다.

6. 만유내재신론(萬有內在神論)과 유신론적 진화론

유대 카발라 우주적인 그리스도

헬라 플라톤 만유내재신론(萬有內在神論 Panentheism)은 신이 창조한 만유속에 신이 내재하는 동시에 만유에서 초월하여 존재한다는 이론이다. 여기에서 오늘날 뉴 에이지 사상과 종교인 유신론적 진화론, 우주적 그리스도, 집합 그리스도, 육체 안에 재림하신 그리스도, 영지주의의 신 등의 우주 만물에 내재하는 신이 20세기 과학을 타고 기독교 안으로 들어왔다. 이것을 뉴 에이지 기독교 즉 영지주의 기독교라고 한다. 이러한 사상은 이머징 쳐취운동, 종교통합운동, 티쿤 메시아닉, 유대 카발라 루리아닉의 육체 안에 오신 그리스도, 집단적인 그리스도의 재림으로 유대 카발라 사상과 혼합하여 신세계질서 신인간 운동으로 발전하고 있다.

뉴 에이지 선구자 떼이야르 드 샤르뎅(Teilhard de Chardin)

우주 그리스도를 널리 알린 사람이 바로 뉴 에이지의 아버지라고 불리는 떼이야르 드 샤르뎅이다. 그는 뉴 에이지 리더들을 대상으로 그들의 삶에 가장 큰 영향을 준 사람에 관한 설문조사에서 떼이야르는 1위를 했다. 그는 유신론적 진화론을 주장한 사람이다. 유신 진화론에 의하면 인류는 과학법칙을 따라 진화하는데, 이 진화 자체를 신의 창조의 일부분이라고 본다. 따라서 지금도 창조는 지속되고 있는 것이다. 떼이야르 드 샤르뎅은 우주 그리스도를 그리스도의 세 번째 본성이라고 부른다. 그것은 우주 그리스도가 인간이며 신인 그리스도의 본성을 초월하여 인간도 아니고 신도 아닌 우주의 제3의 영역으로 넘어가게 해준다는 것이다. 떼이야르에 의하면, 인류가 하나님으로 점차 진화해서 최종점인 오메가 포인트에 이를 때, 이것이 그리스도의 재림이며, 그 때에는 우주 그리스도에 속한 우리 모두도 신격을 실현하도록 완성되어 새로운 모습을 가지게 된다고 한다. 따라서 그 때가 오면 인간 정신이 공간과 물질을 초월한다고 한다. 그래서 인간은 신처럼 자유롭게 되는데 이런 존재가 된 사람들을 그리스도가 집단적으로 육체 안에 재림한 집합 그리스도라고 한다.

떼이야르는 2000년이 지나면 반드시 그리스도는 거듭나야만 한다. 그는 그가 살았던 때와는 너무나도 다르게 변한 세상에서 다시 성육신해야만 한다. 떼이야르 드 샤르뎅에 의해 발전된 이런 우주 그리스도의 새로운 탄생 사상은 불멸의 능력의 신인(神人) 집합 그리스도(Corporate Christ)의 탄생을 예언하는 늦은 비 운동의 나타난 하나님의 아들들 교설에 영향을 주었으며, 매튜 폭스와 레너드 스위트 등을 통해 현대 뉴 에이지 기독교 사상으로 들어와 이머징 운동으로까지 번지고 있다.

레너드 스위트(Leonard Sweet) 양자 영성

미국 새들백 교회 릭 워렌이 추천한 "양자영성(Quantum Spirituality)"이란 책은 레너드 스위트가 썼다. 레너드 스위트는 기독교를 뉴 에이지화하고 이머징 쳐취운동을 활발하게 지지하고 있다. 레너드 스위트는 떼이야르를 20세기 기독교의 대표적 대변자라고 불렀다. 그의 아쿠아 교회라는 책에서 떼이야르를 인용하며 태양이 우리 눈 앞에 있는 것과 같은 방법으로 그리스도는 교회 안에 계신다. 우리는 우리의 조상들이 보았던 것과 같은 태양을 본다. 하지만, 훨씬 더 훌륭한 방법으로 태양을 이해한다고 말했다.

레너드 스위트가 자신의 책 "그리스도에 대한 생각(Reflections on the Christ)"에서 우호적으로 인용한 데이빗 스팽글러의 영지주의 "빛의 사자"인 루시퍼(사탄)에 관하여 말한다.

"루시퍼는 우리 안에서 우리를 온전함으로 이끈다. 우리가 온전함의 시대인 뉴 에이지로 들어갈 때 우리 각자는 루시퍼 입문(Luciferic Initiation)이라고 부르는 지점으로 옮겨진다. 그곳은 각자가 온전함과 빛의 장소로 가는데 꼭 통과해야 하는 문이다."

"예수와 다윈의 동행" 책을 쓴 호남신학교 조직신학 교수

예수와 다윈의 동행은 2013년 호남신학교 조직신학 신재식 교수가 출간한 책이다. 그는 인포그래픽으로 설명을 하면서 현대 기독교는 과학을 외면하므로 설 자리가 사라졌다고 고발하면서 자신이 이 책을 쓰게 된 사명감에 대하여 피력을 한다. 그는 유럽입자물리연구소의 초대형 입자가속기, 초거대 우주망원경, 분자생물학, 유전공학 등과 같은 과학시대에 기독교가 반지성적이고 반과학주의로 외면을 받고 있다고 주장한다. 서울대학교 종교교육학과를 졸업하고 장로회 신학교와 미국 드류(DREW) 대학에서 석사와 철학 박사를 받고 템플턴상까지 받은 사람이다.

2009년 연세대학교 출판사에서 "양자물리학 그리고 기독교 신학"이란 책을 내놓았다. 이 책을 쓴 존 폴킹혼은 영국 캠브리지(Cambridge) 대학의 물리학과 교수로 25년 재직하였으며, 쿼크, 글루온(Quark,Gluon) 등의 양자 물리학적 소립자들의 실체를 발견하는 연구 프로젝트에 참여했던 양자 물리학자이다. 그는 캠브리지 대학 퀸스 칼리지(Queens College)의 학장을 역임하였으며, 영국 왕립 학술원의 정회원이 되었고,1997년 왕실로부터 백작의 칭호까지 수여 받았다. 영국 성공회에서 신부로 안수를 받고 종교 통합운동을 하는 공로로 역시 템플턴 상을 받았다. 그는 이 책에서 양자역학과 양자얽힘이란 실험을 통해 어거스틴의 3위1체 교리를 증명하였다. 그는 2015년에 "성서와 만나다", "과학으로 신학하기", "케노시스 창조이론", "쿼크 카오스 그리고 기독교 신학" 그가 쓴 책들이 연이어 출간이 되었다.

어떻게 과학자들이 양자물리학을 통해 신의 존재를 증명할 수 있을까? 과연 과학으로 증명된 신은 참 신일까? 결론부터 말하자면 과학으로 증명된 신이 바로 만유내재신이다. 만유내재신의 이름은 플라톤이 말한 데미우르고스이다. 데미우르고스는 플라톤이 말한 제작신이다. 그리고 어거스틴이 만든 기독교 삼위일체 신학은 바로 플라톤 신학에서 만들어졌다. 모두 인본주의 신학이다. 플라톤이 말한 창조신 데미우르고스는 물질세계를 지배하고 있는 빛의 신인 루시퍼이다. 태양을 통해 모든 만물이 생명을 얻고 번식을 한다. 만물은 보이지 않는 빛의 신인 루시퍼가 지배한다.

무에서 유를 지으신 창조주는 과학으로 증명할 수 없다 과학으로 증명된 우주를 하나님이 창조하셨다. 그러나 과학으로 증명한 신은 창조주가 아니다. 종이 한 장 차이밖에 없지만 그 차이는 천국과 지옥이다. 천지를 지으신 창조주 하나님은 오직 예수 그리스도의 대속의 은총인 피로 죄사함을 받고 거듭나야 만날 수 있는 것이다. 과학에서 만났다고 하는 신은 가짜신이다. 내가 사과를 만들었다고 해서 내가 곧 사과가 아닌 것처럼 하나님이 세상을 창조하셨지만 세상의 모든 피조물들이 하나님이 아닌 것이다.

바벨론 시날 평지에서 니므롯은 하늘까지 높은 바벨탑을 쌓고 배도를 했다. 현대판 바벨탑은 과학이란 종교이다. 사이언톨로지 종교는 루시퍼에 의해서 주어진 소피아 즉 스피로트라고 하는 지혜로 만들어졌다. 현대 과학은 인간의 생노병사까지 정복하기에 이르렀다. 사람의 DNA 유전자를 우주 에너지와 일치시켜 영원히 죽지 않는 영생불사 존재로 설계를 하고 있다. 그리고 하나님을 향해 승리를 선포하려고 배도를 준비하고 있는 것이다. 루시퍼는 인간들을 미혹하여 하나님께서 허락하신 아들 예수 그리스도를 통한 구원을 받지 못하게 하고 자신이 발전시킨 과학이란 바벨탑을 통해 인간속에 하나님의 형상을 지워버리고 자기의 물질 형상으로 채워 자기의 소유물로 만들려고 하는 것이다.

왜 지금이 성경에서 말하고 있는 “The Day”라고 하는 종말의 시대인지 이해를 하는가? 왜 하나님께서 우주만물의 질서를 혼돈하게 하는지 아는가? 당신도 짐승으로 살기를 원하는가? 아니면 하루라도 사람으로 살기를 원하는가? 이제 조금 있으면 사람 구경하기가 어려워진다. 겉으론 사람 같지만 속은 아닌 것이다. 그래도 사람은 깡패라도 일말의 양심이 있고 부끄러움을 알지만 짐승은 그런 것을 모르는 존재가 되는 것이다. 이것이 짐승의 표라는 것이다.

우주 에너지와 사람의 유전자를 일치시켜 통일장 우주론이 완성되는 그날이 지금 눈앞에까지 와 있다는 사실을 직시하기 바란다. 비록 가난하고 무능하더라도 제발 사람으로 남아 있어 주세요. 끝까지 사람으로 남아만 주신다면 당신에게도 구원의 기회가 다시금 주어진다는 사실을 꼭 기억하세요.

당신이 신학박사가 아니라도 괜찮다. 당신이 존 폴킹혼과 같은 양자물리학자가 아니라도 상관없다. 짐승만 되지 않는다면 반드시 구원의 기회가 주어진다. 끝까지 오른손과 이마에 짐승의 표만 받지 않는다면 기회가 있는 것이다. 예수님께서 재림 하셔서 만물을 회복시키실 때 독사들의 독이 없어지고 사자들의 포악성이 사라진다. 그때 비록 당신이 기독교인이 아니라도 당신도 새롭게 변화될 수 있다. 이것을 사도 바울은 로마서에서 말씀을 하고 있다.

“생각건대 현재의 고난은 장차 우리에게 나타날 영광과 족히 비교할 수 없도다 피조물의 고대하는 바는 하나님의 아들들의 나타나는 것이니 피조물이 허무한데 굴복하는 것은 자기 뜻이 아니요 오직 굴복케 하시는 이로 말미암음이라 그 바라는 것은 피조물도 썩어짐의 종노릇 한데서 해방되어 하나님의 자녀들의 영광의 자유에 이르는 것이니라”(롬8:18-21)

7. 666, 짐승의 표, 짐승의 이름의 요약

"뱀이 여자에게 이르되 너희가 결코 죽지 아니하리라 너희가 그것을 먹는 날에는 너희 눈이 밝아 하나님과 같이 되어 선악을 알줄을 하나님이 아심이니라"(창3:3-4)

"저가 권세를 받아 그 짐승의 우상에게 생기를 주어 그 짐승의 우상으로 말하게 하고 또 짐승의 우상에게 경배하지 아니하는 자는 몇이든지 다 죽이게 하더라 저가 모든 자 곧 작은 자나 큰 자나 부자나 빈궁한 자나 자유한 자나 종들로 그 오른손에나 이마에 표를 받게 하고 누구든지 이 표를 가진 자 외에는 매매를 못하게 하니 이 표는 곧 짐승의 이름이나 그 이름의 수라 지혜가 여기 있으니 총명 있는 자는 그 짐승의 수를 세어 보라 그 수는 사람의 수니 육백 육십 륙이니라"(계13:15-18)

성경 창세기 1장에서 하나님은 자기 형상으로 사람을 창조하시고 구원열차를 출발시킨다. 요한 계시록 끝에는 하나님이 세상의 모든 사람들에게 짐승의 표와 어린양의 표를 찍어 구원열차를 멈추게 하신다. 뱀은 하와를 미혹할 때 선악과를 먹으면 하나님처럼 되어 죽지 아니한다고 약속을 한다. 이제 알곡과 가라지가 분리되는 추수 때가 되었다. 알곡과 가라지의 차이는 무엇일까? 하나님의 형상인가? 아니면 짐승의 형상인가? 하나님의 형상을 지킨자는 어린양의 표를 받고 천년왕국을 향한 구원열차를 갈아타고 간다. 짐승의 형상을 가진자는 짐승의 표를 받고 지옥으로 향한 열차를 갈아타고 간다.

사탄은 하나님의 형상으로 지음을 받은 인간들을 미혹하고 두렵게 하여 하나님의 형상을 지우려고 온갖 방법으로 전쟁을 해왔다. 그러나 하나님은 하나 뿐인 아들까지 보내셔서 인간들 속에 있는 하나님의 형상을 지키게 하셨다. 그 마지막 심판이 우리 눈 앞에서 펼쳐지고 있는 것이다.

뱀은 지금까지 사람들의 마음에 가라지를 뿌려 인간의 마음을 황폐하게 하고, 메마르게 하여 자신의 형상처럼 짐승으로 만들어 왔다. 그러나 하나님의 성실하심으로 인간들은 일어날 수 있었다. 사탄은 마지막 방법으로 도박을 하기 시작했다. 더 이상 사람들이 하나님의 말씀을 듣고 회개를 한다든지, 아니면 자신의 죄를 깨닫고 사탄을 떠나가지 못하도록 사람들을 자기의 몸의 일부로 만드는 것이다.

이것이 유전자를 변경시켜 원격으로 조종하는 것이고, 5G 고주파를 사용하여 사람을 원격으로 조정하여 자기 몸과 같이 만드는 것이다. 이것이 바로 짐승의 표, 666이다. 타락한 인간들에게 생노병사를 정복하고 질병에 걸리지 않고 영생불사 한다고 말을 하지만 그것은 현대판 선악과이고 거짓 생명나무 실과이다. 짐승의 표를 받게 되면 하나님의 형상은 지워져 버리고 인간은 동물이 되어 버린다. 하이브리드 인간이 되는 것이다. 겉모양은 사람일지 모르지만 행동은 침팬지, 좀비, 드라큐라와 같은 행동을 하는 것이다. 이것이 마지막 심판때에 일어날 일이다.

나의 사랑하는 부모가, 내가 목숨보다 사랑하는 아들 딸들이 그렇게 된다고 생각을 해 보라! 기가 막힌 일이다. 나의 생명의 본질은 하나님이 나를 처음 창조했을 때 주셨던 하나의 세포 속에 있는 것이다. 내가 지금 3차원의 세상에서 100조개의 세포를 가지고 홀로그램으로 잠시 사는 이유는 하나님의 말씀으로 훈련을 받고 굳게 서서 하나님의 아들로 천년왕국을 기업으로 얻기 위해 시험을 치루고 있는 것이다.

제4장 하나님의 구속사

1. 창세전에 세우신 삼위일체 하나님의 구속의 목적

성부 하나님-창세전에 예정하신 하나님의 아들들

"찬송하리로다 하나님 곧 우리 주 예수 그리스도의 아버지께서 그리스도 안에서 하늘에 속한 모든 신령한 복으로 우리에게 복 주시되 곧 창세 전에 그리스도 안에서 우리를 택하사 우리로 사랑 안에서 그 앞에 거룩하고 흠이 없게 하시려고 그 기쁘신 뜻대로 우리를 예정하사 예수 그리스도로 말미암아 자기의 아들들이 되게 하셨으니 이는 그의 사랑하시는 자 안에서 우리에게 거저 주시는바 그의 은혜의 영광을 찬미하게 하려는 것이라"(엡1:3-6)

하나님은 창세전에 우리를 하나님의 아들 예수 그리스도 안에서 하나님의 거룩하고 흠이 없는 아들들이 되게 하셨다. 이는 거저 주시는 바 그의 은혜의 영광을 찬미하게 하는 것이다.

"하나님이 미리 아신 자들로 또한 그 아들의 형상을 본받게 하기 위하여 미리 정하셨으니 이는 그로 많은 형제 중에서 맏아들이 되게 하려 하심이니라 또 미리 정하신 그들을 또한 부르시고 부르신 그들을 또한 의롭다 하시고 의롭다 하신 그들을 또한 영화롭게 하셨느니라"(롬8:29-30)

하나님의 구속의 섭리 목적은 우리를 하나님의 아들 예수님의 형상을 닮은 아들들이 되게 하여 영화롭게 하는 것이다.

성자 예수님-창세전에 예정하신 교회와 천년왕국

"우리가 그리스도 안에서 그의 은혜의 풍성함을 따라 그의 피로 말미암아 구속 곧 죄 사함을 받았으니 이는 그가 모든 지혜와 총명으로 우리에게 넘치게 하사 그 뜻의 비밀을 우리에게 알리셨으니 곧 그 기쁘심을 따라 그리스도 안에서 때가 찬 경륜을 위하여 예정하신 것이니 하늘에 있는 것이나 땅에 있는 것이 다 그리스도 안에서 통일되게 하려 하심이라 모든 일을 그 마음의 원대로 역사하시는 자의 뜻을 따라 우리가 예정을 입어 그 안에서 기업이 되었으니 이는 그리스도 안에서 전부터 바라던 우리로 그의 영광의 찬송이 되게 하려 하심이라" (엡1:7-12)

"교회는 그의 몸이니 만물 안에서 만물을 충만케 하시는 자의 충만이니라"(엡1:23)

예수님의 구속의 비밀은 교회를 피를 흘려 값주고 사신 것이다. 이는 아담의 희생을 통해 하와가 나온 것과 같다. 예수님의 십자가의 대속의 피로 예수님의 몸 된 교회가 탄생하는 것이다. 교회의 비밀은 만물을 충만하게 하는 예수님의 충만이다. 땅이 혼돈하고 공허할 때 빛을 창조하시므로 천지창조를 시작하셨듯이 예수님의 재림과 심판으로 또 다시 땅이 혼돈하고 공허할 때 예수님은 교회를 통해서 새로운 하늘과 땅을 창조하신다. 이것이 천년왕국이다. 하나님의 구속 섭리의 목적은 예수님의 십자가의 구속을 통해 구원을 받은 성도들에게 창세전부터 예정하신 하늘과 땅이 통일 되는 천년왕국을 기업으로 주셔서 통치하게 하는 것이다.

"예수께서 가라사대 내가 진실로 너희에게 이르노니 세상이 새롭게 되어 인자가 자기 영광의 보좌에 앉을 때에 나를 좇는 너희도 열 두 보좌에 앉아 이스라엘 열 두 지파를 심판하리라" (마19:28)

"이 첫째 부활에 참예하는 자들은 복이 있고 거룩하도다 둘째 사망이 그들을 다스리는 권세가 없고 도리어 그들이 하나님과 그리스도의 제사장이 되어 천년 동안 그리스도로 더불어 왕노릇 하리라"(계20:6)

성령 하나님-창세전에 예정하신 새 예루살렘 성전

"그 안에서 너희도 진리의 말씀 곧 너희의 구원의 복음을 듣고 그 안에서 또한 믿어 약속의 성령으로 인치심을 받았으니 이는 우리의 기업에 보증이 되사 그 얻으신 것을 구속하시고 그의 영광을 찬미하게 하려 하심이라" (엡1:13-14)

"너희가 하나님의 성전인 것과 하나님의 성령이 너희 안에 거하시는 것을 알지 못하느뇨 누구든지 하나님의 성전을 더럽히면 하나님이 그 사람을 멸하시리라 하나님의 성전은 거룩하니 너희도 그러하니라"(고전3:16-17)

"또 내가 새 하늘과 새 땅을 보니 처음 하늘과 처음 땅이 없어졌고 바다도 다시 있지 않더라 또 내가 보매 거룩한 성 새 예루살렘이 하나님께로부터 하늘에서 내려오니 그 예비한 것이 신부가 남편을 위하여 단장한 것 같더라 성안에 성전을 내가 보지 못하였으니 이는 주 하나님 곧 전능하신 이와 및 어린 양이 그 성전이심이라 그 성은 해나 달의 비췸이 쓸데 없으니 이는 하나님의 영광이 비취고 어린 양이 그 등이 되심이라 만국이 그 빛 가운데로 다니고 땅의 왕들이 자기 영광을 가지고 그리로 들어오리라" (계21:1-2,22-24)

창세전에 예수 믿고 구원 받은 성도들을 성령께서 인치시고 보증하사 성전으로 삼으시고 동거하실 것을 예정 하셨다. 이것이 구약에서는 성민으로 이스라엘이었고 신약에서는 성전인 교회이다. 그리고 최종적으로 완성된 성전이 바로 새 예루살렘이다.

2. 아담을 통한 구속의 섭리

아담, 에덴을 통치하다

"하나님이 가라사대 우리의 형상을 따라 우리의 모양대로 우리가 사람을 만들고 그로 바다의 고기와 공중의 새와 육축과 온 땅과 땅에 기는 모든 것을 다스리게 하자 하시고 하나님이 자기 형상 곧 하나님의 형상대로 사람을 창조하시되 남자와 여자를 창조하시고 하나님이 그들에게 복을 주시며 그들에게 이르시되 생육하고 번성하여 땅에 충만하라, 땅을 정복하라, 바다의 고기와 공중의 새와 땅에 움직이는 모든 생물을 다스리라 하시니라”(창1:26-28)

하나님의 구속 역사의 시작은 에덴동산의 통치로부터 시작된다. 성삼위 하나님께서 인간을 자기형상으로 남자와 여자를 창조하시고 하늘과 땅과 바다에 있는 모든 피조물을 다스리게 하셨다. 아담의 통치 안에는 뱀도 포함되어 있다. 그러나 아담은 결국 뱀을 다스리지 못하고 하와를 통해 미혹을 받아 타락하고 말았다.

아담이 에덴동산에서 추방되었다는 의미

“여호와 하나님이 가라사대 보라 이 사람이 선악을 아는 일에 우리 중 하나 같이 되었으니 그가 그 손을 들어 생명나무 실과도 따먹고 영생할까 하노라 하시고 여호와 하나님이 에덴동산에서 그 사람을 내어 보내어 그의 근본된 토지를 갈게 하시니라 이같이 하나님이 그 사람을 쫓아 내시고 에덴동산 동편에 그룹들과 두루 도는 화염검을 두어 생명나무의 길을 지키게 하시니라”(창3:22-24)

에덴 동산 안에는 선악과와 생명나무가 있다. 하나님께서 타락한 아담을 에덴에서 쫓아내신 이유는 타락한 아담이 생명나무 실과를 따먹고 영생할까 염려하셨기 때문이다. 에덴동산에서 쫓겨난 아담은 그의 근본인 토지를 갈게 하셨다. 에덴동산과 쫓겨나서 토지를 갈게되는 장소는 많은 차이가 있다. 아담은 타락함으로 결국 흙으로 돌아간 저주를 받고 땅에서 나온 열매를 먹고 살기 위해 땀을 흘려야 했던 것이다. 이것을 세상이라고 한다.

그런데 요한 계시록 22장에 보면 하나님의 통치 보좌에 생명나무가 있다. 그렇다면 에덴동산이 하나님께서 아담에게 허락하신 피조세계의 통치보좌였던 것이다. 결국 아담은 뱀에게 속아 죄를 짓고 하나님께서 허락하신 통치보좌에서 쫓겨나게 된 것이다. 그러나 예수님은 승리한 교회와 함께 통치 보좌에 앉아 다시 다스리게 되는 것이 천년왕국이다. 에덴의 통치의 회복인 것이다.

사단에게 넘어간 하늘과 땅의 모든 권세

"마귀가 또 예수를 이끌고 올라가서 순식간에 천하 만국을 보이며 가로되 이 모든 권세와 그 영광을 내가 네게 주리라 이것은 내게 넘겨준 것이므로 나의 원하는 자에게 주노라 그러므로 네가 만일 내게 절하면 다 네 것이 되리라 예수께서 대답하여 가라사대 기록하기를 주 너의 하나님께 경배하고 다만 그를 섬기라 하였느니라"(눅 4:5-8)

사단은 예수님을 시험할 때 단숨에 천하만국의 권세와 영광을 보이며 절하면 넘겨 주겠다고 한다. 그러면서 자신도 그것을 넘겨 받은 것이라고 한다. 아담이 뱀에게 미혹을 받아 죄를 범하므로 아담은 결국 하나님께서 자신에게 주신 모든 권세와 영광을 사단에게 빼앗기고 자신 또한 사단의 종이 된 것이다. 그리고 세상은 아담이 통치하는 나라에서 사단이 통치하는 나라로 변한 것이다. 아담이 타락할 때 세상의 모든 것, 자연만물까지도 타락하여 사단의 소유가 되어 버린 것이다. 그래서 구속이란 아담의 구원 뿐 아니라 우주만물의 회복까지 포함된 것이다.

예수님께서 말씀하신 세상이란 정의

"내가 아버지의 말씀을 그들에게 주었사오매 세상이 그들을 미워하였사오니 이는 내가 세상에 속하지 아니함 같이 그들도 세상에 속하지 아니함으로 인함이니이다"(요17:14)

"예수께서 대답하시되 내 나라는 이 세상에 속한 것이 아니라 만일 내 나라가 이 세상에 속한 것이었더면 내 종들이 싸워 나로 유대인들에게 넘기우지 않게 하였으리라 이제 내 나라는 여기에 속한 것이 아니니라"(요18:36)

예수님은 세상을 악하다 증거 하셨다. 자신도 세상에 있으나 세상에 속하지 아니하였고, 제자들 역시 세상에 속한 자들이 아니라고 하셨다. 그래서 세상이 제자들을 미워한다고 하셨다. 사도 요한 역시 세상은 악한 자에게 처해 있으며, 세상에 있는 모든 것들이 죄라고 하였다.

"또 아는 것은 우리는 하나님께 속하고 온 세상은 악한 자 안에 처한 것이며"(요일5:19)

"이 세상이나 세상에 있는 것들을 사랑치 말라 누구든지 세상을 사랑하면 아버지의 사랑이 그 속에 있지 아니하니 이는 세상에 있는 모든 것이 육신의 정욕과 안목의 정욕과 이생의 자랑이니 다 아버지께로 좇아 온 것이 아니요 세상으로 좇아 온 것이라 이 세상도, 그 정욕도 지나가되 오직 하나님의 뜻을 행하는 이는 영원히 거하느니라"(요일2:15-17)

하나님이 허락하신 세상이란 조직

세상임금 사단

"예수께서 대답하여 이르시되 이 소리가 난 것은 나를 위한 것이 아니요 너희를 위한 것이니라 이제 이 세상에 대한 심판이 이르렀으니 이 세상의 임금이 쫓겨나리라"(요12:30-31)

세상의 임금은 사단이다. 하나님께서는 죄를 범한 죄인들을 그에게 맡겨서 통치하게 하셨다. 이것이 세상이란 조직이다.

정사, 권세, 어두움의 세상 주관자

"우리의 씨름은 혈과 육에 대한 것이 아니요 정사와 권세와 이 어두움의 세상 주관자들과 하늘에 있는 악의 영들에게 대함이라"(엡6:12)

세상의 임금인 사단은 정사와 권세와 어두움의 세상 주관자들을 통해서 세상을 다스린다. 이것이 세상이란 매카니즘이다.

공중의 권세 잡은 자

"그 때에 너희가 그 가운데서 행하여 이 세상 풍속을 좇고 공중의 권세 잡은 자를 따랐으니 곧 지금 불순종의 아들들 가운데서 역사하는 영이라 전에는 우리도 다 그 가운데서 우리 육체의 욕심을 따라 지

내며 육체와 마음의 원하는 것을 하여 다른이들과 같이 본질상 진노의 자녀이었더니"(엡2:2-3)

사단은 공중의 권세를 잡은 자를 통해서 세상을 다스린다. 이들은 불순종의 아들들 가운데 역사하는 영들이라고 하였다. 이들이 죄인 한 사람 한 사람을 완벽하게 통치를 한다. 이들로부터 벗어나기 위해서는 반드시 죄를 속함 받아야 한다. 그 방법 외에는 그들의 통제에서 벗어날 수 없다.

마귀의 자녀들인 바리새파 유대인

"너희는 너희 아비 마귀에게서 났으니 너희 아비의 욕심을 너희도 행하고자 하느니라 저는 처음부터 살인한 자요 진리가 그 속에 없으므로 진리에 서지 못하고 거짓을 말할 때마다 제 것으로 말하나니 이는 저가 거짓말장이요 거짓의 아비가 되었음이니라"(요8:44)

예수님은 바리새파 유대인들을 마귀에게서 난 자식들이라고 하셨다. 그래서 마귀와 같은 일을 한다고 하셨다. 세상에는 바리새파 유대인들처럼 마귀에게 속하여 처음부터 거짓말하고 처음부터 살인한 자들이 있다.

놀라운 사실은 사단의 세력들이 영적으로만 존재하는 것이 아니라 육체적으로 존재한다. 이들은 우리와 똑같은 인간의 모습으로 우리 속에 함께 살고 있다. 그러나 그들은 완전히 보통 인간과 다르다. 이들을 사단의 세력들이라고 한다. 바로 비밀결사들이다. 성경은 이들에 의해서 세상이 통치되고 있다고 말한다. 일곱 머리 열 뿔 제국들이다. 성경은 이들을 자칭 유대인으로 사단의 회라고 하였다. 바리새파 유대인들이다.

바리새파 유대인들의 정체

바리새파 유대인들은 가짜 유대인들이다. 이들은 가나안 7족속의 후예들이다. 이들의 조상은 가인과 네피림으로 노아의 아들 함의 후손들이다. 니므롯은 최초의 배도자이다. 함의 네 명의 아들 중 구스는 에디오피아, 미스라임은 이집트, 붓은 리비아의 조상이 되었다. 함의 마지막 아들로 가나안은 일곱 아들을 낳았다. 가나안의 아들 아모리는 바벨론, 헷은 앗수르 조상이 되었다. 바리새파 유대인들은 바벨론 포로기간 중에 배도한 유대인들로 바벨론 바알 종교를 받아들이고 바벨론과 페르시아에서 득세를 한 무리들이다.

이들은 사단 숭배의 밀교 책인 탈무드를 사용하여 지금까지 전 문명 세계를 지배하고 있다. 바리새파 유대인이란 이름은 단편적으로 종교적인 의미로 사용된 것 같지만 넓은 의미로는 가짜 유대인들을 상징한 이름으로 사용된다. 성경에 나온 일곱 머리 열 뿔 제국의 주류 세력들이다. 애굽, 앗수르, 바벨론, 페르시아, 그리스, 로마, 그리고 마지막 적그리스도의 나라인 미국이다.

바리새파 유대인들은 가짜 유대인들로 지금도 인신제사와 밀교를 통해서 루시퍼를 섬기는 자들이다. 큐아논(Qanon)이란 미국의 사설 정보국이 폭로한 피자게이트, 아동성애자 사건 등은 모두 밀교에서 일어나고 있는 어린아이 인신제사 의식이기도 하다. 트럼프가 맹렬하게 공격하고 있는 글로벌리스트들은 마약사건 관련자, 아동성착취자, 학대받은 어린아이 피에서 적출한 아드레노크롬이란 회춘 묘약제(妙藥劑)들을 마시는 자들이다.

가나안의 7족속들은 붉은 빛 자주 옷감을 만들어 파는 상인들로 최초로 3000년 전에 동전 화폐와 페니키아 알파벳 22개를 만들어 사용하였다. 이들은 베니게 비블로스 항구를 출발하여 지중해 해상 무역을 장악하고 카르타고, 베네치아, 네델란드, 영국을 거쳐 오늘의 미국에 정착하였다. 특히 카르타고가 로마에 망할 때 대거 가짜 유대인으로 신분세탁을 하고 베네치아, 제노바, 제네바, 밀라노, 피렌체 등으로 도망하여 문예부흥 르네상스를 통해 중세를 무너뜨리고 문명 시대를 장악하였다. 가나안 후예들이 육지로는 중앙 아시아에 최초로 공산주의 유대국가인 하자르 공화국을 세우고 11세기 초에 러시아 블라디미르 왕자에게 망할 때 독일, 헝가리, 폴란드 등으로 흩어져 살다가 1917년 볼세비키 혁명을 통해서 러시아를 공산화 시키고 오늘의 세계문명의 주인공들이 되었다.

또 하나의 루트는 주후 70년 예루살렘이 로마에게 망할 때 프랑스 남부와 스페인으로 도망한 바리새파 유대인들이 고트족들과 함께 주후 476년 서로마를 멸망시키고 496년 프랑크 왕국을 세웠다. 프랑크 왕국을 세운 클로비스는 형식적인 세례를 받고 기독교 로마 교구를 장악한다. 이것이 프랑크 초대 왕조인 메로빙거 왕조이다. 주후 800년 카로링거 왕조와 960년 오토1세 바바리아 왕조, 1273년 루돌프 1세의 합스부르크 왕조가 모두 가짜 유대인들의 혈통을 가진 메로빙거 왕조의 후손들이다.

오늘날 미국과 유럽 전체가 하나가 되어 신세계질서를 구축하고 있는 이유는 이들 모두가 같은 로열 블러드(Royal Blood) 혈통들이다. 이것이 적그리스도의 유전자의 비밀이다. 이들은 유럽 모든 나라의 왕족들과 정치, 경제, 종교, 권력을 가진 지배층으로 로열 블러드 유전자라고 한다. 일루미나티 13혈통들이다.

3. 하늘과 땅의 모든 권세를 다시 찾아오신 예수님

하늘과 땅의 모든 권세를 회복하신 예수님

"예수께서 나아와 일러 가라사대 하늘과 땅의 모든 권세를 내게 주셨으니 그러므로 너희는 가서 모든 족속으로 제자를 삼아 아버지와 아들과 성령의 이름으로 세례를 주고 내가 너희에게 분부한 모든 것을 가르쳐 지키게 하라 볼찌어다 내가 세상 끝날까지 너희와 항상 함께 있으리라 하시니라"(마28:18-20)

만물위에 뛰어난 교회의 머리되신 예수님

"그 능력이 그리스도 안에서 역사하사 죽은 자들 가운데서 다시 살리시고 하늘에서 자기의 오른편에 앉히사 모든 정사와 권세와 능력과 주관하는 자와 이 세상뿐 아니라 오는 세상에 일컫는 모든 이름 위에 뛰어나게 하시고 또 만물을 그 발 아래 복종하게 하시고 그를 만물 위에 교회의 머리로 주셨느니라"(엡1:20-22)

음부의 권세를 이기신 예수님

"또 내가 네게 이르노니 너는 베드로라 내가 이 반석 위에 내 교회를 세우리니 음부의 권세가 이기지 못하리라 내가 천국 열쇠를 네게 주리니 네가 땅에서 무엇이든지 매면 하늘에서도 매일 것이요 네가 땅에서 무엇이든지 풀면 하늘에서도 풀리리라 하시고"(마16:18-19)

세상을 이기신 예수님

"이것을 너희에게 이름은 너희로 내 안에서 평안을 누리게 하려함이라 세상에서는 너희가 환난을 당하나 담대하라 내가 세상을 이기었노라 하시니라"(요16:33)

예수님은 아담이 죄를 짓고 빼앗긴 세상 통치권력을 사단으로부터 다시 합법적으로 빼앗아 오셨다.

4. 구원 받는다고 하는 의미는 무엇인가?

세상과 완전한 분리

구원이란 모세라는 의미로 물에서 건져 냈다는 뜻이다. 즉 세상에서 건짐을 받았다는 말이다. 물에서 건짐을 받았다는 의미는 물에 떠 있는 배안에 들어와 있다는 의미이다. 여기에서 배는 교회를 말한다. 물안에서 허우적 거리면서 구원을 받았다고 하는 말은 구원의 의미와 다르다. 세상과 완전한 분리된 삶과 신분을 말한다. 비록 구원 받은 성도들이 세상에서 죄를 범하고 살지만 끊임없이 깨어서 죄를 자백하고 씻어내는 과정을 계속함으로 세상과 구별된 삶을 살 수 있어야 하는 것이다.

어두움에서 빛으로 사단의 권세에서 하나님께로 돌아가는 것

"그 눈을 뜨게 하여 어두움에서 빛으로, 사단의 권세에서 하나님께로 돌아가게 하고 죄 사함과 나를 믿어 거룩케 된 무리 가운데서 기업을 얻게 하리라 하더이다"(行26:18)

하나님께서 사도 바울에게 사명을 주시면서 구원의 의미를 가르쳐 주셨다. 구원의 의미는 세 가지이다. 눈을 떠서 어두움에서 빛으로 옮긴 것이다. 이것은 위치적인 변화이다. 어두움의 세상에서 광명한 세상으로 나가는 것이다. 구원 받기 전에는 무지해서 세상의 것들에 묶여 살았지만 빛으로 옮겨진 후에는 세상의 헛된 것들을 파하며 살아가는 것이다.

사단의 권세에서 하나님께로 돌아간다는 의미는 영적인 변화인데 사단의 자녀가 하나님의 자녀로 변했다는 것이다.

세 번째는 기업의 변화이다. 죄사함과 예수님을 믿어 거룩하게 된 무리가운데서 기업을 얻은 것이다. 구원 받기 전에는 세상에서 기업을 얻었다. 그러나 구원 받고 난 후에는 구원 받은 성도들 안에서 기업을 얻는 것이다. 이것이 바로 공동체 교회안에서 얻은 기업이다. 구원 받기 전에는 세상에서 나의 소유가 나의 기업이었지만 구원 받고 난 후에는 교회안에서 다른 지체를 섬기는 것이 나의 기업이 된 것이다. 초대 예루살렘 성도들은 성령 강림 이후에 모든 사람들이 자기의 소유를 아무도 자기 것이라고 주장하지 않고 함께 나누는 삶의 제사를 드렸다. 이것이 교회안에서 누리는 기업이다. 이것의 결국은 천년왕국에서 영원한 기업으로 주어질 것이다.

사망의 세력을 잡은 마귀에게서 해방되는 것

"자녀들은 혈육에 함께 속하였으매 그도 또한 한 모양으로 혈육에 함께 속하심은 사망으로 말미암아 사망의 세력을 잡은 자 곧 마귀를 없이 하시며 또 죽기를 무서워하므로 일생에 매여 종노릇하는 모든 자들을 놓아 주려 하심이니 이는 실로 천사들을 붙들어 주려 하심이 아니요 오직 아브라함의 자손을 붙들어 주려 하심이라 그러므로 저가 범사에 형제들과 같이 되심이 마땅하도다 이는 하나님의 일에 자비하고 충성된 대제사장이 되어 백성의 죄를 구속하려 하심이라 자기가

시험을 받아 고난을 당하셨은즉 시험 받는 자들을 능히 도우시느니라"(히2:14-18)

구원의 의미는 사망의 세력을 잡은 마귀에게서 해방된 것을 말한다. 세상 사람들은 죽기를 무서워하므로 마귀에게 종노릇하고 사는 것이다. 그러나 그리스도인들은 죽기를 무서워해서 사는 것이 아니라 하나님을 사랑하고 형제를 사랑하기 위해 사는 것이다.

5. 어떻게 영적인 싸움을 싸우는가?

분명히 아담이 타락한 이후 세상에서는 영적인 싸움이 시작되었다. 세상 임금인 사단 마귀와 그를 따르는 어두움의 세상 주관자들과 하나님의 택한 백성들의 싸움이 시작된 것이다. 그렇다면 어떻게 영적인 싸움을 싸워야 하는가? 지난 2000년 동안 역사적 기독교는 수많은 종교전쟁을 했다. 그리고 수많은 사람들이 죽었다. 과연 기독교가 이 세상에서 전쟁을 하여 반대편을 죽이고 기독교 국가를 세우는 것이 합당한가? 지금도 기독교는 공산주의자들과 전쟁을 하고 있다. 과연 그것이 성경적으로 합당하고 예수님께서 가르쳐 주신 하나님의 나라에 대한 올바른 해석인가?

혈과 육의 싸움이 아니다

"우리의 씨름은 혈과 육에 대한 것이 아니요 정사와 권세와 이 어두움의 세상 주관자들과 하늘에 있는 악의 영들에게 대함이라"(엡6:12)

성경은 영적 싸움은 혈과 육에 대한 싸움이 아니라고 했다. 영적인 싸움이라는 것이다. 영적인 싸움이란 무엇인가? 또 영적인 싸움은 어떻게 하는가? 영적인 싸움은 눈에 보이지 않는 영들과의 싸움이다. 어떻게 싸워야 하는가? 하나님의 말씀으로 싸워야 한다. 혈과 육의 싸움은 무엇인가? 이 세상의 것들을 위해 싸우는 것이다. 세상의 헤게모니 싸움을 하는 것이다. 이 세상의 물질을 위해 싸우는 것이다. 감정이나 탐욕 때문에 싸우는 것이 혈과 육의 싸움이다.

선한 싸움을 해야 한다

"내가 선한 싸움을 싸우고 나의 달려갈 길을 마치고 믿음을 지켰으니 이제 후로는 나를 위하여 의의 면류관이 예비되었으므로 주 곧 의로우신 재판장이 그 날에 내게 주실 것이니 내게만 아니라 주의 나타나심을 사모하는 모든 자에게니라"(딤후4:7-8)

사도 바울은 성도들은 선한 싸움을 해야 한다고 했다. 자신도 역시 선한 싸움을 했다. 선한 싸움은 복음을 전하기 위해 싸우는 싸움이다. 절대적인 복음을 전하기 위해 모든 장애물을 제거하는 것이 선한 싸움이다. 이것은 나 자신과의 싸움인 것이다. 나를 쳐서 복종시키고 나를 한 알의 썩어진 밀알로 드리는 싸움이다.

어떻게 선한 싸움을 싸우는가?

"사환들아 범사에 두려워함으로 주인들에게 순복하되 선하고 관용하는 자들에게만 아니라 또한 까다로운 자들에게도 그리하라 애매히 고난을 받아도 하나님을 생각함으로 슬픔을 참으면 이는 아름다우나 죄가 있어 매를 맞고 참으면 무슨 칭찬이 있으리요 오직 선을 행함으로 고난을 받고 참으면 이는 하나님 앞에 아름다우니라 이를 위하여 너희가 부르심을 입었으니 그리스도도 너희를 위하여 고난을 받으사 너희에게 본을 끼쳐 그 자취를 따라 오게 하려 하셨느니라 저는 죄를 범치 아니하시고 그 입에 궤사도 없으시며 욕을 받으시되 대신 욕하지 아니하시고 고난을 받으시되 위협하지 아니하시고 오직 공의로 심판하시는 자에게 부탁하시며 친히 나무에 달려 그 몸으로 우리 죄를 담당하셨으니 이는 우리로 죄에 대하여 죽고 의에 대하여 살게 하려 하심이라 저가 채찍에 맞음으로 너희는 나음을 얻었나니 너희가 전에는 양과 같이 길을 잃었더니 이제는 너희 영혼의 목자와 감독 되신 이에게 돌아왔느니라"(벧전2:18-25)

선한 싸움은 선을 행하고 고난을 받은 것이다. 욕을 받고도 욕을 하지 않으며, 고난을 당해도 위협하지 않는 것이다. 나에게 고통을 주는 자들의 죄를 갚아 주지 아니하고 내 자신이 담당하고 용서하는 것이다. 이것이 선한 싸움이다.

"너희를 핍박하는 자를 축복하라 축복하고 저주하지 말라 즐거워하는 자들로 함께 즐거워하고 우는 자들로 함께 울라 서로 마음을 같이 하며 높은데 마음을 두지 말고 도리어 낮은데 처하며 스스로 지혜 있는체 말라 아무에게도 악으로 악을 갚지 말고 모든 사람 앞에서 선한 일을 도모하라 할 수 있거든 너희로서는 모든 사람으로 더불어 평화하라 내 사랑하는 자들아 너희가 친히 원수를 갚지 말고 진노하심에 맡기라 기록되었으되 원수 갚는 것이 내게 있으니 내가 갚으리라고 주께서 말씀하시니라 네 원수가 주리거든 먹이고 목마르거든 마시우라 그리함으로 네가 숯불을 그 머리에 쌓아 놓으리라 악에게 지지 말고 선으로 악을 이기라"(롬12:14-21)

선한 싸움은 핍박자를 위해 기도하는 것이다. 악을 악으로 갚지 않고 선으로 악을 이기는 것이다. 원수를 사랑하고 위해 하나님께 맡겨드리는 것이다. 원수가 주릴 때 먹이고 목마를 때 마시게 하는 것이다. 이것으로 내가 참 그리스도인이란 사실을 증명하는 것이다. 이런 싸움은 아무나 할 수 없다. 예수님의 부활의 생명을 가진 자 만이 할 수 있다. 천국의 시민권을 가진 자들만이 할 수 있는 것이다. 만일 그리스도인들이 악을 악으로 갚고 자기를 사랑하는 자들만 사랑한다면 그 사람은 진정 그리스도인이라 할 수 없다. 왜냐하면 예수님은 그렇게 사시지 않으셨기 때문이다.

마지막 때 기독교가 세상에서 수많은 핍박과 미움을 받게 된다. 왜 하나님은 그런 고통을 성도들이 받도록 하실까? 그것은 그리스도인의 정체성을 정확하게 확인하는 과정이고, 멸망 받을 세상으로부터 분리시키시는 작업이기도 하다. 이런 성도들의 희생적인 삶은 본능적으로 이루어지지 않는다. 오직 깨어 있는 자들만이 할 수 있는 것이다. 그래서 말세에 사는 성도는 정신을 차리고 근신하여 항상 깨어 있어야 하는 것이다. 값을 지불하지 않고는 말씀으로 살아갈 수 없는 것이다.

6. 왜 우리는 선한 싸움을 싸우고 악한 싸움을 해서는 안되는가?

우리의 시민권이 하늘에 있기 때문이다

"오직 우리의 시민권은 하늘에 있는지라 거기로서 구원하는 자 곧 주 예수 그리스도를 기다리노니 그가 만물을 자기에게 복종케 하실 수 있는 자의 역사로 우리의 낮은 몸을 자기 영광의 몸의 형체와 같이 변케 하시리라"(빌3:20-21)

하늘의 시민권을 가진 자들은 하늘의 법대로 사는 자들이다. 하늘에 시민권을 가진 자들이 세상의 시민권을 가진 자들과 싸움을 한다면 그 사람은 진정 하늘의 시민권자가 아닐 것이다.

구원 받은 성도는 이 세상에서 나그네와 행인이기 때문이다

"사랑하는 자들아 나그네와 행인 같은 너희를 권하노니 영혼을 거스려 싸우는 육체의 정욕을 제어하라"(벧전2:11)

성도가 세상을 살아가는 것은 나그네와 행인과 같은 존재라고 사도 베드로는 말한다. 왜냐하면 이 세상은 다 망하고 없어지기 때문이다. 나그네가 욕심을 부리고 무거운 짐을 지고 간다면 그는 멀리 가지 못할 것이다. 나그네가 현실에 집착하여 만나는 사람마다 싸움을 한다면 그는 더 이상 나그네 길을 가지 못할 것이다. 나그네는 좀 불편해도, 마음에 원망과 불평이 쌓여도 그냥 지나가는 존재이다. 왜 목적지에 도착하면 편하게 지낼 수 있기 때문이다. 목이 좀 말라도, 배가 좀 고파도 참고 가는 존재가 나그네이다.

예수님의 나라가 이 세상에 속한 것이 아니기 때문이다

"예수께서 대답하시되 내 나라는 이 세상에 속한 것이 아니라 만일 내 나라가 이 세상에 속한 것이었더면 내 종들이 싸워 나로 유대인들에게 넘기우지 않게 하였으리라 이제 내 나라는 여기에 속한 것이 아

니니라"(요18:36)

예수님은 빌라도가 왜 너는 유대인의 왕이면서 저들과 싸움을 하지 않느냐고 물을 때 예수님은 내 나라가 이 세상에 속하지 않기 때문이라고 답하셨다. 예수님은 만일 내 나라가 이 세상에 속한 것이라면 내 종들이 싸워 자신을 붙잡아 가지 못하게 하였을 것이라고 하셨다. 예수님은 성도들 마음에 하나님의 나라를 세우시기 위해 십자가에 돌아가신 것이다.

7. 선한 싸움을 싸우므로 어떤 결과가 나오는가?

예수님의 신부인 새 예루살렘으로 단장된다

"또 내가 새 하늘과 새 땅을 보니 처음 하늘과 처음 땅이 없어졌고 바다도 다시 있지 않더라 또 내가 보매 거룩한 성 새 예루살렘이 하나님께로부터 하늘에서 내려오니 그 예비한 것이 신부가 남편을 위하여 단장한 것 같더라"(계21:1-2)

신부는 남편을 위해 아름다운 세마포 옷과 보석과 향수로 단장을 한다. 온갖 아름다운 것들로 장식을 하고 몸단장을 한다. 이처럼 교회도 신랑이신 예수님을 만나기 위해 단장을 한다. 이 세상이란 곳에서 떠나기 전에 단장을 해야 한다. 세상에서 떠난 후로는 단장 할 수 없기 때문이다. 육체를 가지고 있는 동안 녹아지고 연단을 받아 정금처럼 단련이 되어서 아름다운 예수님의 신부로 단장을 하는 것이다. 놀라운 것은 결혼식을 앞둔 신부는 부모님과 여러 사람들을 통해서 단장을 한다. 물론 자신이 단장하는 것도 있지만 대사를 위해 많은 사람들이 동원된다. 메이크 업, 피부관리, 드레스, 향수, 장식품 등 수많은 전문가들의 도움을 받아 아름다운 신부로 단장을 하고 결혼식장에 등장을 한다. 교회도 역시 수많은 사람들의 손길을 통해서 단장을 한다. 하나님 아버지께서 주권적으로 역사하셔서 신부단장을 시키시는 것이다.

신부가 입을 빛나고 깨끗한 세마포 옷을 만들어 준다

"우리가 즐거워하고 크게 기뻐하여 그에게 영광을 돌리세 어린 양의 혼인 기약이 이르렀고 그 아내가 예비하였으니 그에게 허락하사 빛나고 깨끗한 세마포를 입게 하셨은즉 이 세마포는 성도들의 옳은 행실이로다 하더라"(계19:7-8)

놀라운 것은 새예루살렘인 신부가 입고 있는 빛나고 깨끗한 세마포 옷은 성도들의 옳은 행실이라고 하셨다. 무슨 행실일까? 때로는 성도가 선한 싸움을 하다 보면 속이 상할 때가 있다. 지칠 때도 있다. 왜 이렇게 손해만 보고, 굴욕적인 삶을 살아야 하는지에 대하여 괴로울 때도 있다. 그러나 하늘에서 내려 오는 새 예루살렘의 빛나고 깨끗한 세마포 옷은 성도들의 옳은 행실에서 만들어진 것이다. 누구를 위해 사랑하고, 희생하는가? 누구를 위해 용서하고 핍박자를 위해 기도하는가? 누구를 위해 구제하고 나의 양식을 허비하는가? 이것은 곧 나를 위한 것이다. 이 모든 행실을 통해서 내가 입을 빛나고 깨끗한 세마포 옷이 준비되는 것이다.

하나님의 아들이 된다

"또 네 이웃을 사랑하고 네 원수를 미워하라 하였다는 것을 너희가 들었으나 나는 너희에게 이르노니 너희 원수를 사랑하며 너희를 핍박하는 자를 위하여 기도하라 이같이 한즉 하늘에 계신 너희 아버지의 아들이 되리니 이는 하나님이 그 해를 악인과 선인에게 비취게 하시며 비를 의로운 자와 불의한 자에게 내리우심이니라 너희가 너희를 사랑하는 자를 사랑하면 무슨 상이 있으리요 세리도 이같이 아니하느냐 또 너희가 너희 형제에게만 문안하면 남보다 더 하는 것이 무엇이냐 이방인들도 이같이 아니하느냐 그러므로 하늘에 계신 너희 아버지의 온전하심과 같이 너희도 온전하라"(마5:43-48)

기독교 구원은 단지 천국에 가서 영원히 사는 정도가 아니다. 기독교 구원은 예수 믿고 구원받은 성도 한 사람 한 사람이 하늘에 계신 아버지의 온전하신 것처럼 온전하게 되는 것이다. 이것이 창세전에 하나님 아버지께서 예정하신 것이다. 많은 사람들이 기독교의 구원을 다른 종교처럼 단편적으로 이해를 한다. 이 세상에서는 예수 믿고 복을 받아 편하게 살고 죽어서는 천국에서 영원히 사는 정도로 이해를 한다.

그렇지 않다. 기독교 구원은 더 넓고 깊은 의미가 있다. 기독교 구원은 성도가 하나님의 아들들이 되고, 예수님의 신부가 되고, 성령께서 함께 동거하시는 성령의 전이 되는 것이다. 그러므로 구원 받은 성도는 여러가지 환난과 고난이라는 과정을 통해서 연단을 받아 녹아져서 정금처럼 만들어져야 하는 것이다. 이것이 성도들이 마지막으로 거쳐야 할 환난인 것이다.

아무리 착한 사람도 자신을 죽이려 하거나 재산을 빼앗으려 하는 사람이 있다면 더 이상 그 사람에게 착한 행실을 보일 수 없을 것이다. 아무리 너그럽고 이해심이 많아도 계속해서 핍박하고 모욕을 주는 사람에 대하여 관대함을 지킬 수 없을 것이다. 세상에서는 자기를 사랑하는 사람을 사랑하고, 자신을 귀하게 여겨 주는 사람을 귀하게 여겨준다. 그러나 하나님의 아들들은 그 정도만으로는 안된다. 그 이상을 해야 한다. 왜냐하면 하늘의 아버지께서 그렇지 않으시기 때문이다. 악인과 선인에게 햇빛과 공기를 주듯이 하늘에 계신 아버지의 아들들도 핍박자를 위해 기도하고 원수를 사랑해야 하는 수준까지 이르러야 한다. 그렇게 되려면 내 안에 있는 욕심과 탐욕과 교만과 자존심이 녹아지고 연단을 받아 사라져야 하는 것이다. 이것이 바로 성도들이 세상에서 선을 행하고 고난을 받아야 하는 이유이다.

거룩한 성전이 된다

“그 열 두 문은 열 두 진주니 문마다 한 진주요 성의 길은 맑은 유리 같은 정금이더라 성안에 성전을 내가 보지 못하였으니 이는 주 하나님 곧 전능하신 이와 및 어린 양이 그 성전이심이라”(계21:21-22)

새 예루살렘에는 처음 하늘과 처음 땅은 사라지고 새 하늘과 새 땅이 있다. 그곳에는 살인자. 우상숭배자, 믿지 않는 자, 술객들, 모든 거짓말 하는 자들은 들어 올 수 없다. 전능하신 하나님과 어린양이 성전이 되어 주시기 때문이다. 내 안에 가시가 너무 많아 쉴 곳이 없다는 노래가 있다. 많은 새들이 쉬려고 날아와 상처만 입고 떠나가는 슬픈 가사이다. 나도 나를 사랑할 수 없는 존재라면 나는 아무도 사랑할 수 없는 것이다.

8. 하나님은 누구를 통해서 하나님의 구원을 이루어 가시는가?

애굽을 통해서 택한 백성을 생육하고 번성케 하신 하나님

"야곱의 허리에서 나온 사람이 모두 칠십이요 요셉은 애굽에 있었더라 요셉과 그의 모든 형제와 그 시대의 사람은 다 죽었고 이스라엘 자손은 생육하고 불어나 번성하고 매우 강하여 온 땅에 가득하게 되었더라"(출1:5-7)

하나님께서는 야곱의 70명의 아들들을 애굽으로 인도하셔서 생육하고 번성하여 큰 민족을 이루게 하셨다. 이처럼 하나님께서는 세상 나라들을 사용하셔서 택한 백성들을 번성케 하신다.

앗수르를 몽둥이로 사용하셔서 택한 백성을 정결하게 하신 하나님

"앗수르 사람은 화 있을진저 그는 내 진노의 막대기요 그 손의 몽둥이는 내 분노라 내가 그를 보내어 경건하지 아니한 나라를 치게 하며 내가 그에게 명령하여 나를 노하게 한 백성을 쳐서 탈취하며 노략하게 하며 또 그들을 길거리의 진흙 같이 짓밟게 하려 하거니와"(사10:5-6)

하나님께서는 택한 백성들이 죄를 짓고 타락하면 이방 나라들을 통해서 채찍질하시고 그들을 사용하셔서 정결하게 하신다.

바벨론을 통해 택한 백성들을 녹이고 연단하신 하나님

"네가 사는 곳이 속이는 일 가운데 있도다 그들은 속이는 일로 말미암아 나를 알기를 싫어하느니라 여호와의 말씀이니라 그러므로 만군의 여호와께서 이와 같이 말씀하시되 보라 내가 내 딸 백성을 어떻게 처치할꼬 그들을 녹이고 연단하리라"(렘9:6-7)

하나님께서는 바벨론을 통해서 유다백성들을 녹이고 연단하여 하나님의 아름다운 신부로 만드셨다. 이처럼 교회도 세상 사람들을 통해서 연단을 받고 녹아져서 아름다운 새 예루살렘이 되는 것이다.

마지막 일곱 번째 짐승의 나라를 통해 하나님의 모든 말씀을 이루신다

"네가 본 바 이 열 뿔과 짐승은 음녀를 미워하여 망하게 하고 벌거벗게 하고 그의 살을 먹고 불로 아주 사르리라 이는 하나님이 자기 뜻대로 할 마음을 그들에게 주사 한 뜻을 이루게 하시고 그들의 나라를 그 짐승에게 주게 하시되 하나님의 말씀이 응하기까지 하심이라"(계17:16-17)

마지막 때 하나님은 이 세상에 짐승인 적그리스도의 나라를 세우신다. 그리고 그에게 세상의 모든 권세를 몰아 주신다. 그 이유는 짐승인 적그리스도를 통해서 교회를 정결하고 깨끗한 신부로 녹이고 연단하시기 위함이시다.

마지막 후 삼년 반에 짐승인 적그리스도를 통해서 알곡을 추수하신다

"용이 짐승에게 권세를 주므로 용에게 경배하며 짐승에게 경배하여 가로되 누가 이 짐승과 같으뇨 누가 능히 이로 더불어 싸우리요 하더라 또 짐승이 큰 말과 참람된 말 하는 입을 받고 또 마흔 두달 일할 권세를 받으니라 또 권세를 받아 성도들과 싸워 이기게 되고 각 족속과 백성과 방언과 나라를 다스리는 권세를 받으니 저가 권세를 받아 그 짐승의 우상에게 생기를 주어 그 짐승의 우상으로 말하게 하고 또 짐승의 우상에게 경배하지 아니하는 자는 몇이든지 다 죽이게 하더라"(계13:4-5,7,15)

하나님께서는 7년 대환난 후 삼년 반이 시작될 때 짐승에게 권세를 주어서 성도들을 이기게 하신다. 이 말은 짐승이 성도들을 죽이고 핍박을 하도록 허락하신다는 말이다.

9. 하나님께서 그리신 구원의 큰 그림

아담 이후 세상은 집행을 기다리는 사형수들의 형무소와 같다

율법이란 감옥에 갇힌 죄인들

"우리가 알거니와 무릇 율법이 말하는 바는 율법 아래 있는 자들에게 말하는 것이니 이는 모든 입을 막고 온 세상으로 하나님의 심판 아래 있게 하려 함이니라 그러므로 율법의 행위로 그의 앞에 의롭다 하심을 얻을 육체가 없나니 율법으로는 죄를 깨달음이니라 이제는 율법 외에 하나님의 한 의가 나타났으니 율법과 선지자들에게 증거를 받은 것이라 곧 예수 그리스도를 믿음으로 말미암아 모든 믿는 자에게 미치는 하나님의 의니 차별이 없느니라 모든 사람이 죄를 범하였으매 하나님의 영광에 이르지 못하더니"(롬3:19-23)

세상은 죄인들이 죄의 값인 생노병사와 싸우면서 구원에 이르도록 하나님이 섭리하시는 교도소와 같은 장소이다. 오랜 세월 죄인들이 죄가 무엇인지 알지 못하게 되므로 율법을 주셔서 죄목을 확실하게 하시고 모든 사람들에게 사망을 선고하심으로 구원의 길을 찾아 나서도록 은총을 베푸신다.

세상에 있는 모든 국가 권력은 하나님께서 사망의 세력을 잡은 자 마귀에게 주신 것

"각 사람은 위에 있는 권세들에게 굴복하라 권세는 하나님께로 나지 않음이 없나니 모든 권세는 다 하나님의 정하신바라 그러므로 권세를 거스리는 자는 하나님의 명을 거스림이니 거스리는 자들은 심판을 자취하리라 관원들은 선한 일에 대하여 두려움이 되지 않고 악한 일에 대하여 되나니 네가 권세를 두려워하지 아니하려느냐 선을 행하라 그리하면 그에게 칭찬을 받으리라 그는 하나님의 사자가 되어 네게 선을 이루는 자니라 그러나 네가 악을 행하거든 두려워하라 그가 공연히 칼을 가지지 아니하였으니 곧 하나님의 사자가 되어 악을 행하는 자에게 진노하심을 위하여 보응하는 자니라 그러므로 굴복하지 아니할 수 없으니 노를 인하여만 할 것이 아니요 또한 양심을 인하여 할 것이라 너희가 공세를 바치는 것도 이를 인함이라 저희가 하나님의 일군이 되어 바로 이 일에 항상 힘쓰느니라 모든 자에게 줄 것을 주되 공세를 받을 자에게 공세를 바치고 국세 받을 자에게 국세를 바치고 두려워할 자를 두려워하며 존경할 자를 존경하라"(롬13:1-7)

세상의 국가권력이나 모든 권력은 최소한의 질서를 유지하면서 죄인들을 교도하여 구원에 이르도록 섭리하시는 것이다. 그러므로 때로는 세상 권력이 부정하거나 공평치 못하다고 할지라도 교회가 완성이 되면 불로 태워 심판하시는 장소이기 때문에 성도들은 참고 견디면서 하나님의 구원 사역에 우선순위를 두고 살아야 한다.

때로는 성도들이 착각하여 세상나라를 하나님의 완전한 나라로 세우려 한다면 성도는 세상의 나라 권세자들과 전쟁을 해야 한다. 신사도운동은 세상에 다윗의 메시아 왕국을 세우려 하기 때문에 세상 나라와 충돌하게 되지만 결국 세상 나라를 접수하여 그들이 꿈꾸는 이상국가를 세운다 할지라도 그 나라는 적그리스도의 나라가 된다. 이 나라가 바로 신세계질서이다. 신사도운동은 루시퍼가 신이 되는 신세계질서를 세우는 짝퉁 기독교 운동이다. 하나님께서는 마지막 세상에 세워질 적그리스도의 나라에 모든 권세를 주어서 세상에 속하지 않는 성도들을 순교라는 방법을 통해 구원하시는 도구로 사용하신다.

우리 구원 받은 성도가 이 세상을 살아가는 동안 수많은 핍박과 불이익과 편파적인 공격을 받을 수 있다. 베드로 사도는 성도가 세상에서 선을 행하고 핍박을 받기 위해서 택함을 받았다고 하였다. 그래서 성도들은 세상에서 억울함을 당하고 차별을 받아 고립되어도 그것 때문에 아파하고 싸워서는 안되는 것이다. 왜냐하면 그런 고통을 당하는 것 자체가 우리의 정체성이 세상에 속하지 않았다는 것을 증거해 주고 있기 때문이다. 하나님의 구속의 섭리방법은 단순히 우리가 천국에서 영생을 얻고 사는 것이 아니다. 구원받은 성도들이 신의 성품에 참여 하는 것이다. 즉 하나님의 아들이 되고, 성령의 전이 되고, 예수님의 신부가 되는 것이다. 구원 받은 성도는 하나님의 아들로 거듭나 잠시동안 세상에서 살면서 연단을 받아 그리스도의 장성한 분량이 충만한데까지 자라나는 것이다. 세상에서 성도들이 고난을 받는 것은 신앙이 성장하는데 영양분이 되는 것이다.

사형수들이 갇힌 세상 감옥으로 오신 예수님

"그리스도께서도 한번 죄를 위하여 죽으사 의인으로서 불의한 자를 대신하셨으니 이는 우리를 하나님 앞으로 인도하려 하심이라 육체로는 죽임을 당하시고 영으로는 살리심을 받으셨으니"(벧전3:18-19)

"자녀들은 혈육에 함께 속하였으매 그도 또한 한 모양으로 혈육에 함께 속하심은 사망으로 말미암아 사망의 세력을 잡은 자 곧 마귀를 없이 하시며 또 죽기를 무서워하므로 일생에 매여 종노릇하는 모든 자들을 놓아 주려 하심이니 이는 실로 천사들을 붙들어 주려 하심이 아니요 오직 아브라함의 자손을 붙들어 주려 하심이라 그러므로 저가 범사에 형제들과 같이 되심이 마땅하도다 이는 하나님의 일에 자비하고 충성된 대제사장이 되어 백성의 죄를 구속하려 하심이라 자기가 시험을 받아 고난을 당하셨은즉 시험 받는 자들을 능히 도우시느니라"(히2:14-18)

예수님이 우리와 같이 혈과 육을 입으시고 세상에 오신 것은 죄의 값인 사망의 값을 지불하시고 사망의 세력을 잡고 왕노릇하는 마귀로부터 해방시켜 주시기 위함이다. 이는 죄값을 다 치룬 죄수가 감옥에서 석방되는 것과 같은 이치이고 또 보석금을 주고 감옥에서 나오게 하는 것과 같다.

10. 왜 하나님께서는 성도들을 적그리스도에게 붙여서 죽이게 하시는가?

살아서 예수님의 재림을 맞이하는 성도

"평강의 하나님이 친히 너희로 온전히 거룩하게 하시고 또 너희 온 영과 혼과 몸이 우리 주 예수 그리스도 강림하실 때에 흠없게 보전되기를 원하노라"(살전5:23)

살아서 예수님의 재림을 맞이하는 성도는 영혼육이 거룩하고 흠이 없이 보전되어야 한다. 그렇지 않으면 살아서 예수님을 만날 수 없다. 휴거할 수 있는 사람들은 영혼육이 완전하게 보전되어 있어야 한다.

휴거하지 못하고 환난에 넘어간 자

이미 구원을 받아 생명책에 이름이 있다고 할지라도 영혼육이 흠없이 보전되지 못한 성도들은 더러운 옷을 입고 예수님을 만날 수 없기 때문에 하나님께서 교회를 옮기실 때 남은 자들의 이마에 하나님의 인을 쳐서 대환난 가운데 세마포 옷을 빨게 하시려고 남겨 두신다.

휴거하지 못하고 대환난에 넘어간 성도들은 두 종류이다. 하나는 깨어 있는 성도이다. 이런 성도는 영적으로 깨어 있어 자신의 세마포 옷을 잘 관리를 했지만 부족함으로 환난에 넘어간 자들인데 이런 성도들은 광야 피난처 교회를 통해서 양육을 받게 하여 부족한 것을 채울 수 있는 성도들이다.

두 번째 성도들은 영적인 깊은 잠을 자다가 휴거를 맞이한 성도들인데 이들은 라오디게아 교회처럼 벌거벗고 있기 때문에 즉 예수님께서 입혀 주신 세마포 옷을 완전하게 더럽혔기 때문에 자신이 죽지 아니하면 세마포 옷을 희게 할 수 없는 성도들이다. 이들은 적그리스도 짐승에 의해서 죽임을 당하는 순교를 통해서 예수님의 지상재림 때 첫째부활에 참여를 한다.

살아서 예수님을 만날 성도는 죄로부터 분리가 되어야 한다

"만일 네 손이 너를 범죄하게 하거든 찍어버리라 장애인으로 영생에 들어가는 것이 두 손을 가지고 지옥 곧 꺼지지 않는 불에 들어가는 것보다 나으니라"(막9:43)

"내가 보니 주께서 단 곁에 서서 이르시되 기둥 머리를 쳐서 문지방이 움직이게 하며 그것으로 부숴져서 무리의 머리에 떨어지게 하라 내가 그 남은 자를 칼로 살륙하리니 그 중에서 하나도 도망하지 못하며 그 중에서 하나도 피하지 못하리라 저희가 파고 음부로 들어갈찌라도 내 손이 거기서 취하여 낼 것이요 하늘로 올라갈찌라도 내가 거기서 취하여 내리울 것이며 갈멜산 꼭대기에 숨을찌라도 내가 거기서 찾아낼 것이요 내 눈을 피하여 바다 밑에 숨을찌라도 내가 거기서 뱀을 명하여 물게 할 것이요 그 원수 앞에 사로잡혀 갈찌라도 내가 거기서 칼을 명하여 살륙하게 할 것이라 내가 저희에게 주목하여 화를 내리고 복을 내리지 아니하리라 하시니라"(암9:1-4)

죄로부터 분리되지 아니하면 반드시 녹이고 연단하는 과정을 거친다

"네 처소는 궤휼 가운데 있도다 그들은 궤휼로 인하여 나 알기를 싫어하느니라 나 여호와의 말이니라 하시니라 만군의 여호와께서 이같이 말씀하시되 보라 내가 내 딸 백성을 어떻게 처치할꼬 그들을 녹이고 연단하리라"(렘9:6-7)

하나님께서 택한 예루살렘이 스스로 선지자들의 경고를 듣고 회개하지 않았기 때문에 바벨론 왕에게 붙어 녹이고 연단하는 과정을 거치듯이 은혜시대에 깨어 하나님의 말씀대로 살지 못한 성도들도 역시 7년 대환난에 들어가 녹이고 연단하는 과정을 거치게 된다. 이것이 순교하는 이유이다.

예수님의 신부들은 무엇으로부터 정결하게 되어야 하는가?

로마서 1장에는 하나님께 버림받은 사람들의 특징이 기록되어 있다. 이것은 말세에 심판을 받을 죄인들의 특징이기도 하다. 예수님의 신부들은 이런 추악한 죄들로부터 정결하게 되어야 한다.

"하나님을 알되 하나님으로 영화롭게도 아니하며 감사치도 아니하고 오히려 그 생각이 허망하여지며 미련한 마음이 어두워졌나니 스스로 지혜 있다 하나 우준하게 되어 썩어지지 아니하는 하나님의 영광을 썩어질 사람과 금수와 버러지 형상의 우상으로 바꾸었느니라 그러므로 하나님께서 저희를 마음의 정욕대로 더러움에 내어 버려두사 저희 몸을 서로 욕되게 하셨으니 이는 저희가 하나님의 진리를 거짓 것으로 바꾸어 피조물을 조물주보다 더 경배하고 섬김이라 주는 곧 영원히 찬송할 이시로다 아멘 또한 저희가 마음에 하나님 두기를 싫어하매 하나님께서 저희를 그 상실한 마음대로 내어 버려두사 합당치 못한 일을 하게 하셨으니 곧 모든 불의, 추악, 탐욕, 악의가 가득한 자요 시기, 살인, 분쟁, 사기, 악독이 가득한 자요 수군수군하는 자요 비방하는 자요 하나님의 미워하시는 자요 능욕하는 자요 교만한 자요 자랑하는 자요 악을 도모하는 자요 부모를 거역하는 자요 우매한 자요 배약하는 자요 무정한 자요 무자비한 자라"(롬1:22-25,28-31)

"네가 이것을 알라 말세에 고통하는 때가 이르리니 사람들은 자기를 사랑하며 돈을 사랑하며 자긍하며 교만하며 훼방하며 부모를 거역하며 감사치 아니하며 거룩하지 아니하며 무정하며 원통함을 풀지 아니하며 참소하며 절제하지 못하며 사나우며 선한 것을 좋아 아니하며 배반하여 팔며 조급하며 자고하며 쾌락을 사랑하기를 하나님 사랑하는 것보다 더하며 경건의 모양은 있으나 경건의 능력은 부인하는 자니 이같은 자들에게서 네가 돌아서라"(딤후3:1-5)

11. 마지막 7년 대환난

이방인의 때가 끝나고 이스라엘의 시대 시작

"형제들아 너희가 스스로 지혜 있다 함을 면키 위하여 이 비밀을 너희가 모르기를 내가 원치 아니하노니 이 비밀은 이방인의 충만한 수가 들어오기까지 이스라엘의 더러는 완악하게 된 것이라"(롬11:25)

기독교 은혜의 복음은 마가의 다락방에 성령이 강림하시면서부터 시작해서 땅끝까지 복음이 다 증거되면 끝이 난다. 이것이 이방인들의 시대 곧 은혜의 시대이다. 마가의 다락방에 성령이 강림하신 후 복음이 예루살렘에서부터 시작되어 땅끝까지 전파되면 이방인들의 구원이 끝나고 교회가 완성이 된다. 마지막 1이레 즉 7년의 심판이 시작되기 전에 교회는 휴거를 하여 세상에서 떠나게 된다. 그때까지 세상에서의 구원 사역은 계속되는 것이다.

성경은 이방인의 때와 이스라엘의 시대를 구분하여 말한다. 성경에서 말하고 있는 이방인의 때는 마가의 다락방에 성령이 강림하실 때부터 땅끝까지 복음이 증거되어 이방인의 충만한 수가 찰 때까지를 말한다. 그리고 이스라엘의 시대는 이방인의 구원이 끝나고 나면 다시 1이레 7년이 시작되는데 그때 온 이스라엘이 돌아와 구원을 얻게 되는 때이다.

예수님께서도 이방인의 때가 차면 예루살렘이 이방인들에게 밟히지 않고 이스라엘의 땅으로 회복될 것을 말씀 하셨다. 예루살렘은 주후 70년 9월8일에 망한 후 계속해서 이방인들에게 밟히다가 1967년 6월6일 요르단으로부터 빼앗아 왔고, 1986년 1월1일 이스라엘의 수도가 되었다. 2018년 5월14일에 트럼프 대통령은 예루살렘을 이스라엘의 수도로 인정하고 미국 대사관을 텔아비브에서 예루살렘으로 옮겼다.

"저희가 칼날에 죽임을 당하며 모든 이방에 사로잡혀 가겠고 예루살렘은 이방인의 때가 차기까지 이방인들에게 밟히리라"(눅21:24)

7년 대환난은 다니엘의 마지막 1이레

"그러므로 너는 깨달아 알찌니라 예루살렘을 중건하라는 영이 날 때부터 기름부음을 받은 자 곧 왕이 일어나기까지 일곱 이레와 육십 이 이레가 지날 것이요 그 때 곤란한 동안에 성이 중건되어 거리와 해자가 이룰 것이며 육십 이 이레 후에 기름부음을 받은 자가 끊어져 없어질 것이며 장차 한 왕의 백성이 와서 그 성읍과 성소를 훼파하려니와 그의 종말은 홍수에 엄몰됨 같을 것이며 또 끝까지 전쟁이 있으리니 황폐할 것이 작정되었느니라 그가 장차 많은 사람으로 더불어 한 이레 동안의 언약을 굳게 정하겠고 그가 그 이레의 절반에 제사와 예물을 금지할 것이며 또 잔포하여 미운 물건이 날개를 의지하여 설 것이며 또 이미 정한 종말까지 진노가 황폐케 하는 자에게 쏟아지리라 하였느니라"(단9:25-27)

다니엘의 70이레 비밀은 유다가 바벨론 70년 포로 생활을 통해 하나님의 아름다운 신부로 단장하여 나오는 것을 통해 신약의 교회가 세상인 바벨론에서 아름다운 예수님의 신부로 단장하여 나오는 것을 이중으로 예언한 것이다. 다니엘의 70이레 시작은 느헤미야를 통해서 예루살렘 성이 중건 될 때부터 예수님이 초림 하셔서 십자가에 돌아가실 때까지 69이레가 지나고 마지막 1이레는 이방인의 때가 차고 난 후 다시 이스라엘의 시대에 시작되는데 그것은 마지막 적그리스도와 이스라엘의 정치 지도자가 평화조약을 맺고 7년 동안 성전을 짓고 구약 제사를 드리게 하는 조약이다. 적그리스도는 7년 중반 후 삼년 반이 시작될 때 조약을 파괴하고 예루살렘 성전에 가증한 우상을 세우고 배도를 한 후 짐승의 표를 받지 않는 자들을 죽이게 된다.

이방인의 구원의 문이 닫혀진 7년 대환난

"이 일 후에 내가 네 천사가 땅 네 모퉁이에 선 것을 보니 땅의 사방의 바람을 붙잡아 바람으로 하여금 땅에나 바다에나 각종 나무에 불지 못하게 하더라 또 보매 다른 천사가 살아계신 하나님의 인을 가지고 해 돋는 데로부터 올라와서 땅과 바다를 해롭게 할 권세를 얻은 네 천사를 향하여 큰 소리로 외쳐 가로되 우리가 우리 하나님의 종들의 이마에 인치기까지 땅이나 바다나 나무나 해하지 말라 하더라 내가 인맞은 자의 수를 들으니 이스라엘 자손의 각 지파 중에서 인맞은 자들이 십 사만 사천이니"(계7:1-4)

하나님께서는 다니엘을 통해서 주신 마지막 1이레 즉 7년 심판이 시작될 때 사방의 바람을 잡은 천사들로 바람을 붙잡아 불지 못하게 하시고 휴거에 참여하지 못하고 환난으로 넘어간 성도들의 이마에 어린양의 인을 쳐서 보호를 받게 해 주신다. 이마에 어린양의 표를 받은 자들은 7년 동안 이 세상에 적그리스도의 나라가 세워질 때 두 가지 방법으로 구원을 받게 된다. 하나는 후 삼년 반부터 시작된 적그리스도의 박해를 통해 순교자로 구원을 받는다. 또 하나의 방법은 후 삼년 반 42개월 동안 광야 피난처 교회에서 양육을 받고 살다가 예수님의 지상재림 때 첫째부활에 참여하여 천년왕국에 들어 가는 것이다.

12. 7년 대환난 전 후에 일어날 일들은 무엇인가?

세계 3차 대전

세계 3차 대전은 적그리스도와 이스라엘 지도자 간에 있을 평화조약이 시작되기 전에 일어난다. 1차 대전 후 국제연맹이란 세계정부 기구가 탄생했다. 2차 대전 후 유엔이라는 세계정부가 세워졌다. 이제 제 3차 세계 대전 후 제 3유엔이 세상에 등장하는데 그 나라가 바로 7년 동안 세상에 있을 적그리스도의 나라이다. 제 3유엔의 출발은 신세계질서인데 그 사건이 적그리스도와 이스라엘의 정치 지도자가 맺을 7년 평화조약이다. 이때부터 이스라엘의 남은 7년이 시작되고 이방인의 구원이 완전히 마감되는 시간이다. 이때 일어나는 일이 바로 교회가 세상을 떠나는 휴거이다.

교회가 세상에서 하늘로 옮겨지는 휴거

교회의 휴거와 동시에 적그리스도가 나타나 이스라엘과 7년 조약을 맺고 전 삼년 반이 지난 후 배도를 하여 예루살렘 성전에 우상을 세우고 누구든지 우상 앞에 절하지 아니하고 짐승의 표를 받지 않는 자들은 죽이게 된다. 그 후 삼년 반이 지난 후 예수님이 재림 하셔서 세상을 심판 하시고 천년왕국을 세우신다.

"너희와 함께 있을 때에 이 일을 너희에게 말한 것을 기억하지 못하느냐 저로 하여금 저의 때에 나타나게 하려 하여 막는 것을 지금도 너희가 아나니 불법의 비밀이 이미 활동하였으나 지금 막는 자가 있어 그 중에서 옮길 때까지 하리라 그 때에 불법한 자가 나타나리니 주 예수께서 그 입의 기운으로 저를 죽이시고 강림하여 나타나심으로 폐하시리라"(살후2:5-8)

전 삼년 반에 일어날 음녀의 통치와 종교통합운동

3차 세계 대전을 통해 세계인구를 2/3 감축하고 난 후 세상에 태어난 제 3유엔은 7년의 신세계질서를 세우고 전 삼년 반 동안은 음녀인 종교 지도자가 아직까지 권력을 장악하지 못한 정치 지도자를 대신하여 세상을 통치하면서 세계종교통합을 완수하는 기간이다. 이때 종교 지도자는 세상의 모든 종교를 통합하여 그 권세를 짐승인 정치 지도자에게 이양시키는 과정에서 정치 지도자에게 죽임을 당하게 된다.

"곧 성령으로 나를 데리고 광야로 가니라 내가 보니 여자가 붉은 빛 짐승을 탔는데 그 짐승의 몸에 참람된 이름들이 가득하고 일곱 머리와 열 뿔이 있으며 그 여자는 자주 빛과 붉은 빛 옷을 입고 금과 보석과 진주로 꾸미고 손에 금잔을 가졌는데 가증한 물건과 그의 음행의 더러운 것들이 가득하더라 그 이마에 이름이 기록되었으니 비밀이라, 큰 바벨론이라, 땅의 음녀들과 가증한 것들의 어미라 하였더라 또 내가 보매 이 여자가 성도들의 피와 예수의 증인들의 피에 취한지라 내가 그 여자를 보고 기이히 여기고 크게 기이히 여기니 또 천사가 내게 말하되 네가 본바 음녀의 앉은 물은 백성과 무리와 열국과 방언들이니라 네가 본바 이 열 뿔과 짐승이 음녀를 미워하여 망하게 하고 벌거벗게 하고 그 살을 먹고 불로 아주 사르리라 하나님이 자기 뜻대로 할 마음을 저희에게 주사 한 뜻을 이루게 하시고 저희 나라를 그 짐승에게 주게 하시되 하나님 말씀이 응하기까지 하심이니라 또 네가 본바 여자는 땅의 임금들을 다스리는 큰 성이라 하더라"(계17:3-6,15-18)

후 삼년 반에 일어날 적그리스도의 배도와 순교

7년 후 삼년 반이 시작될 때 종교 지도자를 죽이고 세상 권세를 통합한 정치 지도자 짐승은 제 4차 산업을 완성시켜 빅 데이터 인공지능을 사용하여 전 세계 사람들의 이마와 오른손에 짐승의 표인 디지털 신분증을 받게 하여 완벽 통제사회를 구축하는 과정에서 이를 거절한 그리스도인들과 참 이스라엘 사람들을 죽이게 된다. 적그리스도는 예루살렘 성전에 빅 데이터 인공지능을 세우고 전 세계 사람들을 향하여 명령을 하므로 완벽통제사회가 구축이 된다. 이것이 지금 유엔에서 추진하고 있는 ID2020 유엔 디지털 신분증이다. 현재 코로나 사태는 이런 세계정부를 세워가는 미국의 딥스테이트 글로벌리스트들의 작전이다.

"용이 짐승에게 권세를 주므로 용에게 경배하며 짐승에게 경배하여 가로되 누가 이 짐승과 같으뇨 누가 능히 이로 더불어 싸우리요 하더라 또 짐승이 큰 말과 참람된 말 하는 입을 받고 또 마흔 두달 일할 권세를 받으니라 짐승이 입을 벌려 하나님을 향하여 훼방하되 그의 이름과 그의 장막 곧 하늘에 거하는 자들을 훼방하더라 또 권세를 받아 성도들과 싸워 이기게 되고 각 족속과 백성과 방언과 나라를 다스리는 권세를 받으니 죽임을 당한 어린 양의 생명책에 창세 이후로 녹명되지 못하고 이 땅에 사는 자들은 다 짐승에게 경배하리라 저가 권세를 받아 그 짐승의 우상에게 생기를 주어 그 짐승의 우상으로 말하게 하고 또 짐승의 우상에게 경배하지 아니하는 자는 몇이든지 다 죽이게 하더라 저가 모든 자 곧 작은 자나 큰 자나 부자나 빈궁한 자나 자유한 자나 종들로 그 오른손에나 이마에 표를 받게 하고누구든지 이 표를 가진 자 외에는 매매를 못하게 하니 이 표는 곧 짐승의 이름이나 그 이름의 수라 지혜가 여기 있으니 총명 있는 자는 그 짐승의 수를 세어 보라 그 수는 사람의 수니 육백 육십 륙이니라"(계13:4-8,15-18)

후 삼년 반 순교시대에 보호를 받은 광야교회

후 삼년 반에 시작된 순교시대에 보호를 받은 광야 피난처 교회가 요한 계시록 12장에 기록되어 있다. 후 삼년 반이 시작될 때 깨어 있는 성도들은 세례요한 엘리야와 같은 독수리 사역을 통해서 광야로 들어가 광야 공동체 교회를 세운다. 적그리스도 짐승은 666 표를 받지 않고 광야로 도망간 교회를 죽이기 위해 물을 토하여 멸하려 하지만 하나님께서 땅의 입을 벌려 물을 삼키게 하심으로 보호를 해 준다. 적그리스도는 광야 피난처 교회를 해할 수 없음을 깨닫고 도시에 남아있는 모래보다 많은 성도들을 죽이기 위해 분노하므로 돌아선다.

"용이 자기가 땅으로 내어쫓긴 것을 보고 남자를 낳은 여자를 핍박하는지라 그 여자가 큰 독수리의 두 날개를 받아 광야 자기 곳으로 날아가 거기서 그 뱀의 낯을 피하여 한 때와 두 때와 반 때를 양육 받으매 여자의 뒤에서 뱀이 그 입으로 물을 강 같이 토하여 여자를 물에 떠내려 가게 하려 하되 땅이 여자를 도와 그 입을 벌려 용의 입에서 토한 강물을 삼키니 용이 여자에게 분노하여 돌아가서 그 여자의 남은 자손 곧 하나님의 계명을 지키며 예수의 증거를 가진 자들로 더불어 싸우려고 바다 모래 위에 섰더라"(계12:13-17)

13. 예수님의 재림과 심판

짐승과 거짓 선지자와 짐승의 표를 받은 자들의 심판

후 삼년 반 마지막에 예수님께서 재림하셔서 세상 나라 군대들을 모두 멸하시고 적그리스도인 짐승과 거짓 선지자를 잡아 무저갱에 넣어 심판하신다. 이때 적그리스도를 따르는 모든 군대들이 심판을 받게 된다. 이들이 바로 짐승의 표를 받은 자들이다. 누구든지 짐승의 표를 받으면 그가 하이브리드 인간이 되어 하나님의 형상을 잃어버리기 때문에 인공지능 로봇처럼 원격조종에 의해서 적그리스도 짐승을 위하여 목숨을 걸고 싸우다 짐승과 함께 심판을 받은 것이다. 용은 잡아 무저갱에 천년 동안 결박하여 가두고 천년이 차면 잠시동안 다시 결박을 풀어 예수님과 교회가 다스려 세운 나라의 백성들을 시험하게 하신다.

"또 내가 하늘이 열린 것을 보니 보라 백마와 탄 자가 있으니 그 이름은 충신과 진실이라 그가 공의로 심판하며 싸우더라 그 눈이 불꽃 같고 그 머리에 많은 면류관이 있고 또 이름 쓴 것이 하나가 있으니 자기 밖에 아는 자가 없고 또 그가 피 뿌린 옷을 입었는데 그 이름은 하나님의 말씀이라 칭하더라 하늘에 있는 군대들이 희고 깨끗한 세마포를 입고 백마를 타고 그를 따르더라 그의 입에서 이한 검이 나오니 그것으로 만국을 치겠고 친히 저희를 철장으로 다스리며 또 친히 하나님 곧 전능하신 이의 맹렬한 진노의 포도주 틀을 밟겠고 그 옷과 그 다리에 이름 쓴 것이 있으니 만왕의 왕이요 만주의 주라 하였더라 또 내가 보매 그 짐승과 땅의 임금들과 그 군대들이 모여 그 말 탄 자와 그의 군대로 더불어 전쟁을 일으키다가 짐승이 잡히고 그 앞에서 이적을 행하던 거짓 선지자도 함께 잡혔으니 이는 짐승의 표를 받고 그의 우상에게 경배하던 자들을 이적으로 미혹하던 자라 이 둘이 산채로 유황불 붙는 못에 던지우고 그 나머지는 말 탄 자의 입으로 나오는 검에 죽으매 모든 새가 그 고기로 배불리우더라"(계19:11-16,19-21)

"또 내가 보매 천사가 무저갱 열쇠와 큰 쇠사슬을 그 손에 가지고 하늘로서 내려와서 용을 잡으니 곧 옛 뱀이요 마귀요 사단이라 잡아 일천년 동안 결박하여 무저갱에 던져 잠그고 그 위에 인봉하여 천년이 차도록 다시는 만국을 미혹하지 못하게 하였다가 그 후에는 반드시 잠간 놓이리라"(계20:1-3)

14. 첫째 부활과 천년왕국

첫째 부활에 참여한 자들이 천년왕국에서 천년을 통치함

첫째 부활에 참여한 자들은 세 종류이다. 하나는 24보좌들 위에 앉은 자들인데 이들은 이방인의 때가 끝나고 7년 대환난 시작과 함께 휴거한 성도들이다. 둘째는 광야 피난처 교회에서 순교를 피하고 42개월 동안 양육을 받은 성도들이다. 셋째는 7년 대환난 기간 중에 순교한 모든 성도들이다. 이들 모두가 첫째 부활에 참여하여 천년왕국에 들어가 예수님과 함께 보좌에 앉아 천년동안 왕노릇한다.

"또 내가 보좌들을 보니 거기 앉은 자들이 있어 심판하는 권세를 받았더라 또 내가 보니 예수의 증거와 하나님의 말씀을 인하여 목 베임을 받은 자의 영혼들과 또 짐승과 그의 우상에게 경배하지도 아니하고 이마와 손에 그의 표를 받지도 아니한 자들이 살아서 그리스도로 더불어 천년 동안 왕노릇 하니 (그 나머지 죽은 자들은 그 천년이 차기까지 살지 못하더라) 이는 첫째 부활이라 이 첫째 부활에 참예하는 자들은 복이 있고 거룩하도다 둘째 사망이 그들을 다스리는 권세가 없고 도리어 그들이 하나님과 그리스도의 제사장이 되어 천년 동안 그리스도로 더불어 왕노릇 하리라"(계20:4-6)

천년왕국 끝에 있을 용과 곡과 마곡의 시험

천년이 찰 때 하나님께서는 무저갱에 갇힌 용을 풀어 예수님과 교회가 통치하여 세운 천년왕국 백성들을 시험하게 하신다. 이때 용의 시험을 받고 미혹된 자들이 곡과 마곡이다. 용과 곡과 마곡은 성도들의 성을 공격하면서 전쟁을 일으키지만 예수님과 교회가 통치하여 세운 천년왕국 백성들은 멋지게 예수님과 함께 용과 곡과 마곡의 시험을 이기고 그들을 모두 무저갱에 넣어 심판을 한다. 에덴동산에 뱀이 있었듯이, 노아의 홍수 심판 이후에도 네피림이 있었듯이, 천년왕국 백성들 가운데에도 곡과 마곡이란 미혹의 자식들이 있다.

“천년이 차매 사단이 그 옥에서 놓여 나와서 땅의 사방 백성 곧 곡과 마곡을 미혹하고 모아 싸움을 붙이리니 그 수가 바다 모래 같으리라 저희가 지면에 널리 퍼져 성도들의 진과 사랑하시는 성을 두르매 하늘에서 불이 내려와 저희를 소멸하고 또 저희를 미혹하는 마귀가 불과 유황 못에 던지우니 거기는 그 짐승과 거짓 선지자도 있어 세세토록 밤낮 괴로움을 받으리라”(계20:7-10)

천년왕국 끝에 있을 백보좌 심판

백보좌 심판은 천년왕국 끝에 있을 최후의 심판대이다. 그때는 아담 이후 죽은 모든 사람들이 부활하여 백보좌 앞에서 심판을 받는다. 그리고 용과 곡과 마곡도 역시 심판을 받는다. 구원 받은 모든 성도들과 천년왕국 백성들은 생명책에 기록된 자들로 영원한 천국으로 들어간다. 그러나 불신자들은 그들의 책에 기록된대로 심판을 받고 지옥으로 들어간다. 나머지 하나님이 지으신 모든 피조물들은 불에 태워 심판 하신다.

“또 내가 크고 흰 보좌와 그 위에 앉으신 자를 보니 땅과 하늘이 그 앞에서 피하여 간데 없더라 또 내가 보니 죽은 자들이 무론 대소하고 그 보좌 앞에 섰는데 책들이 펴 있고 또 다른 책이 펴졌으니 곧 생명책이라 죽은 자들이 자기 행위를 따라 책들에 기록된대로 심판을 받으니 바다가 그 가운데서 죽은 자들을 내어주고 또 사망과 음부도 그 가운데서 죽은 자들을 내어주매 각 사람이 자기의 행위대로 심판을 받고 사망과 음부도 불못에 던지우니 이것은 둘째 사망 곧 불못이라 누구든지 생명책에 기록되지 못한 자는 불못에 던지우더라”(계20:11-15)

예수님께서 완성된 천년왕국을 하나님 아버지께 바친다

하나님의 구속 사역의 마지막 하이라이트는 예수님과 교회가 하나가 되어 완성시킨 천년왕국을 아버지 하나님께 바칠 때이다. 주기도문에서 언급하고 있는 “나라이 임하옵시고 뜻이 하늘에서 이룬 것 같이 땅에서도 이루어지이다" 기도제목이 천년왕국 끝에 완성된 나라이다. 이것이 창세전에 아버지께서 예정하신 뜻이다. 이 일을 끝으로 하나님의 구속의 섭리는 모두 이루어진 것이다. 이후에는 영원한 천국의 생활이 시작되는 것이다.

"그러나 이제 그리스도께서 죽은 자 가운데서 다시 살아 잠자는 자들의 첫 열매가 되셨도다 사망이 사람으로 말미암았으니 죽은 자의 부활도 사람으로 말미암는도다 아담 안에서 모든 사람이 죽은것 같이 그리스도 안에서 모든 사람이 삶을 얻으리라 그러나 각각 자기 차례대로 되리니 먼저는 첫 열매인 그리스도요 다음에는 그리스도 강림하실 때에 그에게 붙은 자요 그 후에는 나중이니 저가 모든 정사와 모든 권세와 능력을 멸하시고 나라를 아버지 하나님께 바칠 때라 저가 모든 원수를 그 발아래 둘 때까지 불가불 왕노릇 하시리니 맨 나중에 멸망 받을 원수는 사망이니라"(고전15:20-26)

15. 하나님의 섭리, 구약의 이스라엘과 신약의 교회

하나님의 아내인 이스라엘과 예수님의 신부인 교회

"나 여호와가 말하노라 보라 날이 이르리니 내가 이스라엘 집과 유다 집에 새 언약을 세우리라 나 여호와가 말하노라 이 언약은 내가 그들의 열조의 손을 잡고 애굽 땅에서 인도하여 내던 날에 세운것과 같지 아니할 것은 내가 그들의 남편이 되었어도 그들이 내 언약을 파하였음이니라 나 여호와가 말하노라 그러나 그 날 후에 내가 이스라엘 집에 세울 언약은 이러하니 곧 내가 나의 법을 그들의 속에 두며 그 마음에 기록하여 나는 그들의 하나님이 되고 그들은 내 백성이 될 것이라"(렘31:31-33)

"나 여호와가 말하노라 보라 때가 이르리니 내가 다윗에게 한 의로운 가지를 일으킬 것이라 그가 왕이 되어 지혜롭게 행사하며 세상에서 공평과 정의를 행할 것이며 그의 날에 유다는 구원을 얻겠고 이스라엘은 평안히 거할 것이며 그 이름은 여호와 우리의 의라 일컬음을 받으리라 그러므로 나 여호와가 말하노라 보라 날이 이르리니 그들이 다시는 이스라엘 자손을 애굽 땅에서 인도하여 내신 여호와의 사심으로 맹세하지 아니하고 이스라엘 집 자손을 북방 땅, 그 모든 쫓겨났던 나라에서 인도하여 내신 여호와의 사심으로 맹세할 것이며 그들이 자기 땅에 거하리라 하시니라"(렘23:5-8)

"여호와께서 가라사대 그러나 보라 날이 이르리니 다시는 이스라엘 자손을 애굽 땅에서 인도하여 내신 여호와의 사심으로 맹세하지 아니하고 이스라엘 자손을 북방 땅과 그 모든 쫓겨났던 나라에서 인도하여 내신 여호와의 사심으로 맹세하리라 내가 그들을 그 열조에게 준 그들의 땅으로 인도하여 들이리라"(렘16:14-15)

하나님께서 예레미야를 통해서 시내산에서 모세와 함께 맺은 율법의 언약이 하나님과 이스라엘이 맺은 결혼언약임을 가르쳐 주신다. 왜 하나님은 이스라엘과 결혼언약을 맺으셨을까? 결혼언약이란 하나님은 이스라엘의 남편이 되고 이스라엘은 하나님의 아내가 되는 것이다. 무슨 의미일까? 하나님은 아담을 잠들게 하시고 하와를 창조하셨다. 아담은 잠에서 깨어나 하와를 보고 이는 내 뼈 중의 뼈요 살 중의 살이라고 고백했다. 즉 하와는 아담과 한 몸이란 것이다. 하나님께서는 창세전에 예수 그리스도안에서 교회를 택하셨다. 즉 아담의 허리에서 갈비뼈를 취하여 하와를 지은 것처럼 예수님의 허리에서 흘러내린 피로 예수님의 신부인 교회를 지으신 것이다.

예레미야는 두 언약에 대하여 언급을 한다. 애굽에서 나올 때 맺은 옛 언약과 바벨론에서 나올 때 맺은 새 언약에 대한 것이다. 애굽에서 나올 때 맺은 옛 언약은 돌판에 기록하였다. 그러나 바벨론에서 나올 때 맺은 새 언약은 마음에 기록할 것을 말씀 하신다. 분명하게 애굽에서 나올 땐 모세를 통해 돌판에 새긴 율법을 주셨다. 그러나 바벨론에서 돌아올 땐 마음판에 기록했다는 증거가 없다. 그렇다면 무슨 뜻일까? 마음에 기록한 것은 분명히 마가의 다락방에 성령이 강림하실 때 일어난 일이다. 그런데 왜 바벨론에서 나올 때 새 언약을 마음에 기록하신다고 하셨을까? 유다가 바벨론에서 나온 사건은 신약의 교회가 바벨론이란 세상에서 나온 것과 같다는 것이다. 어떻게 같은 것일까?

이스라엘의 12지파와 유다지파

이스라엘의 12지파 중에서 10지파는 북 왕조 이스라엘이고 2지파는 남 유다이다. 그래서 북 왕조는 에브라임을 중심으로 국가를 세웠고, 남 유다는 유다지파를 중심으로 세워졌다. 북 왕조는 주전 722년 앗수르에 망했고, 남 유다는 주전 606년 바벨론에게 망했다. 그리고 동일하게 주전 536년에 바벨론 포로에서 돌아 올 때 함께 12지파가 돌아오게 되었다.

그런데 하나님께서 이스라엘을 이렇게 남북 왕조로 분열을 시키신 이유는 큰 의미가 있다. 육적인 장자의 명분을 가진 에브라임은 아브라함의 육신의 자손이고, 영적인 유다 지파의 명분을 가진 유다는 아브라함의 영적인 자손이다. 하나님께서는 아브라함의 자손이 하늘의 별처럼 많고, 땅위에 모래와 같이 많아 질것을 약속하셨다. 이것이 육적인 자손 이스라엘과 영적인 자손 교회를 가리키신 말이다. 에스겔서의 주제는 이스라엘이 망한 후 다시 돌아와 새로운 성전을 짓고 기업을 누리는 과정을 신약의 이스라엘의 역사로 기록을 했다. 그리고 예레미야서의 주제는 유다가 망하고 바벨론 포로에서 돌아오는 과정을 교회가 완성되어 바벨론이란 세상에서 나오는 과정을 예언했다. 그래서 바벨론 포로에서 유다가 나올 때 마음에 약속의 말씀을 새긴 새 계명을 주시겠다고 하신 것이다. 놀라운 것은 이렇게 구약에서 이미 신약에서 이루어질 이스라엘과 교회에 대한 예언을 하고 있다는 것이다. 이것이 예언의 이중성이다.

이사야서 역시 같은 예언을 하고 있다. 이사야 1장부터 39장까지는 이스라엘과 유다가 망하는 내용이 기록되어 있다. 그리고 이사야 40장부터 66장까지는 바벨론 포로에서 아름다운 하나님의 신부로 단장한 이스라엘이 돌아오는 내용이 기록되어 있다. 이미 신약의 역사가 시작되기 전에 벌써 이사야는 40장부터 66장까지에서 신약의 역사를 그대로 기록하고 있다. 이사야서는 에스겔과 예레미야서를 합한 내용이기도 하다. 특히 이사야서에는 바벨론을 멸망시키고 이스라엘 백성들을 바벨론 포로에서 해방시킨 고레스 왕에 대한 예언이 재림하시는 예수님의 모습으로 기록되어 있다.

"내가 붙드는 나의 종, 내 마음에 기뻐하는 나의 택한 사람을 보라 내가 나의 신을 그에게 주었은즉 그가 이방에 공의를 베풀리라 그는 외치지 아니하며 목소리를 높이지 아니하며 그 소리로 거리에 들리게 아니하며 상한 갈대를 꺾지 아니하며 꺼져가는 등불을 끄지 아니하고 진리로 공의를 베풀 것이며 그는 쇠하지 아니하며 낙담하지 아니하고 세상에 공의를 세우기에 이르리니 섬들이 그 교훈을 앙망하리라 하늘을 창조하여 펴시고 땅과 그 소산을 베푸시며 땅 위의 백성에게 호흡을 주시며 땅에 행하는 자에게 신을 주시는 하나님 여호와께서 이같이 말씀하시되 나 여호와가 의로 너를 불렀은즉 내가 네 손을 잡아 너를 보호하며 너를 세워 백성의 언약과 이방의 빛이 되게 하리니 네가 소경의 눈을 밝히며 갇힌 자를 옥에서 이끌어 내며 흑암에 처한 자를 간에서 나오게 하리라 나는 여호와니 이는 내 이름이라 나는 내 영광을 다른 자에게, 내 찬송을 우상에게 주지 아니하리라 보라 전에 예언한 일이 이미 이루었느니라 이제 내가 새 일을 고하노라 그 일이 시작되기 전이라도 너희에게 이르노라"(사42:1-9)

바벨론 포로에서 아름다운 여호와의 신부로 단장하고 돌아온 유다

이사야 선지자는 바벨론 포로에서 돌아온 유다지파 사람들이 완전한 여호와의 신부가 되어 돌아오는 모습을 노래하고 있다. 이는 신약의 교회가 예수님의 아름다운 신부인 새 예루살렘이 되어 혼인예식을 하고 있는 모습을 예언하고 있다.

"잉태치 못하며 생산치 못한 너는 노래할찌어다 구로치 못한 너는 외쳐 노래할찌어다 홀로 된 여인의 자식이 남편 있는 자의 자식보다 많음이니라 여호와의 말이니라 네 장막터를 넓히며 네 처소의 휘장을 아끼지 말고 널리 펴되 너의 줄을 길게 하며 너의 말뚝을 견고히 할찌어다 이는 네가 좌우로 퍼지며 네 자손은 열방을 얻으며 황폐한 성읍들로 사람 살 곳이 되게 할 것임이니라 두려워 말라 네가 수치를 당치 아니하리라 놀라지 말라 네가 부끄러움을 보지 아니하리라 네가 네 청년 때의 수치를 잊겠고 과부 때의 치욕을 다시 기억함이 없으리니 이는 너를 지으신 자는 네 남편이시라 그 이름은 만군의 여호와시며 네 구속자는 이스라엘의 거룩한 자시라 온 세상의 하나님이라 칭함을 받으실 것이며 여호와께서 너를 부르시되 마치 버림을 입어 마음에 근심하는 아내 곧 소시에 아내 되었다가 버림을 입은 자에게 함같이 하실 것임이니라 네 하나님의 말씀이니라 내가 잠시 너를 버렸으나 큰 긍휼로 너를 모을 것이요 내가 넘치는 진노로 내 얼굴을 네게서 잠시 가리웠으나 영원한 자비로 너를 긍휼히 여기리라 네 구속자 여호와의 말이니라"(사54:1-8)

"나는 시온의 공의가 빛 같이, 예루살렘의 구원이 횃불 같이 나타나도록 시온을 위하여 잠잠하지 아니하며 예루살렘을 위하여 쉬지 아니할 것인즉 열방이 네 공의를, 열왕이 다 네 영광을 볼 것이요 너는 여호와의 입으로 정하실 새 이름으로 일컬음이 될 것이며 너는 또 여호와의 손의 아름다운 면류관, 네 하나님의 손의 왕관이 될 것이라 다시는 너를 버리운 자라 칭하지 아니하며 다시는 네 땅을 황무지라 칭하지 아니하고 오직 너를 헵시바라 하며 네 땅을 뿔라라 하리니 이는 여호와께서 너를 기뻐하실 것이며 네 땅이 결혼한바가 될 것임이라 마치 청년이 처녀와 결혼함 같이 네 아들들이 너를 취하겠고 신랑이 신부를 기뻐함 같이 네 하나님이 너를 기뻐하시리라 예루살렘이여 내가 너의 성벽 위에 파숫군을 세우고 그들로 종일 종야에 잠잠치 않게 하였느니라 너희 여호와로 기억하시게 하는 자들아 너희는 쉬지 말며 또 여호와께서 예루살렘을 세워 세상에서 찬송을 받게 하시기까지 그로 쉬지 못하시게 하라"(사62:1-7)

16. 남은 자의 구원

하나님께서 예비하신 구원은 남은 자들의 것

창세전에 예정된 기독교 구원은 거저 주시는 선물이다. 그 이유는 하나님을 찬송하기 위해서라고 하셨다. 예수님의 복음 역시 가난한 자, 창녀, 군인, 세리 등 당시 소외당하고 주목받지 못한 자들에게 전하여졌다. 이런 사람들이 받은 복음을 바로 거저 주시는 은혜라고 한다.

"곧 창세 전에 그리스도 안에서 우리를 택하사 우리로 사랑 안에서 그 앞에 거룩하고 흠이 없게 하시려고 그 기쁘신 뜻대로 우리를 예정하사 예수 그리스도로 말미암아 자기의 아들들이 되게 하셨으니 이는 그의 사랑하시는 자 안에서 우리에게 거저 주시는바 그의 은혜의 영광을 찬미하게 하려는 것이라"(엡1:4-6)

구약에서도 신약에서도 신비로운 하나님의 구원 섭리를 말하고 있는 것이 바로 남은 자의 구원이다. 남은 자의 구원이 무엇인가? 마지막까지 남아 있는 자가 구원을 받는다 라는 뜻이다. 그런데 아이러니한 것은 힘있는 자들이 마지막까지 남아 있을 것 같은데 그렇지 않다. 힘있는 자들은 자신이 가지고 있는 힘으로 싸우다가 결국은 모두 사라져 버리고 만다. 마지막까지 남은 자들은 힘없는 자들이다. 강풍이 지나간 곳에 남은 것은 버드나무와 같은 약한 나무들이다. 크고 강한 나무들은 모두 강풍에 다 쓰러져 버리고 만다. 결국 세상에서 남은 자가 되어 거저 주시는 하나님의 구원을 받기 위해서 피터지게 싸우는 삶의 중심에서 멀리 떠나 있어야 한다. 그렇게 하기 위해서는 세상에 대한 욕심이나 탐욕을 버려야 한다. 세상이 하나님의 심판을 받을 때 세상 속에 사는 자들은 모두 심판을 받는다. 그러나 세상으로부터 비켜 서 있는 자들은 모두 구원을 받는다.

유다가 망할 때 마지막까지 남아 있었던 레갑족속들

여호와께서 유다를 심판하시기 전에 예레미야에게 성전으로 유다 방백들과 제사장들을 모으고 레갑족속들을 초대하여 포도주를 먹여보라고 하셨다. 그런데 레갑족속들은 조상 요나답의 유언에 따라 포도주를 마시지 않겠다고 하였다. 그때 여호와께서는 레갑족속을 축복하시고 유다를 심판하시겠다고 선포하셨다. 여호와께서는 레갑족속들은 조상들의 유언을 지켜 오는데 유다는 그들이 여호와의 말씀을 버렸다고 하셨다. 요나답은 아합시대 사람으로 예레미야 시대까지 250년 동안 레갑족속들은 조상의 유언에 따라 여호와를 경외하고 가까이 하기위해 집을 짓지 않고, 나무를 심지 않았고, 밭을 사서 정착생활을 하지 않고 불편한 유목생활을 하면서 신앙을 생명처럼 지켜왔던 것이다. 그러나 유다 사람들은 여호와의 말씀을 버리고 욕심과 탐욕으로 앗수르와 바벨론을 따라 섬기면서 죄를 짓고 결국 타락하여 심판을 받은 것이다.

"그들이 이르되 우리는 포도주를 마시지 아니하겠노라 레갑의 아들 우리 선조 요나답이 우리에게 명령하여 이르기를 너희와 너희 자손은 영원히 포도주를 마시지 말며 너희가 집도 짓지 말며 파종도 하지 말며 포도원을 소유하지도 말고 너희는 평생 동안 장막에 살아라 그리하면 너희가 머물러 사는 땅에서 너희 생명이 길리라 하였으므로"(렘35:6-7)

"레갑의 아들 요나답의 자손은 그 선조가 그들에게 명한 그 명령을 준행하나 이 백성은 나를 듣지 아니하도다 그러므로 나 만군의 여호와 이스라엘의 하나님이 이같이 말하노라 보라 내가 유다와 예루살렘 모든 거민에게 나의 그들에게 대하여 선포한 모든 재앙을 내리리니 이는 내가 그들에게 말하여도 듣지 아니하며 불러도 대답지 아니함이니라 하셨다 하라 예레미야가 레갑 족속에게 이르되 만군의 여호와 이스라엘의 하나님이 이같이 말씀하시기를 너희가 너희 선조 요나답의 명령을 준종하여 그 모든 훈계를 지키며 그가 너희에게 명한 것을 행하였도다 그러므로 나 만군의 여호와 이스라엘의 하나님이 이같이 말하노라 레갑의 아들 요나답에게서 내 앞에 설 사람이 영영히 끊어지지 아니하리라"(렘35:16-19)

레갑족속의 조상은 모세의 장인 겐 족속 이드로

서기관 족속은 모두 레갑족속들이다. 그런데 레갑족속이 겐족속이라고 하였다. 레갑의 고향은 함맛에서 살았던 겐족속이라고 하였다. 성경에 기록된 함맛은 납달리 지파가 기업으로 얻은 땅인데 이드로의 아들 호밥의 자손들이 살았던 곳이다. 이곳에 살았던 호밥의 자손 헤벨의 아내인 야엘이 하솔왕 야빈의 군대장관 시스라를 말뚝으로 죽인 곳이다. 긴네렛은 갈릴리 호수이다. 게데스는 갈릴리이다. 이곳은 예수님의 공생애가 펼쳐진 곳이다.

"야베스에 거한 서기관 족속 곧 디랏 족속과 시므앗 족속과 수갓 족속이니 이는 다 레갑의 집 조상 함맛에게서 나온 겐 족속이더라"(대상 2:55)

"바락이 스불론과 납달리를 게데스로 부르니 만 명이 그를 따라 올라가고 드보라도 그와 함께 올라가니라 모세의 장인 호밥의 자손 중 겐 사람 헤벨이 자기 족속을 떠나 게데스에 가까운 사아난님 상수리나무 곁에 이르러 장막을 쳤더라"(삿4:10-11)

"여섯째로 납달리 자손을 위하여 납달리 자손의 가족대로 제비를 뽑았으니 그 견고한 성읍들은 싯딤과 세르와 함맛과 락갓과 긴네렛과"(수19:32,35)

"납달리 지파 중에서는 살인자의 도피성 갈릴리 게데스와 그 목초지를 주었고 또 함못 돌과 그 목초지와 가르단과 그 목초지를 주었으니 세 성읍이라"(수21:32)

겐족속은 가인의 후예들이다. 발람선지자는 겐 족속(가인의 족속)에 대한 예언을 한다.

"또 겐 족속을 바라보며 예언하여 이르기를 네 거처가 견고하고 네 보금자리는 바위에 있도다 그러나 가인이 쇠약하리니 나중에는 앗수르의 포로가 되리로다 하고"(민24:21-22)

"모세가 그 장인 미디안 사람 르우엘의 아들 호밥에게 이르되 여호와께서 주마 하신 곳으로 우리가 진행하나니 우리와 동행하자 그리하면 선대하리라 여호와께서 이스라엘에게 복을 내리리라 하셨느니라 호밥이 그에게 이르되 나는 가지 아니하고 내 고향 내 친족에게로 가리라 모세가 가로되 청컨대 우리를 떠나지 마소서 당신은 우리가 광야에서 어떻게 진 칠 것을 아나니 우리의 눈이 되리이다 우리와 동행하면 여호와께서 우리에게 복을 내리시는대로 우리도 당신에게 행하리이다"(민10:29-32)

"모세의 장인은 겐 사람이라 그 자손이 유다 자손과 함께 종려나무 성읍에서 올라가서 아랏남방의 유다 황무지에 이르러 그 백성 중에 거하니라"(삿1:16)

레갑족속의 조상은 겐 족속으로 이방인이다. 성경에 기록된 겐 족속으로 여호와를 섬기며 유목생활을 한 사람이 바로 모세의 장인 이드로이다. 모세 장인 이드로의 아들 호밥은 이스라엘이 광야 길을 가는 동안 모세의 눈이 되어 주었다. 그 후 이드로의 자손들은 유다 지파에 편입이 되어 종려나무 성읍인 여리고에서 살다가 남쪽 황무지로 내려가 다시 유목생활을 하게 된다. 호밥의 자손들이 여리고 종려나무 성읍을 떠나 남쪽 황무지로 이주할 때 일부는 납달리 땅 갈릴리 호수 북쪽으로 이주를 한다. 그 사람이 바로 헤벨이다.

미디안 제사장, 겐 사람, 모세의 장인 이드로는 누구인가?

"모세가 그 장인 미디안 제사장 이드로의 양무리를 치더니 그 무리를 광야 서편으로 인도하여 하나님의 산 호렙에 이르매"(출3:10)

"아브라함이 후처를 맞이하였으니 그의 이름은 그두라라 그가 시므란과 욕산과 므단과 미디안과 이스박과 수아를 낳고"(창25:1-2)

성경은 모세의 장인 이드로를 미디안 제사장이라고 하였다. 미디안이란 이름은 아브라함의 후처 그두라의 아들이다. 아브라함은 후처의 아들들에게 기업을 주어 동쪽으로 이주를 시켰다. 미디안 족속들은 세 종류로 분류가 된다. 발람이 속해 있었던 미디안 성읍이다. 시므온 지파 남자들을 유혹해서 망하게 한 고스비가 미디안 족장의 딸이었다. 먼 길을 오가며 장사하고 있는 미디안인들이다. 그리고 이드로처럼 유목생활을 하고 있는 미디안 족속이 있다. 그런데 이드로는 겐족속이다. 즉 가인의 후손이다. 가인의 후손 역시 여러 종류의 직업을 가지고 살았다. 거의 대부분 도시를 건축하여 기계와 악기와 무기를 만들어 정복하고 지경을 넓히는 세계 역사의 주류이다. 그런데 이드로는 가인의 후손임에도 불구하고 광야에서 유목생활을 하고 있다.

이드로는 가인의 자손으로 아브라함의 후처 그두라의 아들인 미디안의 자손들을 만나 결혼을 하고 제사장이 되었다. 하나님께서 모세를 40년 동안 이드로에게 맡겨 훈련을 받게 하셨다. 성경에는 기록이 없지만 미디안 제사장인 이드로가 가인의 후손들처럼 바알이나 아세라를 섬기는 제사장이었다면 하나님께서 모세를 그에게 맡기시지 않으셨을 것이다. 그가 도시 문명을 등지고 광야에서 유목생활을 하는 제사장이었다면 분명히 아브라함의 후처 그두라의 아들인 미디안 자손들을 통해서 여호와의 신앙을 가질 수 있었을 것이다. 출애굽기 18장에서 이드로 제사장이 모세의 출애굽 과정의 이야기를 듣고 여호와를 찬양하고 번제물과 희생제물을 가져와서 제사를 드리고 장로들과 함께 먹는 장면이 나온다.

"이드로가 여호와께서 이스라엘에게 모든 은혜를 베푸사 애굽 사람의 손에서 구원하심을 기뻐하여 가로되 여호와를 찬송하리로다 너희를 애굽 사람의 손에서와 바로의 손에서 건져내시고 백성을 애굽 사람의 손 밑에서 건지셨도다 이제 내가 알았도다 여호와는 모든 신보다 크시므로 이스라엘에게 교만히 행하는 그들을 이기셨도다 하고 모세의 장인 이드로가 번제물과 희생을 하나님께 가져오매 아론과 이스라엘 모든 장로가 와서 모세의 장인과 함께 하나님 앞에서 떡을 먹으니라"(출18:9-12)

가인의 자손 중에서 이드로와 같은 사람이 있다는 사실이 놀라울 뿐이다. 아브라함의 후처의 아들인 미디안의 자손 중에서 또 이드로와 같은 사람이 있다는 것이 놀라운 일이다. 이드로의 아들인 호밥의 자손들이 납달리 갈릴리 땅에서 번성하여 헤벨의 아내 야엘과 같은 여장부가 나온 것도 놀라운 일이다. 왜 예수님께서 나사렛에서 사셨는가? 왜 예수님은 갈릴리에서 공생애 사역을 하셨을까? 만일 예수님께서 다시 오신다면 가장 먼저 찾아 오실 곳이 어디일까? 그리고 누구일까?

서기관 족속이 된 레갑족속

"야베스에 거한 서기관 족속 곧 디랏 족속과 시므앗 족속과 수갓 족

속이니 이는 다 레갑의 집 조상 함맛에게서 나온 겐 족속이더라"(대상 2:55)

야베스에 거한 서기관 족속들이 모두 레갑족속이다. 이미 이드로의 아들 호밥의 자손들이 여호수아를 통해서 광야 길을 안내했던 댓가로 가장 좋고 비옥한 땅인 여리고 종려나무 성읍을 기업으로 받았다. 그렇다면 레갑족속이 살았던 야베스는 어디인가? 여리고 종려나무 성읍이다. 유명한 야베스의 기도가 레갑 족속의 기도이다.

서기관은 성경 기록들을 보존하고 설명하는 일을 하고 율례와 규례를 기록하여 정리하고 역사철을 보관하는 일을 한다. 유목생활을 하고 있는 겐 족속이 이런 업무를 하는 것이 놀랍다. 보통 구약에서는 선지자들이 하던 일이다. 엘리야와 엘리사 시대에 선지학교가 있었다. 벧엘, 길갈, 여리고 나중에 길갈의 선지학교가 좁자 요단에 하나를 더 확장시키는 모습이 왕하 6장에 기록되어 있다. 그런데 길갈에 100명의 선지생도가 있었다. 여리고에도 50명의 선지생도가 있었다. 모두 여리고 종려나무 성읍으로 이드로의 아들 호밥 자손들이 살았던 곳이다.

보통 히브리 유목민들을 집시라고 한다. 집시의 상징은 학문이 없고 무식하고 단순하게 살아가는 자들을 말한다. 레갑족속이 유목생활을 하면서 어떻게 서기관 족속이 되었을까? 고대 문명의 주인공은 가인의 후예들이다. 이들이 문자를 만들고 각종 문명을 일으켰다. 왜냐하면 아리안족이란 바로 가인의 후예들로 이 세상에서 가장 머리가 좋은 인종이다. 예나 지금이나 이들이 문명의 주인들이다. 그런데 어떻게 레갑족속들이 서기관 족속이 되었을까? 바로 그들이 겐 족속이었기 때문이다. 이드로 역시 겐 족속으로 비록 그가 유목생활을 하고 있었지만 그는 가인의 족속으로 문자나 문명에 깨어 있었던 사람이다. 이들의 자손들이 바로 서기관 족속이 된 것이다.

바벨론 포로 귀환 이후 레갑족속들

"분문은 벧학게렘 지방을 다스리는 레갑의 아들 말기야가 중수하여

문을 세우며 문짝을 달고 자물쇠와 빗장을 갖추었고"(느3:14)

유다가 멸망한 주전 586년 후에는 레갑족속의 거취에 대한 언급이 없으나 바벨론으로 함께 이주한 후 포로 귀환시 돌아와 예루살렘 남쪽 4㎞ 지점에 위치한 벧학게렘 지방을 다스리는 레갑족속 말기야가 분문을 건축했다. 오늘날의 위치는 라멧라헬이다. 벧학게렘은 오늘날 베들레헴으로 레갑족속들이 바벨론 포로에서 돌아와 척박한 땅에서 양들을 키워 예루살렘 성전에서 제사용으로 사용하였다고 한다. 오늘날에는 레갑족속들이 예멘을 중심으로 약 6만 명이 살고 있다고 한다.

성경은 아담으로부터 시작해서 가인의 후예들과 아벨의 후예들에 대한 역사를 기록하고 있다. 이것이 주류들의 역사이다. 그런데 놀라운 것은 그들이 구원의 주류가 아니라는 것이다. 진짜 구원받은 주류는 남은 자들이다. 가인의 후손 중에 남은 자인 이드로, 아브라함의 후처 그두라의 아들 미디안, 이드로의 아들 호밥의 자손들인 레갑족속들이 살아 있는 여호와의 신앙을 바로 지켜온 증인으로 살다가 예수님의 갈릴리 사역을 통해 갈릴리 출신 12제자로 이어져 오늘날까지 오고 있다. 이것이 남은 자의 비밀이다.

17. 남은 자들의 역사

도시 중심의 문명을 가지고 살았던 가인의 후손으로 도시를 등지고 유목생활을 하면서 남은 자가 되었던 모세의 장인 이드로는 가인의 족속 중에서 남은 자이다. 아브라함의 후처 그두라의 아들 미디안의 자손들이 모압 옆에 큰 나라를 형성하고 살았지만 이드로는 유목생활을 택하므로 미디안에서 남은 자가 되었다. 이드로의 아들 호밥은 여리고 종려나무 성읍을 여호수아로부터 기업으로 받았지만 스스로 포기하고 남방 황무지에 거하면서 유목생활을 택하므로 스스로 유다지파에서 남은 자가 되었다. 아합시대 레갑의 아들 요나답은 후손들에게 집을 짓지 못하게 하고, 포도원을 일구지 못하게 하고, 나무를 심지 못하게 하여 여호와를 섬기는 일에 전념하도록 유목생활을 유언으로 남겼는데 250년이 지나도록 레갑의 후손들은 유언을 지켜 유다가 망할 때 남은 자가 되었다. 죄인 가인의 남은 자는 아벨, 아담의 후손 들이 네피림의 죄악으로 물심판을 받을 때 남은 자는 노아, 노아의 후손들이 바벨탑을 쌓고 배도할 때 남은 자는 아브라함, 이스라엘의 12지파가 망할 때 유다지파가 남은 자, 유다왕국이 로마에게 망할 때 남은 자는 이방인, 이방인 교회가 타락하여 망할 때 남은 자는 광야교회이다.

끝까지 남아 구원을 받은 남은 자들의 특징

"그 때에 내가 여러 백성의 입술을 깨끗하게 하여 그들이 다 여호와의 이름을 부르며 한 가지로 나를 섬기게 하리니 내게 구하는 백성들 곧 내가 흩은 자의 딸이 구스 강 건너편에서부터 예물을 가지고 와서 내게 바칠지라 그 날에 네가 내게 범죄한 모든 행위로 말미암아 수치를 당하지 아니할 것은 그 때에 내가 네 가운데서 교만하여 자랑하는 자들을 제거하여 네가 나의 성산에서 다시는 교만하지 않게 할 것임이라 내가 곤고하고 가난한 백성을 네 가운데에 남겨 두리니 그들이 여호와의 이름을 의탁하여 보호를 받을지라 이스라엘의 남은 자는 악을 행하지 아니하며 거짓을 말하지 아니하며 입에 거짓된 혀가 없으며 먹고 누울지라도 그들을 두렵게 할 자가 없으리라"(습3:9-13)

마지막 남은 자로 구원을 얻은 사람은 이스라엘 뿐만 아니라 여러 이방나라들이 포함되어 있다. 이것은 바벨론을 고레스가 멸망시키고 바벨론 제국으로부터 해방 받은 모든 나라들을 상징하기도 한다. 하나님께서 모든 나라 백성들의 입술을 깨끗하게 하여 여호와를 부르게 하신다. 그들이 이스라엘에 편입이 되어 예루살렘으로 와서 예물을 드린다. 천년왕국에서 이루어질 일이다. 그런데 그들의 특징은 가난한 자들이다. 곤고한 자들이다. 힘이 없는 자들이다. 이들은 악을 행치 아니하고, 거짓을 말하지 아니하고, 입에 거짓된 혀가 없고, 먹고 누울지라도 그들을 두렵게 할 자가 없는 자들이다. 이들은 이미 문명사회로부터 버림 받은 자들이다. 떠도는 집시와 같은 존재들로서 아무도 그들을 간섭하지 않는다. 그러하기에 다툴 이유도 없고, 악을 행할 수 있는 힘조차 없는 존재들이다. 그래서 이들 입에는 거짓이 없다. 거래하거나 소득활동이 없기 때문에 거짓된 혀도 없는 것이다. 이런 사람을 아웃사이더라고 한다. 노숙자가 싸우는 것을 보았는가? 노숙자가 거짓을 말하는 것을 들었는가? 노숙자가 먹고 누울 때 그들을 두렵게 할 자가 있는가?

바벨론에서 돌아온 남은 자들

"시온의 딸아 노래할지어다 이스라엘아 기쁘게 부를지어다 예루살렘 딸아 전심으로 기뻐하며 즐거워할지어다 여호와가 네 형벌을 제거하였고 네 원수를 쫓아냈으며 이스라엘 왕 여호와가 네 가운데 계시니 네가 다시는 화를 당할까 두려워하지 아니할 것이라 그 날에 사람이 예루살렘에 이르기를 두려워하지 말라 시온아 네 손을 늘어뜨리지 말라 너의 하나님 여호와가 너의 가운데에 계시니 그는 구원을 베푸실 전능자이시라 그가 너로 말미암아 기쁨을 이기지 못하시며 너를 잠잠히 사랑하시며 너로 말미암아 즐거이 부르며 기뻐하시리라 하리라 내가 절기로 말미암아 근심하는 자들을 모으리니 그들은 네게 속한 자라 그들에게 지워진 짐이 치욕이 되었느니라 그 때에 내가 너를 괴롭게 하는 자를 다 벌하고 저는 자를 구원하며 쫓겨난 자를 모으며 온 세상에서 수욕 받는 자에게 칭찬과 명성을 얻게 하리라 내가 그 때에 너희를 이끌고 그 때에 너희를 모을지라 내가 너희 목전에서 너희의 사로잡힘을 돌이킬 때에 너희에게 천하 만민 가운데서 명성과 칭찬을 얻게 하리라 여호와의 말이니라"(습3:14-20)

이미 스바냐 선지자는 70년 바벨론 포로 생활이 끝나고 예루살렘으로 돌아올 남은 자들에 대하여 기록을 하고 있다. 누가 돌아 오는가? 바벨론에서 성공한 사람들은 돌아오지 않는다. 바벨론에서 정착한 사람들은 돌아오지 않는다. 바벨론 70년 포로생활을 하는 중에 수욕을 당하고 살았던 자, 절기로 인하여 근심 하는 자, 저는 자, 쫓겨난 자들을 돌아오게 하여 칭찬과 명성을 얻게 하실 것이라 한다.

고레스 왕을 통해서 바벨론 포로에서 돌아온 유다백성들의 상징은 마지막 때 예수님이 재림하셔서 바벨론을 멸망시키시고 남은 자들을 구원하시는 것을 예언하고 있다. 요한 계시록18장4절에서는 바벨론이 망하는 모습이 기록되어 있다. 사도 요한은 성령으로 말미암아 바벨론에서 나와서 멸망을 피하라고 경고를 한다. 누가 바벨론성에서 나와 구원 받는 남은 자들이 될 수 있을까? 마지막 예수님의 재림으로 심판을 받을 대상은 바벨론 성인데 바벨론 시티라고 기록되어 있다.

마지막 심판은 도시를 중심으로 일어난다. 그래서 마지막으로 심판을 피해 남은 자가 되기 위해 예수님께서 말씀 하신대로 도시에서 탈출하여 산으로 도망해야 한다. 광야로 피해야 한다. 이사야 선지자 역시 마지막 세상에 임할 광풍 같은 심판을 피하기 위해 밀실에 들어가 잠시 동안 피하라고 경고를 하였다.

도시는 유비쿼터스 스마트 시티로 완벽통제사회가 구축된다. 이곳에서 살면서 완벽통제사회 시스템인 짐승의 표를 받지 않고 살 수 없다. 도시에서의 사람의 삶이 빅 데이터 통제속에서 이루어지기 때문이다. 그래서 성경은 누구든지 666표를 받은 자들은 영원히 꺼지지 않는 지옥불의 심판을 피할 수 없다고 하였다. 도시에서 나와 일체 문명을 끊고 자연인처럼 살아야 트랜스 휴먼이라는 인간통제 프로그램을 피할 수 있다.

참 놀라운 사실은 바벨론 포로에서 돌아온 사람들이 약 5만 명 정도 되는데 거의 모든 사람들이 바벨론에서 나그네와 행인처럼 살았던 사람들이다. 다시 말해서 정착생활을 피하거나 못하고 살았던 사람들이다. 신분적으로도 종, 노예, 환관들이 주류를 이루고 있다. 그들은 끌려갈 때도 돌아 올 때도 역시 아웃사이더였던 것이다. 그런데 그들이 복이 있는 자들이다. 왜냐하면 바벨론에서 받지 못하였던 칭찬과 명성을 남은 자들로 받게 되었기 때문이다. 예수님의 재림 때에도 비록 구원을 받아 첫째부활에 참여하지는 못한다 할지라도 짐승의 표를 받지 아니한 자들은 천년왕국 백성으로 들어갈 수 있는 자격을 얻게 되는 것이다.

휴거를 약속 받은 남은 자들의 교회 빌라델비아

"빌라델비아 교회의 사자에게 편지하기를 거룩하고 진실하사 다윗의 열쇠를 가지신 이 곧 열면 닫을 사람이 없고 닫으면 열 사람이 없는 그이가 가라사대 볼찌어다 내가 네 앞에 열린 문을 두었으되 능히 닫을 사람이 없으리라 내가 네 행위를 아노니 네가 적은 능력을 가지고도 내 말을 지키며 내 이름을 배반치 아니하였도다 보라 사단의 회 곧 자칭 유대인이라 하나 그렇지 않고 거짓말 하는 자들 중에서 몇을 네게 주어 저희로 와서 네 발앞에 절하게 하고 내가 너를 사랑하는 줄을 알게 하리라 네가 나의 인내의 말씀을 지켰은즉 내가 또한 너를 지키어 시험의 때를 면하게 하리니 이는 장차 온 세상에 임하여 땅에 거하는 자들을 시험할 때라 내가 속히 임하리니 네가 가진 것을 굳게 잡아 아무나 네 면류관을 빼앗지 못하게 하라 이기는 자는 내 하나님 성전에 기둥이 되게 하리니 그가 결코 다시 나가지 아니하리라 내가 하나님의 이름과 하나님의 성 곧 하늘에서 내 하나님께로부터 내려 오는 새 예루살렘의 이름과 나의 새 이름을 그이 위에 기록하리라 귀 있는 자는 성령이 교회들에게 하시는 말씀을 들을찌어다"(계3:7-13)

예수님의 재림으로 지금 우리가 사는 시공간 속에 갇힌 우주는 사라지고 시공간을 초월한 자유스런 새로운 우주가 펼쳐진다. 이때 구원받아 첫째 부활에 참여한 성도는 예수님과 같이 천년동안 왕노릇한다. 그러나 첫째 부활에는 참여하지 못했을지라도 666 짐승의 표를 받지 않는 자들은 이방인이라 할지라도 이스라엘 백성들과 함께 천년왕국 백성으로 들어가 다시 한 번 구원의 기회를 허락 받는다.

빌라델비아 교회는 휴거에 약속을 받은 교회이다. 예수님의 신부로 인정을 받아 7년 환난에 들어가지 아니하고 바로 휴거에 참여한 유일한 교회이다. 빌라델비아 교회의 신앙의 특징을 알아보면 내 자신이 휴거에 참여할 수 있는가에 대한 여부를 알 수 있다.

빌라델비아 교회는 작은 시골교회이다. 그래서 적은 능력을 가지고 배반하지 않았다고 했다. 옛날에는 목화 사업을 주 생산으로 했고 오늘날에는 포도주 사업을 한다. 빌라델비아 교회안에는 자칭 유대인이라고 하는 사단의 회가 있었다. 가짜 유대인인 바리새파 유대인들을 말한다. 이들은 말로만 유대인들이지 사단을 숭배한 자들이다. 그러하기에 교회안에서 철저하게 참 성도들에게 갑질을 하고 핍박을 하는 자들이다. 교만하여 말만 앞세우고 성도들을 능욕하고 이용한 위선자들이다. 이런자들을 그리스도의 사랑으로 품고 한 지체로 섬긴다는 것은 여간 어려운 일이 아니다. 그러나 빌라델비아 교회 성도들은 끝까지 이들을 사랑하고 이들로부터 받은 온갖 핍박과 조롱을 견디었다. 그래서 정금처럼 단련된 교회이다. 성경은 이들이 사랑으로 승리하여 예수님께서 사단을 섬기는 자들의 정체를 드러내고 교회 앞에 무릎을 꿇게 하셨다고 한다. 예수님께서 결국 거룩한 교회를 지켜 주신 것이다.

에베소 교회는 능력이 많아 스스로 영적인 전쟁을 했지만 빌라델비아 교회는 성도들이 힘이 없어 오직 예수님께서 이들을 대신하여 싸워 주신 것이다. 그렇다 전쟁은 우리가 하는 것이 아니다. 전쟁은 예수님이 하신다. 원수가 주릴 때 먹이고 목마를 때 마시게 해야 하는 것이다. 그리고 핍박자를 위해 기도해야 하는 것이다. 우리는 오직 말씀에 순종하여 참다운 예수님의 신부로 단장하는 것이다. 단장이 끝나면 예수님께서 원수들의 무릎을 꿇게 하신 것이다. 이것이 진정한 예수님의 신부인 교회이다.

이런 신부만 되게 하여 주소서

약하다 못해 배반까지도 생각할 수 없는 교회
그저 소박하고 순전하여 주어진 환경에 적응할 수 밖에 없는 교회
능력이 없어도 구하지 못하고 힘이 없어도 또 다른 힘이 필요한지 조차 알지 못하는 교회
경쟁할 줄도 모르고 경쟁자체의 개념이 없는 교회
있는 모습 그대로를 간직하고 살아가는 교회
안력이 약하여 멀리보지도 못하고
싸울 수 있는 무기가 하나도 없어 마냥 지기에 익숙한 교회

오직 아는 분은 예수님 한 분이시라 그 분만이 기쁨인 교회
더 이상 바라볼 것도 없고 기대할 것도 없는 교회
마주 본 사람, 마주 본 모습대로 만족해 하는 교회
하나 주면 하나로 만족하고 둘을 줘도 셋을 기대하지 않는 교회
원수를 갚을 수 있는 사람도 생각도 힘도 없는 교회
주님이 아니면 일어설 수도 없고
주님이 아니면 오늘의 한 순간의 삶이 불가능한 교회
행여 한 눈을 팔면 넘어질 수 밖에 없는 교회
일어서면 넘어지기 일수요, 넘어지면 또 다시 일어서려고 몸부림 치는 교회
바라보면 눈을 뗄 수 없고 손을 붙잡으면 놓을 수 없는 교회
세상에 대한 욕심이나 허영은 상상할 수 없고
세상에 대한 사치나 영화는 꿈도 꿀 수 없는 순박한 교회
자신이 잘못한 것 없이 넘어지고도 일어 나면서 미안해 하는 교회
핍박자들의 조롱을 받으면서도 그들을 외면하지 못하는 교회
오직 주님만 생각하고 주님만을 기대하는 교회
주님을 사랑하기에 항상 즐거운 교회
주님이 계시기에 모든 것이 문제가 되지 않는 교회
주님이 계시기에 원수까지도 예뻐하는 교회
주님을 사랑하기에 눈이 아주 멀어버린 교회
주님만을 생각하기에 다른 생각이 들어가지 못한 교회
세상이 알아주지 않아도 주님만으로 만족하는 교회
오직 주님만으로 존재의 목적을 삼고 주님만을 의지함으로 살아가는 교회
주님! 이런 신부가 되게 하여 주옵소서!

제5장 하나님의 세계경영

1. 세상을 경영하시는 하나님

하나님의 세계 경영

"이것이 온 세계를 향하여 정한 경영이며 이것이 열방을 향하여 편 손이라 하셨나니 만군의 여호와께서 경영하셨은즉 누가 능히 그것을 폐하며 그 손을 펴셨은즉 누가 능히 그것을 돌이키랴"(사14:26-27)

우물 안 개구리가 자기가 살고 있는 우물이 온 세상인 것처럼 생각하듯 앗수르에게 시달리고 노략당하고 조롱당하고 살았던 남북 이스라엘은 앗수르가 망하여 사라질 것이라고는 꿈에라도 생각할 수 없었다. 왜냐하면 이사야 선지자 당시에 앗수르는 전 세계를 지배하고 부와 영화가 하늘을 찌르고 있었기 때문이다. 우물 안 개구리처럼 눈 앞에 것만 바라보고 하루하루 살았던 남 유다 사람들은 이사야 선지자를 통해서 들려주는 예언들이 한낮 잠꼬대와 같이 들렸을 것이다. 왜냐하면 그들이 살고 있는 시대보다 100년이나 앞서서 되어질 앗수르와 바벨론의 멸망을 예언하고 있었기 때문이다.

나도 오랜 세월을 우물 안 개구리처럼 살았다. 내가 알고 있는 '나' 속에 갇혀서 살았다. 내가 가진 꿈과 계획이 전부인 것처럼 살았다. 이는 마치 원숭이가 유리병 속에 있는 땅콩을 한 주먹 쥐고 그것을 먹을 욕심으로 놓지 못하고 사냥꾼에게 사로 잡혀간 것처럼 내 인생도 나에게 갇혀서 마귀의 밥이 될 운명이었다. 내가 만일 그렇게 살다가 수

천 수 만의 인생들 같이 이슬처럼 사라져 지옥으로 갔다면 얼마나 원통한 일이었을까 생각하면 소름이 돋는다.

그러나 만물을 지으시고 세계를 경영하시는 하나님이 이사야 선지자를 통해서 100년 앞을 내다 보시고 사랑하는 백성들을 깨우듯이 기나긴 방황의 시간들 가운데 나를 떠나지 아니하시고 성실하게 종을 인도해 주신 하나님이 내속에 갇혀 살았던 나를 해방둥이가 되게 하셨다. 오래 참으시고 하나님의 성실과 하나님의 사랑과 자비하심으로 우물 안 개구리처럼 갇혀 살았던 나는 애벌레가 날개를 달고 창공을 날으듯 자유를 얻게 되었다. 그리고 오늘도 세계를 경영하시는 하나님과 함께 일을 하고 있다.

세상의 제국들조차도 그들 자신들을 높이 올리고 세우시는 분이 여호와 하나님이라는 사실을 몰랐다. 그들은 자기들의 힘과 능력으로 그 모든 것을 얻은 것처럼 교만을 떨다가 하루 아침에 이슬처럼 사라지곤 했다. 그리고 지금도 세상의 마지막 끝자락에서 마지막 멸망할 적그리스도의 나라가 일어나고 있다.

하나님의 세계 경영의 가장 중요한 목적은 제국들이 아니고 친히 택하여 세운 이스라엘이었듯이 마지막 시대에 하나님이 세우실 적그리스도의 바벨론 제국도 그들을 위한 것이 아니라 나와 교회를 위해 그 엄청난 세력들을 세우시고 계신다. 이렇게 거대한 하나님의 우주적인 세계 경영의 목적이 미물(微物) 같은 나를 위한 경영이라고 생각하니 마음이 뜨거워진다. 그리고 나는 점점 작아지고 나를 향한 하나님의 사랑은 점점 더 커져만 간다.

하나님이 제일 싫어하시고 심판하실 수 밖에 없는 것이 있다. 교만이고, 자만이고, 스스로를 높여 하나님의 모든 경영을 훼방하는 것이다. 여호와께서 앗수르를 향해 누누이 강조하셨던 말씀이 있다. 몽둥이가 사용하는 주인을 움직이려 한다면 어찌 그 주인이 몽둥이를 심판하지 않겠느냐고 경고하신 내용이다. 세계를 경영하신 하나님은 나보다 나를 더 잘 아시고 나보다 나를 더 사랑하신다. 그분은 전능자이시기에 하시지 못할 일이 없고 전지하신 분이시기 때문에 모르시는 것이 하나도 없다. 내가 그분의 손에 쓰임 받은 막대기가 된다면 나는

족한 것이다. 가을 하늘이 높고 푸르듯 나의 신앙도 항상 가을 하늘처럼 높고 푸르러 세계를 경영하시는 하나님과 함께 동행 하면서 그분의 마음을 시원케 해드려야 함을 깨닫게 된다.

인류의 모든 길을 주목하시는 하나님

"주는 책략에 크시며 하시는 일에 능하시며 인류의 모든 길을 주목하시며 그의 길과 그의 행위의 열매대로 보응하시나이다 주께서 애굽 땅에서 표적과 기사를 행하셨고 오늘까지도 이스라엘과 인류 가운데 그와 같이 행하사 주의 이름을 오늘과 같이 되게 하셨나이다."(렘 32:19-20)

예레미야는 슬프도소이다 탄식을 한다. 자신은 비록 옥에 갇혀 있지만 예레미야는 온 우주와 만물을 지으시고 애굽, 앗수르, 바벨론 등 모든 인류의 길을 주목하시고 그 행위의 열매를 보응하시는 하나님을 보고 있다. 그러니 더욱 더 슬프고 마음이 아프다. 눈이 있어도 보지 못하고 귀가 있어도 듣지 못하고 있는 무능한 왕, 뇌물에 익숙하고 눈에 보인 것들에 미혹된 제사장들과 선지자들, 이들에게 세뇌가 되어 포로가 된 백성들 모두가 지금 멸망으로 가면서도 그것을 가르쳐 주고 구원의 길을 알려준 선지자를 옥에 가두고 스스로 파멸의 길을 가고 있는 모습을 보고 선지자는 슬프도소이다 탄식을 하고 있는 것이다.

왜 나라를 다스리는 왕들의 눈과 귀가 가리워졌을까? 왜 당시 모든 사람들은 예레미야가 알고 있는 만군의 여호와 하나님을 알지 못하고 있었을까? 예레미야는 여호와가 천지를 지으신 분이시고 온 인류의 걸어가고 있는 모든 길들을 주목하시고 그 행위의 열매대로 보응하시고 계시는 역사의 주관자이심을 잘 알고 있다. 천만인에게 은혜를 베푸시고 죄를 범하는 자들에게는 아버지와 아들로 이어지는 하나님의 심판을 알려주고 있다. 예레미야는 바벨론 제국을 죄를 범한 유다를 정결케 하시기 위해 여호와께서 세우시고 큰 권세와 능력을 느부갓네살에게 주신 것을 알고 있다. 그러하기에 그는 유다 백성들에게 살 수 있는 길을 가르쳐 주고 있는 것이다.

그럼에도 불구하고 그들은 참 선지자의 말을 듣지 않고 스스로 파멸의 길을 가고 있는 것이다. 창세 이후로 없었던 인류의 최악의 고통의 순간인 야곱의 환난이 택한 백성들에게 다가오고 있다. 마치 구약에 유다에게 미치고 있는 것과 같은 최후의 심판이 이제 교회를 향해 다가오고 있다. 그럼에도 불구하고 교회는 캄캄한 밤중이다. 바벨론을 통해 계획하신 하나님의 거대한 책략을 알지 못한 유다백성들이 우물 안 개구리처럼 대항하듯 오늘의 한국교회는 자신을 정결케 하시기를 원하셔서 적그리스도의 세력들을 동원하여 교회를 연단하시고 섭리하신 거대한 하나님의 책략을 알지 못하고 온 몸으로 대항하고 전쟁을 선포하고 있다. 그러니 내 마음이 예레미야처럼 슬프고 아프다.

마지막 시대 여호와를 바로 알지 못하면 심판을 받는다. 죄가 있어 심판을 받는 것이 아니라 여호와를 알지 못해서 심판을 받는 것이다. 그래서 호세아 선지자도 여호와를 알자 힘써 여호와를 알자라고 호소 하였다. 이사야 역시 여호와를 알지 못하는 무지 때문에 모든 자들이 음부로 내려간다고 소리를 쳤다. 모든 시대 사람들이 여호와를 알지 못하고 썩고 부패한 물질에만 눈이 밝았던 것이다. 이것이 바로 바알의 종교이다. 하나님은 모든 인류의 길을 주목하신다. 거기에는 '나'라고 하는 존재도 예외일 수 없다. 76억의 인구를 마치 한 사람을 보듯이 주목하고 계신다. 주목한다는 말은 온 눈과 귀와 마음을 모아 세밀하게 관찰하고 살핀다는 것이다. 그냥 대충 살핀다고 한다면 넘어갈 수 있는 순간의 일들조차 하나님의 주목하시는 불꽃 같은 눈앞에서 피할 수 없다.

전체가 하나처럼 정확하게 분해되고 혼과 영과 관절과 골수까지 쪼개시는 하나님 앞에 만물이 벌거벗게 되는 것이다. 그리고 그 행위의 열매를 정확하게 보응하시는 것이다. 보응한다는 말도 역시 행한 그대로 갚아 준다는 것이다. 죄인들의 특징은 다른 사람들의 죄와 허물에 대하여는 사자같이 담대하지만 자신의 썩고 부패한 죄악에 대하여는 무지하다. 그러나 하나님의 공의로운 심판은 차별이 없이 정확하게 시행이 된다. 이것을 절대적인 심판이라고 한다. 사람들은 상대적으로 판단하고 심판을 한다 그러나 하나님의 심판은 절대적이다. 그러므로 나 역시 나의 행위의 열매를 주목하시는 하나님 앞에서 살아야 하는 것이다. 코람데오, 하나님 앞에서 사는 것이 중요하다.

2. 세상의 국가 권력에 대한 성도들의 태도

바벨론 성의 평안을 위해 기도하라

"만군의 여호와 이스라엘의 하나님 내가 예루살렘에서 바벨론으로 사로잡혀 가게 한 모든 포로에게 이같이 이르노라 너희는 집을 짓고 거기 거하며 전원을 만들고 그 열매를 먹으라 아내를 취하여 자녀를 생산하며 너희 아들로 아내를 취하며 너희 딸로 남편을 맞아 그들로 자녀를 생산케 하여 너희로 거기서 번성하고 쇠잔하지 않게 하라 너희는 내가 사로잡혀 가게 한 그 성읍의 평안 하기를 힘쓰고 위하여 여호와께 기도하라 이는 그 성이 평안함으로 너희도 평안할 것임이니라 나 여호와가 이같이 말하노라 바벨론에서 칠십년이 차면 내가 너희를 권고하고 나의 선한 말을 너희에게 실행하여 너희를 이곳으로 돌아오게 하리라 나 여호와가 말하노라 너희를 향한 나의 생각은 내가 아나니 재앙이 아니라 곧 평안이요 너희 장래에 소망을 주려하는 생각이라 너희는 내게 부르짖으며 와서 내게 기도하면 내가 너희를 들을 것이요 너희가 전심으로 나를 찾고 찾으면 나를 만나리라"(렘29:4-7,10-13)

하나님의 관심은 온통 사람에게 있다. 사람에 대한 생각과 비전은 창세전부터 지금까지 변함이 없으시다. 사람들이 아무리 죄를 범하고 패역을 일삼아도 사람에 대한 하나님의 아름다운 꿈은 무너지지 않고 사라지지 않는다. 바벨론 포로에 끌려간 유다 사람들에게 예레미야는 편지를 보내 하나님의 생각을 전하고 있다. 비록 유다 백성들이 죄를 범하여 바벨론에 포로로 끌려가는 것을 허락하셨지만 그들을 연단하여 거룩한 백성으로 만드시는 아름다운 하나님의 꿈은 여전히 변함이 없으시다.

예레미야는 바벨론 포로들에게 바벨론 제국의 평화와 안정을 위해 기도하라고 한다. 이는 그들 자신을 위한 것이라고 한다. 오늘날 세상에 살고 있는 구원 받은 성도들이 국가와 나라를 위해 평화와 안정을 위해 기도하는 것도 역시 마찬가지다. 바로 성도들의 평안과 안정을 위해 기도하는 것이다. 때로는 원수를 사랑하고 핍박자를 위해 기도하라고 하면 화를 내는 성도들이 있다. 하나님께서 성도들에게 그렇게 말씀하신 것은 원수들이나 핍박자를 위해 말씀 하신 것이 아니다. 세상에서 살고 있는 성도들을 위해 말씀하신 것이다. 세상에 사는 성도들은 이미 구원 받은 하나님의 아들들이기 때문에 그렇게 살아야 하는 것이다. 세상 사람들은 원수를 미워하고 핍박자들과 싸움을 하지만 구원 받은 성도들은 그렇게 살면 안되는 것이다.

바벨론 포로들과 함께 하시는 하나님

비록 유다 사람들이 바벨론에서 살고 있지만 그들을 향한 하나님의 사랑은 예루살렘에 머물러 있을 때와 전혀 달라진 것이 없다고 말씀하시면서 거짓 선지자들이 꿈을 꾸고 거짓 예언을 하면서 곧 예루살렘으로 돌아간다고 하는 속이는 말을 듣지 말라고 하신다. 당시 바벨론 포로에 끌려간 사람들은 거짓 선지자들이 2년 안에 하나님께서 바벨론을 멸망시키시고 예루살렘으로 돌아가게 될 것이란 말을 듣고 집을 마련하지 않고, 자식도 낳지 않고, 결혼도 미루는 상태로 불안해 하였다.

그러나 예레미야는 유다 사람들에게 70년은 반드시 채워야 예루살렘으로 돌아갈 수 있다는 사실을 강조하면서 거짓 선지자들의 말을 듣지 말라고 하였다. 그러면서 약속의 말씀을 주신다. 너희를 향한 나의 생각은 재앙이 아니라 평안이요 장래 소망을 주려는 것이라 하시면서 너희가 기도하면 들어주시겠다고 약속을 하신다. 이는 택한 백성들이 비록 이방인의 땅에서 살고 있을지라도 하나님께서 그들과 함께 하셔서 그곳에서 안식을 누리게 하실 것을 말씀하신 것이다. 실제로 여호와께서는 예루살렘 성전에서 떠나서 바벨론 포로들에게로 거처를 옮기셔서 70년 동안 함께 하셨다. 그러면서 바벨론 성의 평안을 기도하라고 말씀하시고 계신다. 이는 너희의 평안을 위함이라고 하신다.

70년 동안 거룩한 신부로 단장하는 유다 백성

유다 백성들이 바벨론에서 70년 포로생활을 채워야 하는 이유가 있다. 죄를 범한 유다가 속죄를 받아야 하는 기간이기 때문이다. 70이란 수는 한 사람이 태어나서 죽는 기간으로 한 세대라고 한다. 한 세대가 끝나면 그 사람이 지은 죄가 그 사람의 죽음으로 끝나 죄에서 해방을 받은 원리이다. 70년이 끝나는 것은 새로운 시대의 출발을 의미한다. 이는 죄의 값이 사망이므로 죄를 지은 사람이 죽고 부활을 하면 그 사람의 모든 죄가 사해지는 원리이기도 하다.

이사야는 유다가 바벨론 포로에서 돌아올 때 속죄를 받은 정결한 신부로 돌아와서 다윗 왕의 통치를 받고 영원한 나라를 세우게 되는 것을 예언하고 있다. 이는 예수님께서 재림하셔서 바벨론이란 세상을 심판하여 멸하시고 천년왕국을 세우시는 예언이다. 고레스 왕이 바벨론을 심판하고 유다를 해방시키는 것은 예수님께서 재림하셔서 바벨론 나라를 심판하고 천년왕국을 세우시는 것을 가르쳐 주고 있다.

유다가 바벨론 포로 70년의 기간 동안 속죄함을 얻어 신부로 단장하는 것은 예수님께서 십자가에서 완전 속죄를 이루시고 부활하시고 승천하셔서 성령을 이 땅에 보내주시고 땅끝까지 복음이 증거 되는 가운데 예수님의 아름다운 신부인 교회가 땅에서 완성되어져 가는 기간이기도 하다. 새 예루살렘의 신부 단장이 끝나면 예수님께서 재림하셔서 바벨론을 멸망시키고 천년왕국을 이루는 것이다.

세상 왕들을 위한 기도는 교회의 평안을 위한 것

왜 하나님께서는 바벨론 성의 평안을 기도하라고 하셨을까? 신약성경은 세상 나라와 왕들을 위해 기도하라고 하였다. 그러면서 이는 너희의 평안을 구하는 것이라고 하셨다.

“그러므로 내가 첫째로 권하노니 모든 사람을 위하여 간구와 기도와 도고와 감사를 하되 임금들과 높은 지위에 있는 모든 사람을 위하여 하라 이는 우리가 모든 경건과 단정한 중에 고요하고 평안한 생활을 하려 함이니라 이것이 우리 구주 하나님 앞에 선하고 받으실 만한 것이니 하나님은 모든 사람이 구원을 받으며 진리를 아는데 이르기를 원하시느니라"(딤전2:1-4)

하나님의 나라는 세상 나라가 아니다

신사도주의자들은 이 세상 나라를 하나님의 나라로 착각을 하고 구약의 신정정치 원리를 적용하여 부정하고 부패한 정부나 국가를 향해 반정부 운동을 하고 정권 퇴진 운동을 한다. 그러면서 이런 것들을 선지자적인 사명을 감당하는 것이라고 주장한다. 왜냐하면 구약의 선지자들도 그렇게 했기 때문이라고 한다. 구약의 신정정치는 하나님과 언약을 맺은 이스라엘에게만 적용 되는 원리이다. 절대로 타락하고 부패한 이 세상 나라들에게 적용해서는 안되는 것이다. 오히려 구약에서는 택한 성민인 이스라엘이 타락할 때 하나님께서는 바벨론이나 앗수르를 통해서 채찍질하시고 택한 백성들을 심판 하셨다.

이 세상에서의 하나님의 나라는 성도들의 마음에 있다

복음을 알지 못하는 신사도주의자들은 하나님의 나라를 이 땅에 세우려 한다. 그래서 세상 나라의 왕들과 전쟁을 하는 것이다. 그러나 성경은 하나님의 나라를 먼저 우리 구원 받은 성도들의 마음에 세우신다. 바리새인들이 세우기를 원하는 나라는 세상 나라이다. 그래서 예수님에게 항상 물었다. 언제 하나님의 나라가 임합니까? 그때 예수님은 말씀 하셨다. 하나님의 나라는 볼 수 있게 임하는 것이 아니고 너희의 마음에 있다고 하셨다.

"바리새인들이 하나님의 나라가 어느 때에 임하나이까 묻거늘 예수께서 대답하여 가라사대 하나님의 나라는 볼 수 있게 임하는 것이 아니요 또 여기 있다 저기 있다고도 못하리니 하나님의 나라는 너희 안에 있느니라"(눅17:20-21)

이 땅에서는 하나님의 나라가 성도들의 마음에서 이루어진다. 그리고 땅끝까지 복음이 증거 되고 구원 받은 수가 차서 교회가 완성이 되면 예수님께서 재림하셔서 눈에 보이는 하나님의 나라를 세우신다. 이 나라가 천년왕국이다.

예레미야는 타락한 유다 백성들에게 바벨론 왕의 멍에를 메고 그를 섬기지 아니하면 구원을 얻을 수 없다고 하였다. 그때 거짓 선지자들은 백성들과 함께 예레미야를 죽이려 했다.

"내가 이 모든 말씀대로 유다의 왕 시드기야에게 전하여 이르되 왕과 백성은 바벨론 왕의 멍에를 목에 메고 그와 그의 백성을 섬기소서 그리하면 사시리라"(렘27:12)

"인자의 온 것은 섬김을 받으려 함이 아니라 도리어 섬기려 하고 자기 목숨을 많은 사람의 대속물로 주려 함이니라"(막10:45)

예수님께서는 이 땅의 교회들에게 자신이 세상을 섬겨 생명을 속건제물로 주셨듯이 세상을 섬겨 속건제물이 되라고 하셨다. 구원 받은 교회는 세상을 심판할 수 없다. 예수님께서 그렇게 하셨기 때문이다. 교회는 세상을 비판할 수 없다. 왜냐하면 예수님께서 그렇게 하지 말라고 하셨기 때문이다. 이 땅에 있는 교회는 오직 예수님께서 가신 그 자취를 따라가면서 선을 행함으로 고난을 받으며 세상을 섬겨야 한다. 이것이 진정 예수님의 몸된 교회의 정체성이기 때문이다. 그렇게 할 때 천하보다 귀한 영혼들이 구원을 얻을 수 있다.

"사환들아 범사에 두려워함으로 주인들에게 순복하되 선하고 관용하는 자들에게만 아니라 또한 까다로운 자들에게도 그리하라 애매히 고난을 받아도 하나님을 생각함으로 슬픔을 참으면 이는 아름다우나 죄가 있어 매를 맞고 참으면 무슨 칭찬이 있으리요 오직 선을 행함으로 고난을 받고 참으면 이는 하나님 앞에 아름다우니라 이를 위하여 너희가 부르심을 입었으니 그리스도도 너희를 위하여 고난을 받으사 너희에게 본을 끼쳐 그 자취를 따라 오게 하려 하셨느니라"(벧전2:18-21)

세상 나라를 허락하시는 것은 성도를 신부로 단장시키는 것

지금은 이방인의 시대로 복음이 증거 되고 교회가 세워져 가고 있다. 바벨론에서 유다 백성들이 연단을 받아 거룩한 신부로 준비 되듯 이 세상에서 살고 있는 성도들도 역시 세상 사람들에게 시달리고 핍박을 받으면서 아름다운 예수님의 신부로 단장하고 있다. 절대로 이 세상 나라는 우리가 영원히 사는 나라가 아니다. 유다 백성들이 바벨론에서 나그네와 행인으로 살다가 예루살렘으로 돌아 왔듯이 지상의 교회도 나그네와 행인과 같이 세상에서 살다가 주님이 오시면 아들의 나라에 들어가 천년동안 통치하는 것이다.

3. 야누스의 두 얼굴

야누스, 문(門)의 수호신

야누스는 로마신화에 나오는 문(門)의 수호신이다. 문은 앞뒤가 없다고 생각하여 두 개의 얼굴을 가지고 있다고 여겼다. 영어에서 1월을 뜻하는 재뉴어리(January)는 '야누스의 달'을 뜻하는 라틴어 야누아리우스(Januarius)에서 유래한 것이다.

하나는 여자의 얼굴을 가지고 있고 또 하나는 남자의 얼굴을 가지고 있다면 이 사람은 남자일까? 여자일까? 또 한 사람일까? 두 사람일까? 답은 남자도 되고 여자도 되고 물론 한 사람이다. 이것이 야누스가 가진 두 얼굴이다. 다시 말해서 사람이 상식적으로 이해할 수 없는 영역들이 반드시 있다는 것이다. 사람이 정확하게 이해할 수 없다고 해서 없는 것이 아니며 존재하지 않는다고 말할 수 없는 것이다.

우리가 성경을 보면 하나님께서 하시는 일이 꼭 야누스의 두 얼굴을 보는 것 같아서 이해하기 힘든 것들이 많이 있다. 왜 하나님은 빛과 어둠을 지으셨을까? 왜 하나님께서는 선과 악을 동시에 허락하셨을까? 왜 하나님은 심판하시는 하나님과 동시에 구원하시는 하나님이 되실까? 왜 하나님은 사랑의 하나님이시면서 또 동시에 공의의 하나님이 되실까? 등 이다. 이러한 것들은 우리 사람들에게 정확하게 이해가 되지 않지만 성경에 기록된 것을 보면 사실인 것이다. 삼위일체 하나님만 하더라도 그렇다. 어떻게 서로 다른 위격(位格)을 가지신 세분이 한 분이 되실까? 피조물인 우리 사람은 생각을 하면서도 이해는 불가능한 것들이다.

결론은 하나님께서 창조하시고 하나님께서 허락하신 모든 일들이 사람을 사랑하셔서 허락하신 것이라는 사실은 명확하다. 실수하시지 않으신 전지전능하신 하나님께서 모든 것을 합력해서 선을 이루시기 위해 그렇게 하신 것은 의심할 여지가 없다. 그렇다면 문제는 없는 것이다. 우리가 이해할 수 없는 것들 때문에 하나님의 사랑을 의심한다든지 곡해해서는 안되는 것이다. 악에 대한 문제나, 모순(矛盾)에 대한 문제도 문제가 없는 것이다.

하나님이 지으신 모든 것은 사람을 사랑하시기 위한 것

모순(矛盾)이란 뜻은 모든 방패를 뚫을 수 있는 창과 모든 창을 막을 수 있는 방패라는 뜻이다. 과연 그런 창과 방패가 존재할 수 있을까? 있을 수도 없고 있어서도 안되는 것이다. 왜냐하면 정의롭지 못하다고 생각하기 때문이다. 그런데도 우리는 모순이라는 단어를 사용하는 것이다. 성경을 읽다 보면 믿으면 구원을 받는다고 했다가 또 다른 곳에서는 내가 너를 창세전에 택하였다고 말씀을 하신다. 어느 것이 맞는가? 노아 홍수 때 노아의 가정 여덟 식구만 구원을 얻었다고 했는데 성경 여러 군데에서 더 많은 사람들이 살아 있는 기록을 볼 수 있다. 어느 것이 맞는가? 똑같은 사건을 설명하는데 사람들의 숫자가 틀리다. 심지어 사람들의 이름까지도 틀린 경우가 있다. 그렇다고 해서 성경이 하나님의 말씀이 아닌가?

우리는 그동안 수많은 사건과 지식을 접하면서 고정 관념이라는 생각 속에 '나'라고 하는 사람을 만들어 왔다. 2000년 기독교 역사도 그러하다. 교회사, 교리, 신학, 사상, 지식 등을 통해서 철옹성처럼 견고한 성(城)으로 만들어진 감옥에서 살아 왔다. 이제 이 모든 것으로부터 박차고 나와야 한다. 성경을 읽을 때도 교리나 신학을 버리고 읽을 수 있는 용기와 자세가 필요하다. 다른 사람들의 말을 들을 때도 나의 생각이 틀릴 수 있다는 자세로 끝까지 들을 수 있어야 한다. 서푼어치도 안되는 지식과 교리를 가지고 하나님의 생명의 말씀들을 제한하는 것 때문에 소중한 나의 생명이 제한을 받을 수 있다고 생각해야 한다.

여호와 하나님과 테트라그라마톤(네 글자 신)

왜 이렇게 장황한 야누스에 대하여 이야기 하는가? 아주 중요한 말을 하기 위함이다. 성경에 기록된 여호와(יהוה)라고 하는 이름이 있다. 구약성경 출애굽기(Exodus) 3장 15절에 그 상황이 상세하게 묘사 되었다. 모세가 당신이 누구냐고 물을 때 "나는 스스로 있는 자니라, I am that I am."이라고 말씀을 하신다. 이에 해당하는 히브리어가 바로 (יהוה)이다. 그런데 유대교의 신비주의 전통인 카발라에서 여호와에 해당하는 히브리어 네 개의 자음을 테트라그라마톤이라고 하고 네 글자 비밀스런 신의 이름으로 중요시 한다. 테트라그라마톤이란 뜻은 "네 글자 신"이란 뜻이다. 영지주의 유대인인 카발리스트들은 신의 이름((יהוה)을 나타내는 하나의 고유명사로 사용하고 그것을 "네 글자 신"이라는 뜻으로 테트라그라마톤이라고 한다.

게마트리아 수비학으로 풀어 본 테트라그라마톤

히브리어 자음에는 숫자가 있다. 이 숫자는 피타고라스 수비학과 연관이 되어 만들어졌다. 피타고라스 학파는 수를 신으로 섬겼던 사람들이다. 우주의 원리를 수를 사용하여 종교원리를 만들었는데 이것을 피타고라스 수비학이라고 한다. 이것이 오늘날 수학이 된 것이다. 피타고라스는 우주의 공간을 삼각형이란 원리로 정리를 했다. 그리고 그것을 숫자로 해석하고 풀었다. 즉 우주는 점, 선, 면, 입체로 구성이 되었는데 점은 숫자로 1, 선은 점 두 개를 이은 숫자로 2, 면은 점 셋을 이은 숫자로 3, 입체는 점 넷을 선으로 이은 숫자로 4로 정리를 했다.

그래서 우주는 점,선,면,입체가 모여서 성립된 것이라고 해서 1+2+3+4=10으로 이것을 테트락티스라고 했다. 네 글자로 만들어진 숫자라는 뜻이다. 이러한 원리로 여호와 라는 히브리어 네 글자를 가지고 숫자로 표현한 것을 테트라그라마톤이라고 한다. 1에 해당하는 히브리어 자음 하나는 요드, 2에 해당하는 자음 둘은 요드, 헤, 3에 해당하는 자음 셋은 요드, 헤, 바브, 4에 해당하는 자음 넷은 요드, 헤, 바브, 헤이다. 이렇게 해서 합하면 요드는 4개, 헤도 4개, 바브는 2개가 된다. 게마트리아 수로 표시를 하면 요드는 10, 헤는 5, 바브는 6이므로 전체를 계산하면 요드 4개는 40, 헤 4개는 20, 바브 2개는 12이므로 총 72가 된다.

유대 카발리스트들은 하늘의 해와 달과 별들을 섬기는 신비주의 자들이다. 그 이유는 우주에는 가공할 만한 에너지를 가지고 있는 신들이 있는 곳으로 이해를 하고 하늘의 별들을 섬겼던 것이다. 이것을 점성술(占星術)이라고 한다. 피타고라스 역시 이런 종교관을 가지고 있었다. 카발리스트들은 하늘에 있는 특정한 72행성을 신들의 이름을 붙여서 섬겼는데 이것을 쉠하메포라쉬라고 한다. 즉 72 행성 신이라는 뜻이다. 72행성 신들을 마법의 신이라고 한다. 72 신들이 각기 엄청난 마법의 능력을 가지고 있다는 것이다. 지진을 일으킨 마신 아가레스(AGARES), 해부학 마신 마락스(MARAX), 미래를 예언한 마신 카미오(CAMIO), 죽은 자의 영혼을 소환하는 마신 무르무르(MURMUR), 연설의 마신 로노베(RONOVE), 한 순간에 물체를 이동시킬 수 있는 마신 세에레(SEERE), 도둑질을 잘하는 심부름꾼 마신 발레포르(VALEFOR), 금속을 황금으로 바꾼 마신 베리드(BERITH), 신이나 천지 창조에 관한 비밀을 알려주는 마신 오로바스(OROBAS) 등이 있다.

유대 카발라 생명나무 원리에서 랍비들은 관상기도를 통해서 72 마신과 접촉을 하여 초자연적인 능력을 받아 세상을 다스리고 지배할 뿐 아니라 초자연적인 창조지식을 받아서 과학문명을 발전시켜 왔다. 피렌체에서 태어난 천재들이 모두 다 유대 카발라 생명나무 원리를 통한 관상기도에서 마신들과 만남을 통해서 탄생한 자들이다. 오늘날 사이언톨로지 종교가 마신들의 종교이다.

테트라그라마톤의 비밀이 바로 이것이다. 바리새파 유대인들은 여호와를 상징하는 네 글자를 절대로 여호와라고 부르지 않는다. 그들은 그것을 테트라그라마톤이라고 부른다. 왜냐하면 이름이 없기 때문이다. 여호와 또는 야훼라고 부른 이름은 아도나이라고 하는 발음과 네 자음을 합쳐서 만들어낸 발음일 뿐이다. 그들이 여호와의 이름을 부르지 아니한 또 다른 이유는 그들의 비밀종교를 숨기기 위함이기도 하다.

유대 카발라 종교는 하늘의 별들을 섬기는 종교로 72 행성의 이름을 모두 신들의 이름으로 정하고 72 신들의 힘이 다 모아지면 엄청난 에너지가 지구로 전달 된다고 하는 이론으로 생명나무 종교 원리를 만들었다. 이것을 유대 카발라 종교라고 한다. 생명나무 원리 역시 테트라그라마톤의 원리로 10개의 점을 스피로트로 연결하여 아인 소프에게 연결을 하면 33이 나오는데 이것이 일루미나티 33도에 해당하는 절대신과 연결되어 있는 루시퍼이다. 즉 세상에 빛을 공급하는 천사라는 것이다. 일천 번 기도를 통해 지혜를 얻었던 솔로몬이 사용했던 국새에도 생명나무 원리인 테트라그라마톤이 있다.

테트라그라마톤과 생명나무 원리는 관상기도 원리이다. 마음을 비우고 해와 달과 별들을 향해 기도를 하면 뱀이 지혜(스피로트)를 내려 주어서 엄청난 에너지를 받을 수 있다고 하는 것이다. 신사도 운동에서 일어나고 있는 기도운동이나 사막 수도원 안토니우스, 이그나티우스 로욜라의 4차원의 영성이 바로 유대 카발라 관상기도 종교이론이다.

여호와는 이집트 이시스 여신의 이름

피타고라스는 어릴 때 탈레스의 제자로 애굽으로 유학을 가서 애굽의 모든 점성술, 기하학 등을 애굽 태양신 제사장들로부터 전수를 받았다. 이것이 사탄의 밀교(密教)교리이다. 애굽 태양 종교는 이시스를 여신으로 섬기는 범신론적인 일신론이다. 그런데 그 이름이 테트라그라마톤 즉 네 글자 신이다. 여호와 라고 부른다. 물론 부르기는 여호와 라고 부르지만 성경 창세기에 기록된 여호와는 아니다. 이름만 같을 뿐이다. 이집트 여신이 여호와 라고 하는 의미는 하늘에 있는 72신들의 어머니라는 뜻이다. 이것을 만신종교 또는 범신론적인 신의 이름이다. 애굽의 종교와 문명을 이어 받은 헬라 철학은 애굽의 이시스 종교이론이다. 우주에 가득한 모든 에너지인 아르콘이 신이라는 이론이다. 이것이 로고스 신학이다. 우주의 생성 원리가 곧 신이라는 것이다.

"바로느고가 요시야의 아들 엘리아김을 그의 아버지 요시야를 대신하여 왕으로 삼고 그의 이름을 고쳐 여호야김이라 하고 여호아하스는 애굽으로 잡아갔더니 그가 거기서 죽으니라"(왕하23:34)

엘리야김은 바벨론 신의 이름인 엘로힘에서 붙여서 부른 이름이다. 그런데 바로느고가 엘리야김의 이름을 여호야김으로 바꿨다. 왜냐하면 여호와는 에굽의 신의 이름이기 때문이다. 엘리야긴 역시 여호야긴으로 바꿨다. 조선도 중국의 명나라 왕들의 이름을 따라서 붙였듯이 조공을 바친 나라들의 특징이다. 창세기 문서 비평가들이 분류한 E문서는 바벨론 다신론 엘로힘이고 J문서는 이집트 일신론 여호와이다.

유럽의 로마 가톨릭 교회 주 제단 위에 붙여진 테트라그라마톤

로마 가톨릭의 정체성을 알아보는 가장 중요한 증거는 유럽에 있는 모든 가톨릭 교회 주 제단위에 있는 문장을 보면 알 수 있다. 피라미드와 이집트 호루스 눈 안에 분명하게 여호와를 상징하는 히브리어 네 글자가 있다. 이것은 창세기에 나온 유일신 창조주 여호와가 아니라 테트라그라마톤 이집트 여신의 상징이다. 피라미드와 호루스 눈 역시 이집트 신을 상징한다. 마틴 루터가 종교 개혁을 했던 독일 드레스덴 성당 주 제단에도 테트라그라마톤과 호루스 뱀 눈과 같은 문장이 있다.

1991년 1월 31일 만들어진 미국의 노아의 법, 우상숭배자는 목을 베어 죽여라

1991년 1월 31일 미국 국회에서는 노아법이 통과 되어 H W 부시가 서명을 했다. 노아법이란 탈무드에 기록된 법인데 일곱 가지이다. 특히 우상숭배자들은 목을 베어 죽이라는 법인데 누가 우상숭배자인가 하면 여호와 종교를 거부한 자이다. 여기에서 여호와 종교는 종교

통합에서 결의된 범신론적인 여호와 종교이다. 바리새파 유대인들은 세상의 모든 종교를 유대 카발라 여호와 종교로 통합을 한다. 그리고, 여호와의 종교를 거부한 자들은 목을 베어 죽이게 된다. 이것은 이미 요한 계시록에 기록되어 있다.

많은 사람들이 여호와 종교라고 하니까 기독교라고 착각할 수 있다. 아니다. 이름만 같을 뿐이지 이집트 여신인 테트라그라마톤 즉 바리새파 유대인들이 믿는 루시퍼 종교이다. 이것이 야누스의 두 얼굴이다. 물질신인 범신론 루시퍼가 여호와의 얼굴로 미혹을 하는 시대가 왔다.

구약에 기록된 여호와는 범신론적인 여호와가 아니다. 물질이나 에너지를 공급해 주는 초자연적인 신이 아니다. 무에서 유를 창조하신 창조주이시다. 인격적이시고, 유일하신 하나님이시다. 사랑의 하나님이시다. 공의의 하나님이시다. 삼위일체 하나님이시다.

배도의 시대 루시퍼 여호와 종교로 모든 종교가 통합이 되어 교회라는 간판이 붙여진다고 해도 절대로 성경에서 말하고 있는 교회가 아니다. 사탄의 신국인 이름뿐이다. 절대로 속아서는 안된다. 그래서 이런 야누스의 두 얼굴에 대한 정체를 알지 못하면 미혹을 받을 수 있다.

테트라그라마톤의 원리는 우주의 에너지 생성의 법칙

히브리어 요드는 남성을 상징하고, 헤는 여성을 상징한다. 이는 남녀가 합궁하는 것이다. 바브는 요드라는 글자가 길어져서 만들어진 것으로 자녀가 낳아졌다는 뜻이으로 남성을 말하고 다시 마지막 우주적인 여성을 상징한 헤는 우주적인 통일을 상징한다. 이것이 바로 우주적인 음양 합일교리이다. 네 글자 신의 궁극적 이름인 테트라그라마톤((יהוה)이 의미하는 것은 신성인 인간의 남녀양성과, 우주적인 물질계의 남녀양성이 완전히 하나로 합일된 궁극적인 단일자란 뜻이다. 또 신성이 가득한 신과 물질계인 인간이 하나라는 의미도 된다. 이것을 영생불사 아담 카드뭄이라고 한다. 이것이 또한 666 통일장 우주론이기도 하다.

이스라엘의 국기는 삼각형 두 개가 서로 위 아래로 겹친 모양을 하고 있다. 이들은 이것을 다윗의 별이라고 설명을 하지만 거짓말이다. 비밀 종교를 감추려는 시도이다. 정확한 의미는 위에서 아래로 내려오는 삼각형은 남자를 상징한다. 그리고 바로 세워진 삼각형은 여자를 상징한다. 두 개의 삼각형이 겹친 것은 남여가 합궁하여 자녀를 생산하는 원리인데 이것이 물질을 신으로 섬기는 바알 종교인 풍요의 신이다. 물질을 신으로 섬기는 공산주의 종교이다. 666의 상징 또한 그러하다. 하늘의 완전수 6, 땅의 완전수 6, 하늘과 땅이 만나서 완전해진 우주의 수 666이다. 이것 또한 물질생성의 원리이다. 사람과 우주와 만물의 에너지가 하나라는 의미이다. 사람이 신이 되는 원리이기도 하다. 이것이 뉴 에이지 종교이다.

4. 신인간과 가축인간

신인간과 가축인간을 최초로 분리시킨 사람들은 탈무디스트들이다. 즉 바벨론에서 쓰여진 탈무드 속에 기록된 내용이다. 그리고 이것을 최초로 공론화 시킨 사람이 소크라테스이다. 그는 아테네에 나타나 인간 양떼론을 주장하면서 스파르타의 1인 독재주의 정치를 주장했다. 물론 공개적으로 그렇게 하지 않고 비밀결사들의 모임을 통해서 활동을 했던 것이다. "너 자신을 알라"고 말한 깊은 뜻은 너는 가축인간이란 사실을 알라고 하는 것이다. 그가 주장한 양떼론의 대상은 아테네 정치인들이다. 소크라테스는 아테네 정치인들을 양떼와 같은 가축인간이라고 폄하 하였다. 가축인간의 정의는 계몽이 불가능한 인간이란 뜻이다. 소크라테스는 아테네에서 민주주의 투표를 통해서 임명된 정치인들은 스스로 계몽이 불가능한 가축인간이기 때문에 이런 가축인간들이 정치를 하면 나라가 망한다고 아테네 민주정부를 공격했다.

사람들이 그렇다면 누가 정치를 해야 하느냐고 물을 때 현자(賢者)가 해야 한다고 하면서 현자는 하늘에서 내려준 사람이라고 했다. 그가 말한 현자가 신인간이며 플라톤은 이를 철인(哲人)이라고 하였다.

바리새파 유대인들의 경전인 탈무드에서는 유대인이 아닌 모든 사람들을 개 돼지와 같은 가축으로 정의를 했다. 소크라테스가 주장한 내용의 근거가 바로 탈무드였다.

프리메이슨들은 자신들을 신(神)이라고 부른다. 요즈음에는 엘리트 인간이라고도 부른다. 히틀러는 아리안족의 우수 혈통을 지키기 위해 가축인간인 유대인 600만 명을 죽였다. 바리새파 유대인들은 가짜 유대인들이다. 유대인들이 바벨론 포로로 끌려가 배도를 하고 바벨론과 페르시아 제국을 거치면서 세상에서 가장 탁월한 DNA를 소유한 집단이 되었다. 바벨론과 페르시아에 있었던 아리안 족의 혈통과 유대인들의 혈통이 합하여져서 최고의 명품 혈통이 된 것이다. 바리새파 유대인들은 가나안 일곱 족속들의 혈통이다. 특히 가나안 일곱 족속이 장사꾼들이 되어 바벨론과 애굽과 지중해를 누비고 다니면서 피를 섞어 카르타고를 세우고 스파르타를 세웠다. 이들은 모두 물질을 섬기는 공산주의자들이다. 특징은 집단 단일 지도체제로 독재주의를 택한 정부이다. 군대를 강하게 하는 경찰국가이다. 항상 이원집정제 형태를 응용한 상하원제도를 사용한다.

빅 맨, 로열 블러드, 용과 같은 상징은 모두 신인간들이 다스리는 제국의 통치를 상징한다. 세상을 지배한 일곱 머리 열 뿔이 있다. 애굽, 앗수르, 바벨론, 페르시아, 그리이스, 로마, 적그리스도 짐승의 나라이다. 그런데 놀라운 것은 이들이 모두 같은 혈통이라는 것이다. 함과 가나안의 아들들이다. 이들을 뱀의 후손이라고 한다. 이들이 가지고 있는 문명, 문화, 언어, 종교는 모두 하나이다. 지금까지 통일을 이루어 6000년을 이어 오고 있다.

구약의 유대교의 주류는 유대 카발라이다. 이들이 히브리어를 가지고 문서를 만들고 두루마리를 기록했다. 왜냐하면 뛰어난 머리와 지혜를 가지고 있었기 때문이다. 신약의 성경도 역시 헬라 영지주의자들에 의해서 편집되고 사본들이 기록되어 헬라 문화의 옷을 입고 전 세계적으로 전파 되었다. 유대 카발리스트들과 헬라 엘리트 영지주의자들이 모였던 곳이 알렉산드리아이다. 여기에서 유대교와 기독교는 헬라 철학과 헬라어를 통해서 다시 편집이 되어 전 세계로 확장되었다.

신약 성경 27권과 구약성경 39권을 편집한 사람들도 역시 이들이다. 이들은 동일하게 한 가지 목표가 있다. 지상에 그들만의 왕국을 세우는 일이다. 그래서 그들은 그들이 가지고 있는 지혜와 지식으로 정경을 만들고 그들이 추구하고자 하는 신국을 세우는 일에 그들의 철학과 학문을 혼합하여 사용하였던 것이다. 그런데 놀라운 것은 이러한 모든 것들이 하나님의 섭리였다는 것이다.

사실상 그들이 정의한 가축인간들은 글자를 만들고 문명을 발전시키고 제국을 형성하여 통치할 수 있는 능력이 없다. 글자 그대로 가축일 뿐이다. 배고프면 먹고 마시고 배부르면 섹스하고 싸움질 하는 것뿐이다. 문교정책을 담당했던 나향욱이란 사람이 말한 대로 군중은 개나 돼지와 같은 존재이다. 먹고 배부르게 해 주면 불만이 없는 것이다.

세상은 플라톤이 말한 것처럼 두 개의 세계로 나눠져 있다. 관념론과 유물론, 지배자와 피지배자, 엘리트 인간과 가축인간이다. 세상 모든 나라의 주인이 따로 있다는 사실을 아는가? 전 세계 정치 경제를 마음대로 콘트롤하고 있는 세상 주인을 알고 있는가? 어느 누구도 이런 패러다임에서 벗어나 자유롭지 못하다. 만일 그렇게 하려고 하는 순간 죽음이다. 모두 다 죄의 종이다. 물질의 노예들이다. 거듭난 성도가 아니라면 모든 세상 사람들이 옥에 갇혀 포로생활을 하고 있는 것이다.

하나님께서는 합법적으로 앗수르나 바벨론에게 죄를 범한 택한 백성들을 심판하고 통제하도록 그들의 나라를 강하게 만들어 주셨다. 선지자들이 이것을 말할 때 이스라엘의 거짓선지자들과 눈 먼 택한 백성들은 거세게 반발했다. 그리고 그것을 인정하려고 하지 않다가 모두 망하고 말았다. 이것이 하나님이 역사를 섭리하시는 방법이다. 가축인간들은 하나는 알고 둘은 모른다. 손에 무엇을 쥐고 있으면 다른 것을 취할 줄 모른다. 그러나 손이 비어 있는 순간 아무거나 취하려고 한다.

양들을 키울 때 염소들을 넣어 함께 키운다고 한다. 왜냐하면 스스로 통제력이 없는 양들을 괴롭게 하여 양들이 튼튼하게 자랄 수 있도록 하기 위함이라고 한다. 양들은 똑 같은 길을 수십 번 왔다 갔다 해도 길을 찾아 올 줄을 모르지만 염소들은 한 두번만 갔다 와도 그 길을 찾아 온다고 한다. 왜냐하면 눈의 구조가 다르기 때문이라는 것이다. 그래서 목자들은 먼 길을 이동할 때면 말을 타고 먼저 가서 쉬고 염소들로 양들을 몰고 오게 한다는 것이다.

하나님의 섭리가 놀랍지 않는가? 양떼 같은 가축인간들을 먹여 살리기 위해 엘리트 인간들에게 능력을 주셔서 가축인간을 보호하고 먹이고 가르치게 하신 섭리! 선교 역사를 보면 프리메이슨들이 그들의 식민지를 확장시키기 위해 선교사들에게 성경을 주어 보냈다. 그들이 선교사를 보낸 진짜 이유는 복음을 전하려는 것이 아니라 그것을 고리로 연결하여 그들의 식민지 땅을 넓히기 위한 것이었다. 명분은 선교였지만 실제 이익을 남기는 것은 돈을 버는 사업장을 넓히는 것이었다. 그럼에도 불구하고 하나님은 그들을 통해서 전해진 성경으로 영혼들을 구원해 내셨던 것이다. 처음부터 그들이 만들었던 기독교 신학은 성경에서 말한 기독교는 아니었다. 루시퍼 종교였다. 그들은 가짜를 만들어 진짜처럼 속이면서 그들의 식민지 제국을 넓혀 왔던 것이다.

철학이란 정체를 아는가? 신인간들이 만든 철학이란 가축인간들을 가둬 키우는 창살 없는 감옥이다. 철학이란 학문을 만들어 부지런히 세뇌를 시켜 그들이 만든 가치관의 노예로 살아가게 하는 것이다. 그래서 철학자들은 루시퍼가 사용한 무당들인 것이다. 거짓 선지자들이 모두 철학자란 사실을 알고 있는가? 6000년 동안 거짓 교리를 만들고 신학을 만들고 이데올로기를 만든 자들이 모두 철학자들이다. 네오콘들은 말한다. 세상에는 진리, 신, 종교, 도덕, 윤리 따위는 없다. 그런데 가축인간들에게 이 사실을 알려 주면 그들은 무질서하게 살기 때문에 없는 그것들을 있다고 가르쳐야 한다. 이것이 거룩한 거짓말이다. 그래서 네오콘들은 무법자인 것이다. 아니 진짜 마음대로 살아가는 신들인 것이다. 그러나 그들 위에 공의로 세상을 심판하고 섭리하시는 하나님이 계시다.

사업을 하는 사람들은 돈을 벌면 축사를 더욱 더 넓혀 확장을 하고 송아지나 짐승들의 새끼를 사다가 정성스럽게 먹이를 주면서 키운다.

왜 그렇게 고생을 하면서 일을 하는 것인가? 송아지를 사랑해서 그런 것인가? 짐승을 사랑하기 때문에 그렇게 하는가? 아니다. 돈을 벌기 위해 하는 것이다. 자기가 키운 짐승을 잡아 먹기 위해서 그렇게 하는 것이다. 사탄의 세력들이 하는 모든 행위는 자기들의 배를 채우기 위함이라고 바울은 말하고 있다.

앞으로 통제사회가 오고 있다. 사탄의 세력들이 인간을 완전히 자기의 소유물로 삼기 위해 완벽 통제사회를 만들어 지배하는 시대가 오고 있다. 먹고 살기 위해 물질을 신으로 섬기는 사람들은 모두 적그리스도를 따를 것이다. 그러나 영원한 생명을 가지고 예수님을 믿은 구원 받은 성도는 굶어 죽는 한이 있더라도 물질 앞에 무릎을 꿇지 않고 순교를 택할 것이다. 이것이 바로 짐승의 표이다.

미국 트럼프 대통령이 폭로한 글로벌리스트들의 악마적인 악행을 아는가? 힐러리 피자게이트 사건이 무엇인지 아는가? 살아 있는 어린 아이를 제물로 바치고 함께 축제를 벌인 악마의 축제를 아는가? 전 세계적으로 소아성 착취를 통해 사라진 어린 아이들이 1년에 25만 명이란 사실을 아는가? 제프리 앱스타인 성스캔들을 아는가? 이런 일들은 지금까지 비밀스런 밀교현장에서 시행된 것들인데 이제는 공개적으로 나타나고 있는 것이다. 때가 다 되었기 때문이다. 이제부터는 이판사판의 시대가 된 것이다. 지금까지 그들이 거짓말로 지켜온 모든 가치관들이 사라지고 악마들의 천국으로 변한다. 이 나라가 신세계질서이다. 그럼에도 불구하고 불쌍한 가축인간들은 먹고 살기 위해 서푼어치도 안되는 생명을 그들에게 헌납하는 것이다.

예수님은 바리새파 유대인들을 향해서 독사의 자식들이라고 하셨다. 그들의 어미를 사단이라고 하셨다. 마귀가 낳았기 때문에 처음부터 살인하고 거짓말을 한다고 하셨다. 세상을 어지럽히고 세상을 더럽게 하는 존재들이라고 고발하셨다. 그래서 지옥 형벌을 피할 수 없다고 하셨다.(마23장)

5. 일곱 머리 열 뿔 용

다니엘이 예언한 마지막 적그리스도의 나라

“이 열왕의 때에 하늘의 하나님이 한 나라를 세우시리니 이것은 영원히 망하지도 아니할 것이요 그 국권이 다른 백성에게로 돌아가지도 아니할 것이요 도리어 이 모든 나라를 쳐서 멸하고 영원히 설 것이라 왕이 사람의 손으로 아니하고 산에서 뜨인 돌이 철과 놋과 진흙과 은과 금을 부숴뜨린 것을 보신 것은 크신 하나님이 장래 일을 왕께 알게 하신 것이라 이 꿈이 참되고 이 해석이 확실하니이다”(단2:44-45)

다니엘은 바벨론 느부갓네살 왕의 꿈을 해석하는 가운데 마지막 예수님께서 재림하셔서 세우실 영원한 나라에 대하여 이야기를 하고 있다. 여기에서 등장한 것이 일곱 머리 열 뿔이다. 느부갓네살의 꿈에 다섯 나라가 나온다. 사자 같은 바벨론, 곰 같은 페르시아, 표범 같은 그리스, 철 같은 로마, 그리고 철과 진흙이 섞인 열 개의 나라이다.

일곱 머리 열 뿔의 비밀

“천사가 가로되 왜 기이히 여기느냐 내가 여자와 그의 탄바 일곱 머리와 열 뿔 가진 짐승의 비밀을 네게 이르리라 네가 본 짐승은 전에 있었다가 시방 없으나 장차 무저갱으로부터 올라와 멸망으로 들어갈 자니 땅에 거하는 자들로서 창세 이후로 생명책에 녹명되지 못한 자들이 이전에 있었다가 시방 없으나 장차 나올 짐승을 보고 기이히 여기리라 지혜 있는 뜻이 여기 있으니 그 일곱 머리는 여자가 앉은 일곱 산이요 또 일곱 왕이라 다섯은 망하였고 하나는 있고 다른이는 아직 이르지 아니하였으나 이르면 반드시 잠간 동안 계속하리라 전에 있었다가 시방 없어진 짐승은 여덟째 왕이니 일곱 중에 속한 자라 저가 멸망으로 들어가리라 네가 보던 열 뿔은 열 왕이니 아직 나라를 얻지 못하였으나 다만 짐승으로 더불어 임금처럼 권세를 일시 동안 받으리라 저희가 한 뜻을 가지고 자기의 능력과 권세를 짐승에게 주더라 저희가 어린 양으로 더불어 싸우려니와 어린 양은 만주의 주시요 만왕의 왕이시므로 저희를 이기실터이요 또 그와 함께 있는 자들 곧 부르심을 입고 빼내심을 얻고 진실한 자들은 이기리로다"(계17:7-14)

사도 요한은 음녀가 일곱 머리 열 뿔 짐승을 타고 세상을 다스리는 모습을 기록하고 있다. 이는 7년 대환난 전반기에 종교 지도자가 정치 지도자를 이용하여 세상을 통치하는 모습이다. 그런데 일곱 머리 열 뿔에 대한 비밀을 알려 주신다. 다섯은 망하였다. 로마 시대를 기준으로 애굽, 앗수르, 바벨론, 페르시아, 그리이스는 망했다. 그리고 하나는 사도 요한 당시에 있었던 로마 제국이다. 그리고 마지막 한 나라는 아직 이르지 아니했으나 앞으로 반드시 세상 끝 날에 나타날 것을 말하고 있다. 일곱 번째 왕은 열 왕들이 권세를 하나로 몰아주어서 일어난 왕이라고 했다. 반드시 그 나라가 올 것을 강조한다.

마지막 적그리스도는 배도자 니므롯의 후예

마지막 시대에 등장할 적그리스도의 나라는 다니엘 2장에서 언급한 마지막 열 왕의 시대이다. 적그리스도의 나라인 일곱 번째 짐승은 전에 있었다고 했다. 그리고 또 마지막 시대에 다시 일어날 것이라고 했다. 그 나라가 바로 바벨론 니므롯의 나라이다. 처음 시날 평지에서 배도를 했던 그들이 다시 마지막 시대에 또 다시 배도를 할 것을 말하고 있다. 지금 프랑스 스트라스부르크에 있는 EU 국회 의사당 건물은 이집트 태양신인 호루스 눈과 아직 미완성된 바벨탑 모양의 건물로 설계가 되어 지어졌다. 이 바벨탑 건물은 1563년 네델란드 화가 부르겔이 그린 그림대로 지었다. 그 이유는 EU 국회 의사당 안에 있는 자들이 바로 니므롯의 후예들로 반드시 다시 한 번 니므롯이 실패한 세상 왕국을 세우겠다는 상징이다.

미국 뉴욕에 있는 자유의 여신상은 니므롯의 부인 세미라미스 동상이다. 그리고 미국 워싱톤 백악관 자리가 세미라미스를 상징한 올빼미 모양으로 설계가 되었다. 미국 워싱톤 DC가 바로 세미라미스 부인 콜럼바 여신이 통치하는 곳이란 뜻이다. 백악관이 세상을 통치하고 있는 세미라미스 보좌라는 것이다.

일곱 번째 왕은 여덟 번째에서 나온다

열 왕들이 권세를 받아 짐승에게 주어서 어린 양과 싸우게 하는데 예수님께서 이기신다. 이는 예수님의 재림 때 일어날 세상 왕이라는 것이다. 일곱 번째 왕은 여덟 번째 왕에서 나온다. 그러니까 마지막 적그리스도의 나라는 처음부터 일곱 번째 머리가 세상 정치권력을 통합하고 나타난 것이 아니라 다른 정치 세력들이 만들어 준 권력을 가지고 등장한 것이 특징이다. 일곱 번째 짐승에게 권세를 준 여덟 번째 왕이 바로 거짓 선지자 나라이다.

"내가 보매 또 다른 짐승이 땅에서 올라오니 새끼양 같이 두 뿔이 있고 용처럼 말하더라 저가 먼저 나온 짐승의 모든 권세를 그 앞에서 행하고 땅과 땅에 거하는 자들로 처음 짐승에게 경배하게 하니 곧 죽게 되었던 상처가 나은 자니라 큰 이적을 행하되 심지어 사람들 앞에서 불이 하늘로부터 땅에 내려 오게 하고 짐승 앞에서 받은바 이적을 행함으로 땅에 거하는 자들을 미혹하며 땅에 거하는 자들에게 이르기를 칼에 상하였다가 살아난 짐승을 위하여 우상을 만들라 하더라 저가 권세를 받아 그 짐승의 우상에게 생기를 주어 그 짐승의 우상으로 말하게 하고 또 짐승의 우상에게 경배하지 아니하는 자는 몇이든지 다 죽이게 하더라 저가 모든 자 곧 작은 자나 큰 자나 부자나 빈궁한 자나 자유한 자나 종들로 그 오른손에나 이마에 표를 받게 하고 누구든지 이 표를 가진 자 외에는 매매를 못하게 하니 이 표는 곧 짐승의 이름이나 그 이름의 수라 지혜가 여기 있으니 총명 있는 자는 그 짐승의 수를 세어 보라 그 수는 사람의 수니 육백 육십 륙이니라"(계 13:11-18)

요한 계시록 13장에서 먼저 나온 짐승은 일곱 머리 열 뿔 짐승이다. 나중에 나온 두 번째 짐승은 새끼 양 같이 두 뿔이 있지만 용처럼 말을 하면서 첫 번째 짐승을 위해 우상을 만든다. 새끼 양은 기독교 국가이다. 용처럼 말을 하는 것은 배도를 한 것이다. 기독교 국가가 배도를 하고 적그리스도 나라를 세우기 위해 첫 번째 짐승인 일곱 머리 열 뿔을 위해 헌신적으로 충성을 한다. 이 나라가 거짓 선지자 나라이면서 여덟 번째 나라이다. 기독교 국가에서 배도한 미국이다.

땅에서 나온 새끼 양같이 두 뿔이 있는데 큰 이적을 행하여 하늘에서 불이 내려오게 하고 짐승의 우상을 만들고 짐승의 우상에게 생기를 주어 말하게 하여 세상 모든 사람들에게 첫 번째 짐승에게 경배하라고 한다. 그리고 그렇게 하지 않는 자들은 누구든지 다 죽인다. 또 두 번째 짐승인 거짓 선지자는 모든 사람들에게 짐승의 표인 666 표를 만들어 이마와 오른 손에 받게 한다. 그리고 이 표가 없는 사람들은 매매를 하지 못하게 하고 또 죽인다. 이런 일을 하는 나라가 미국으로 유엔을 세계정부로 세워 다스리게 하는 것이다. 그리고 미국 간판을 내리고 신세계질서 간판을 붙인다. 이 나라가 미국이 만든 일곱 번째 적그리스도의 나라인 제 3유엔이다.

일루미나티가 세운 미국이란 여덟 번째 왕

미국은 1차 세계 대전에서 승전국이 되어 국제 연맹을 만든다. 미국은 2차 세계 대전에서 승전국이 되어 뉴욕에 UN을 세우고 전 세계 나라를 하나로 통합하는 일차 시도를 했다. 이제 미국은 3차 세계 대전에서 승리한 후 제 3UN을 만들고 열 개의 블럭을 만들어 분봉 왕들을 세워 하나의 정부를 만들어 통치를 한다. 이 나라가 신세계질서 국가이다.

제 3유엔인 세계 정부는 평화의 상징인 예루살렘에서 상징적인 통치를 한다. 그리고 후 삼년 반에 짐승의 우상을 만들어 예루살렘 성전에 세우고 배도를 선포한다. 짐승의 우상에게 생기를 주어 말을 하게 하는데 전 세계를 통치하는 빅데이터 AI 인공지능 로봇이다. 그리고 666표는 제 4차 산업 5G 이동통신 네트워크이다. 도시마다 유비쿼터스 스마트 시티로 통제가 되고 모든 지불 수단이 전자화폐로 이루어진다. 짐승의 표를 받지 않으면 굶어 죽을 수밖에 없고 통제 사회가 된 도시에서는 살기가 어려워진다. 2025년이 되면 테슬라 엘론 머스크가 쏘아 올린 12,000개의 인공위성에서 5G, 6G 인터넷 서비스가 무상으로 이루어진다. 그때부터 신세계질서의 빅 데이터 통제사회는 꽃을 피우게 된다.

미국은 1307년부터 템플 기사단들에 의해서 시작되었다. 1776년 7월 4일 일루미나티(템플기사단, 예수회)에 의해서 건국이 되었다. 지금은 전 세계를 통치하는 최강의 군대를 가지고 있다. 이는 마치 애굽의 철병거, 바벨론의 철병거, 로마의 철병거와 같이 아무도 대적할 수 없는 최고의 무기를 가지고 있다. 마지막 시대 바벨론이다. 미국은 전 세계가 익히 알고 있는 것처럼 청교도가 세운 기독교 종주국이다. 그러나 이제는 용처럼 말을 하는 배도자가 되었다. 동성애 천국이다. 차별 금지법이 만들어져 전도하면 처벌 받은 나라가 되었다. 지금까지 미국은 전 세계를 공평과 정의로 다스린 경찰국가로 군림했다. 그러나 이제는 서서히 사자의 발톱을 드러내고 있다.

트럼프의 등장과 함께 미국이란 나라의 정체가 드러났다. 민주주의 성지와 같았던 미국이 이제는 불법천지가 되었다. 미국은 앞으로 세상에서 가장 많이 자유가 사라진 통제국가로 변한다. 가장 질서 있는 나라가 가장 무질서한 나라로 변한다. 가장 아름다운 미국이 세상에서 가장 추하고 악한 나라로 변한다. 자본주의가 꽃을 피웠던 미국이 사유재산제도 시스템을 폐지시키고 디지털 암호화폐를 내세워 공산주의 경제체제를 제일 먼저 확립한다. 세계 최강의 미국이란 나라의 모든 질서를 무너뜨려서 세계 속에 새로운 질서를 세운다. 이것이 일루미나티가 미국을 세계 최강의 나라로 세우고 무너뜨리는 목적이다.

미국이 세운 제 3유엔이 미국을 대신한다

전 세계가 함께 번영하고 함께 아름다운 세상을 만들어 가기 위해 애써서 만들었던 모든 법들을 미국에 의해서 파괴되고 있다. 그리고 지구촌을 전쟁과 경제공황으로 몰아가고 있다. 이것이 일루미나티가 미국을 세운 목적이다. 트럼프의 퍼스트 어메리카는 전 세계를 미국으로 만드는 정책이다. 앞으로 제 3유엔이 만들어지면 미국은 제 3유엔을 통치할 한 사람을 세우고 미국이란 국가의 간판을 내릴 것이다. 왜냐하면 마지막 세상에 한 정부로 탄생할 제 3유엔이 바로 미국이기 때문이다.

그래서 요한 계시록 17장에서 일곱 번째 짐승의 나라는 여덟 번째 나라에서 나온다고 한 것이다. 미국은 지금까지 이런 일들을 숨어서 몰래 했다. 그러나 지금은 미국이 공개적으로 일을 시작했다. 트럼프가 공개적으로 폭로한 민주당 글로벌리스트들이다. 이제 바이든이 드디어 대통령이 되었다. 그는 힘있게 전 세계를 미국화 하는데 전력투구를 할 것이다. 어느 나라든지 미국의 말을 듣지 아니하면 그 나라는 망하게 하는 것이다. 미군은 이제 더 이상 미국 군대가 아니다. 그래서 모든 나라에게 미군이 사용한 군사비를 내라고 하는 것이다. 미국은 유엔을 앞세워 모든 일들을 하고 있다. 지금도 유엔은 미국이다. 우리나라 유엔군도 미군이다. 전 세계에서 유엔을 대신해서 전쟁을 하는 유엔 평화 유지군도 다 주류는 미군이다.

사탄 숭배자들이 세운 루시퍼 귀신의 나라인 미국 수도 워싱턴

종교통합을 제일 앞장서서 하는 교회가 미국교회이다. 반기독교 문화와 법을 제일 많이 만들고 있는 나라도 역시 미국이다. 앞으로 미국이 하는 일을 주목하여 보라. 뉴욕에 있는 자유의 여신상이 바벨론 일루미나티 콜럼바 여신이다. 니므롯의 부인이다. 미국 워싱톤 D.C는 프랑스 건축가 피에르 랑팡이 설계를 했는데 이집트 이시스 여신의 신전으로 설계가 되어 건설이 되었다. 백악관은 올빼미 모양이다. 올빼미는 릴리스라고 하는 밤의 여황후인 음녀이다. 국방성 팬타곤은 팬타그램으로 솔로몬이 악령들을 제압해서 부릴 때 사용한 부적으로 두 개의 원을 그리고 그 안에 팬타그램을 그려서 그 안에 있으면 악령들의 공격을 막을 수 있다고 하는 부적이다. 피라미드(태양신이 다스리는 신세계를 상징함) 등과 같은 상징으로 도시를 설계했다.

미국 대륙을 발견한 콜럼버스의 본명은 콜론인데 콜럼버스의 항해를 지원하여 미국에 사탄의 왕국을 세우기를 후원한 자들이 그의 이름을 콜럼버스라고 부르면서 워싱턴 D.C(District of Columbia)라고 짓게 했다. 여기에서 콜럼비아는 콜럼바 여신의 이름이다. 워싱턴은 콜럼바 여신이 다스리는 구역이다 라는 뜻이다. 콜럼바 여신은 이집트 이시스의 같은 이름이다.

일곱 머리 열 뿔인 제국들을 통해 섭리하시고 일하시는 만군의 여호와

하나님께서는 일곱 머리 열 뿔인 일곱 제국들을 통해서 하나님의 백성들을 거룩한 성민으로 만들어 가시기 위해 세우셨다. 이스라엘은 두 번 포로생활을 했다. 한 번은 애굽이다. 애굽에서 400년 동안 머무는 동안 생육하고 번성하여 아브라함에게 약속한 큰 민족을 이루게 하셨다. 또 한 번은 남 유다가 바벨론에서 70년 포로 생활을 했다. 이것은 장차 교회가 세상에서 세워지는 모형으로 허락 하셨다. 왜냐하면 남 유다는 영적인 지파로 교회이기 때문이다. 그래서 애굽에서 나올 때는 율법을 가지고 혼인언약을 했지만 바벨론에서 나올 때는 새 언약으로 혼인언약을 하셨다. 이것이 예레미야에게 주신 새 언약이다.

"나 여호와가 말하노라 보라 날이 이르리니 내가 이스라엘 집과 유다 집에 새 언약을 세우리라 나 여호와가 말하노라 이 언약은 내가 그들의 열조의 손을 잡고 애굽 땅에서 인도하여 내던 날에 세운것과 같지 아니할 것은 내가 그들의 남편이 되었어도 그들이 내 언약을 파하였음이니라 나 여호와가 말하노라 그러나 그 날 후에 내가 이스라엘 집에 세울 언약은 이러하니 곧 내가 나의 법을 그들의 속에 두며 그 마음에 기록하여 나는 그들의 하나님이 되고 그들은 내 백성이 될 것이라 그들이 다시는 각기 이웃과 형제를 가리켜 이르기를 너는 여호와를 알라 하지 아니하리니 이는 작은 자로부터 큰 자까지 다 나를 앎이니라 내가 그들의 죄악을 사하고 다시는 그 죄를 기억지 아니하리라 여호와의 말이니라"(렘31:31-34)

"나 여호와가 말하노라 보라 때가 이르리니 내가 다윗에게 한 의로운 가지를 일으킬 것이라 그가 왕이 되어 지혜롭게 행사하며 세상에서 공평과 정의를 행할 것이며 그의 날에 유다는 구원을 얻겠고 이스라엘은 평안히 거할 것이며 그 이름은 여호와 우리의 의라 일컬음을 받으리라 그러므로 나 여호와가 말하노라 보라 날이 이르리니 그들이 다시는 이스라엘 자손을 애굽 땅에서 인도하여 내신 여호와의 사심으로 맹세하지 아니하고 이스라엘 집 자손을 북방 땅, 그 모든 쫓겨났던 나라에서 인도하여 내신 여호와의 사심으로 맹세할 것이며 그들이 자기 땅에 거하리라 하시니라"(렘23:5-8)

"여호와께서 가라사대 그러나 보라 날이 이르리니 다시는 이스라엘 자손을 애굽 땅에서 인도하여 내신 여호와의 사심으로 맹세하지 아니하고 이스라엘 자손을 북방 땅과 그 모든 쫓겨났던 나라에서 인도하여 내신 여호와의 사심으로 맹세하리라 내가 그들을 그 열조에게 준 그들의 땅으로 인도하여 들이리라"(렘16:14-15)

하나님께서 앗수르를 상고 태초부터 예비하셨다

"네가 어찌 듣지 못하였겠느냐 이 일들은 내가 태초부터 행한바요 상고부터 정한 바로서 이제 내가 이루어 너로 견고한 성을 헐어 돌무더기가 되게 하였노라 그러므로 그 거민들이 힘이 약하여 놀라며 수치를 당하여 들의 풀 같이, 푸른 나물 같이, 지붕의 풀 같이, 자라지 못한 곡초 같았었느니라 네 거처와 네 출입과 나를 거스려 분노함을 내가 아노라 네가 나를 거스려 분노함과 네 오만함이 내 귀에 들렸으므로 내가 갈고리로 네 코를 꿰며 자갈을 네 입에 먹여 너를 오던 길로 돌아가게 하리라 하셨나이다"(사37:26-29)

하나님께서 앗수르를 죄를 범한 이스라엘을 정결케 하시는 몽둥이로 사용하시기 위해 상고 태초부터 정하셨다. 그런데 앗수르는 교만하여 자기들의 힘으로 제국을 세운 것처럼 착각하고 교만하여 범죄하므로 하나님께서 심판하신 것이다.

하나님은 제국들을 일으키셔서 악한 심판의 도구로 사용하신다. 그리고 그들을 다시 멸하신다. 애굽도 앗수르도 바벨론도 마찬가지이다. 오늘날 미국이란 나라도 하나님이 교회를 정결케 하시고 깨끗하게 하시기 위해 마지막으로 사용하시는 바벨론 나라이다. 예수님께서 오셔서 심판을 하신다. 그러나 그들은 하나님의 도구가 되어 교회를 추수하시는 하나님께서 사용하시는 타작기이다.

하나님께서 예정하신 말세 적그리스도의 짐승의 나라

말세 성도는 하나님께서 세상에서 하시는 일들을 알아야 한다. 그래야 원망하지 않고 불평하지 않고 타락하지 않을 수 있다. 그렇게 하려면 성경을 알아야 한다. 세상을 통치하시고 섭리하시는 하나님의 뜻을 알아야 한다. 요한 계시록에 기록된 모든 동사는 피동태이다. 겉으로 나타난 현상들을 보면 세상의 악한 자들이 마음대로 의인들을 핍박하고 죽이고 괴롭게 하는 것 같지만 모두 하나님께서 그들로 하여금 그렇게 하게 하신 것이다.

사탄의 세력들이 악법을 만든다. 이것도 하나님께서 그렇게 하시는 것이다. 왜냐하면 이제 은혜의 법으로 구원을 얻을 자가 없기 때문이다. 하나님께서 짐승으로 루시퍼가 하나님이란 법을 만드는 것을 허락하신다. 왜냐하면 순교자들을 구원하시고 우상숭배자들을 심판하시기 위해서이다.

"또 권세를 받아 성도들과 싸워 이기게 되고 각 족속과 백성과 방언과 나라를 다스리는 권세를 받으니 죽임을 당한 어린 양의 생명책에 창세 이후로 녹명되지 못하고 이 땅에 사는 자들은 다 짐승에게 경배하리라"(계13:7-8)

적그리스도 짐승이 성도와 싸워 이기게 된다. 왜냐하면 은혜의 때 육신의 쾌락을 좇아 살면서 세마포 옷을 더럽혔기 때문에 이제 순교를 통해서 깨끗하게 빨게 하기 위해서 하나님께서 적그리스도 짐승이 성도를 이기게 하시는 것이다.

"누구든지 귀가 있거든 들을찌어다 사로잡는 자는 사로잡힐 것이요 칼로 죽이는 자는 자기도 마땅히 칼에 죽으리니 성도들의 인내와 믿음이 여기 있느니라"(계13:9-10)

교만하지 마시오. 남의 일에 간섭하지 마시오. 누구든지 다 자기가 행한 대로 심판을 받는다. 애들 말처럼 "너나 잘 해라!" 그리스도인의 정체성을 회복하라, 하나님께서 악한 자들을 나에게 붙이신 것은 내 안에 있는 악한 것들을 청소하기 위함이다. 절대로 악한 자들을 대적하지 마라, 악한 자들을 대적하는 것이 의로운 행위가 아니라 내가 바로 그 악한 자들과 똑같은 존재인 것을 증명하는 것이다.

본질을 잃으면 모든 것을 잃는다

선으로 악을 이기시오. 죽더라도 선으로 악을 이기다가 죽으시오. 야곱의 대환난이 오면 모든 죄인들은 짐승이 된다. 그러나 그리스도인들은 예수님의 신부로 남아 있어야 한다. 왜냐하면 바로 주님이 신랑으로 오시기 때문이다. 주님께서 모든 것들을 다 주시고 가셨던 것처럼 우리도 모든 것을 원하는 자들에게 다 주고 가야 한다. 왜냐하면 세상 사람들은 아무것도 모르고 눈에 보이는 세상이 전부인줄 알기 때문이다. 이것이 우리가 그들을 불쌍히 여겨야 하는 이유이다. 험한 세상이 오고 있다. 그러나 두려워하지 마시오.

6. 미국이란 어떤 나라인가?

미국은 템플 기사단 일루미나티가 세운 나라

템플 기사단은 1088년 예루살렘 성지 회복을 목적으로 만들어진 비밀결사단이다. 그러나 이들은 사탄숭배와 인신제사, 약탈과 전쟁으로 재산을 모아 오늘날 은행의 모체인 전당포를 만들어 중세 유럽의 모든 재물을 총괄하다가 주후 1307년 10월 13일 프랑스 국왕 필립 4세를 통해 척결 되었다. 이때 정보를 미리 알았던 비밀 결사들이 포루투갈 리스본을 통해 미국 신대륙으로 도망하여 미국 동부에 13개 주를 먼저 세웠다. 템플 기사단은 1534년 이그나티우스 로욜라에 의해서 예수회로 부활을 했고, 1776년 5월 1일 독일 아담바이스하우프트에 의해서 일루미나티로 개명을 한 후 1776년 7월 4일 미국을 건국시켰다. 템플 기사단의 비밀결사로 부시, 오바마, 클린턴, 존 켈리 등이 속한 해골종단(Skull and Bones)이 있다.

콜럼버스에 의해서 세워진 워싱턴 DC

1492년 콜럼버스에 의해서 신대륙이 발견되고 콜럼버스의 이름을 붙여 미국 워싱턴 DC가 세워졌다. 워싱턴 DC란 (washington District of Columbia) 인데 여기에서 콜럼비아는 니므롯의 부인 세미라미스이다. 즉 일루미나티 여신이다. 원래 콜럼버스 이름은 콜론이었는데 비밀 결사들이 워싱턴 DC를 콜럼바 여신의 신전으로 만들기 위해 개명을 시켰다.

1620년 가짜 청교도들이 세운 나라

승자가 쓴 역사는 미국이란 아름다운 나라는 청교도가 세운 나라라고 세뇌교육을 시켰다. 그러나 실상은 그렇지 않다. 1620년 메이플라워호를 타고 미국으로 건너간 102명은 모두 청교도들이 아니다. 신대륙 식민지 회사 사업장에서 모집한 이민 취업자들었다. 102명 중에 35명이 영국에서 박해를 피해 네델란드 레이덴에 머물렀던 급진파 청교도들이다. 나머니 2/3는 이민 취업자들이었다. 처음에는 이들을 "올드 카머스"로 불렀다. 이들이 "필그림 파더스"(巡禮始祖)로 둔갑한 것은 이들이 도착한 지 200년 이후의 일이었다. 1820년에 행해진 200주년 기념식에서 웅변가 다니엘 웹스터가 "필그림 파더스"란 용어를 사용했고 그 후에 이 용어가 널리 사용되면서 미국이란 나라가 청교도들이 세운 아름다운 기독교 나라로 양의 탈을 쓴 것이다. 그리고 모든 악행을 행하였던 것이다.

"필그림 파더스"가 도착한 메사추세츠 세일럼은 마녀 사냥으로 미국을 통치한 네오콘의 고향이다. 1642년 영국에서 청교도 혁명이 일어났다. 올리버 크롬웰이 혁명에 성공한 후 최초 공화정의 호국경이 되었다. 그리고 그는 전쟁을 통해 청교도 나라를 만들기 위해 아일랜드 왕당파와 로마 카톨릭 신자들을 20만 명을 죽였다. 나중에 찰스 2세가 복귀하여 보복할 때 대거 메사추세츠로 도망쳐 급진파 청교도 본거지가 되었다. 부시 대통령의 가문이 템플 기사단의 후예로 가장 막강한 권력을 가진 가짜 청교도 명문 가문이다. 그래서 아버지와 아들이 대통령을 할 수 있었다.

세계 1,2차 대전을 통해 세계 최강의 나라가 된 미국

미국의 일루미나티 예수회는 세계 1,2차 대전을 기획하고 치밀하게 준비된 시나리오대로 미국이 두 차례 세계 대전의 승전국이 되었다. 1차 세계 대전을 통해 미국은 모든 빚을 갚았다. 2차 세계 대전을 통해 세계 모든 나라의 금은 73% 빼앗아 금본위제도 달러기축통화를 만들어 세계 패권국가가 되었다. 지금도 달러를 마음대로 찍어내서 세계 모든 국가의 중앙은행을 지배하고 있는 미국 연준(FRB)이 가짜 유대인들의 민간은행이다.

세계 3차 대전을 통해서 세계정부 간판을 준비하고 있는 미국

미국은 코비드-19를 통해 신세계질서 세계정부 작전을 시작했다. 코비드-19를 통해 세계 최강의 미국이 무너지면서 지구촌의 모든 올드 오더(old order)가 무너진다. 그리고 새로운 질서가 세워진다. 이것이 미국이 세우는 세계정부 신세계질서이다. 트럼프를 통해 중국과 G-2 패권전쟁을 시작했다. 중동 민주화 전쟁을 일으켜 전 세계로 흩어진 이슬람 난민들을 통해 각 도시 중심으로 일어날 테러전쟁 준비를 이미 마쳤다. 파키스탄, 인도, 중국, 동북아시아 등 인구 밀집 지역에 핵무기와 대량 살상무기를 만들게 하여 인종청소 준비도 마쳤다. 이제 하나님께서 그들을 통해서 행하실 심판의 날인 "D-Day"만 남아 있는 것이다.

맥도널드 민주당 의원과 대한항공 007 격추 사건

1983년 9월 1일, 뉴욕 존 F 케네디 국제공항을 출발하여 앵커리지 국제공항을 거쳐 김포국제공항으로 비행하던 대한항공 007편이 사할린 근처 모네론 섬 부근 상공에서 소련 방공군의 Su-15TM 요격기에게 격추당해 추락한 사건이 있었다. 대한항공 007편에는 246명의 승객과 23명의 승무원 등 총 269명이 탑승하고 있었으며, 이 중에는 미국 하원 의원인 로렌스 맥도널드가 탑승하고 있었다. 비무장 민항기가 전투기에 요격당하는 초유의 사건이 발생하자 전 세계가 경악했으며, 이 사건으로 미국과 소련 관계는 급속도로 악화되었으며 대한민국 정부 역시 소련 정부에 항의하였다.

1981년 1월 레이건이 미국 40대 대통령으로 취임하면서 자신이 선거전에 공약한 다국적 기업을 위해 존재하는 프리메이슨 조직인 삼변회를 멀리하겠다고 한 공약을 버리고 정권인수위원회에 23명의 CFR회원과 10명의 빌더버그 회원을 임명하자 007 대한항공 사건으로 죽은 민주당 맥도널드 의원과 재향군인회는 국정조사권 발동을 촉구하였다. 맥도널드 의원은 끊임없이 록펠러 재단과 JP모건과 같은 다국적 기업을 중심으로 활동하고 있는 프리메이슨 비밀결사들의 정체를 폭로하는 일을 하다가 대한항공 007 사건으로 목숨을 잃었다.

제임스 포레스탈 미국 초대 국방장관 한국전쟁 반대하다 살해 당함

james Forrestal 1892/2/15~1949/5/22

미국 해군장성 출신으로 초대 국방장관이었던 포레스탈은 1949년에 매카시 의원과 미국 워싱턴에서 준비하고 있는 한국전쟁에 대하여 반대 운동을 펼쳤다. 그는 한국전쟁이 일어날 것이고 수 만 명의 젊은이가 죽어갈 것이라고 말했다. 그는 이미 2차 대전의 최대 수혜자들인 군산복합체가 또 다른 전쟁을 계획하고 있는 사실을 알고 있었다. 그는 정신병자로 매도가 되어 미 해군 베데스다 병원에 입원하고 있는 동안 10층에서 떨어져 스스로 목숨을 끊은 것으로 살해 되었다.

매카시 공화당 의원과 매카시즘

매카시즘이란 공산주의자들을 색출해 내는 마녀 사냥의 상징이다. 그런데 진짜 공산주의자들은 숨기고 반체제 민주 인사들을 공산주의

자로 몰아서 척결시키는 음모론의 상징이기도 하다. 미국 공화당 매카시 의원은 1950년 2월9일 205명의 공산주의자들의 명단을 폭로하겠다면서 미국에서 공산주의자 척결 운동을 시작했다.

매카시즘의 열풍에 의해 불과 4년 동안 사상 검증이라는 이름으로 약 1만 명에 가까운 미국의 저명한 인사들과 비판적인 지식인들이 구속되거나 누명을 쓴 채 현직에서 물러났다. 인문학과 사회과학 연구는 침체되었고, 대중문화와 예술이 극도로 위축되었으며, 사회비판적인 시민운동도 거의 봉쇄 되었다. 그러나 매카시가 주도한 미국 반체제 활동 조사위원회는 끝내 소련 간첩을 하나도 잡지 못했다. 매카시가 공산주의자로 몰았던 사람들의 대부분이 실제 소련과 어떠한 형태로든 연관이 있는 사람들이었다는 주장이 2003년 앤 쿨터(Ann Coulter)에 의해 제기되었다. 그녀의 주장에 의하면, 매카시에게 이 리스트를 넘겨 준 것이 CIA라고 하였다.

미국의 반체제 인사들의 척결이 끝나고 나서 매카시 의원은 군부 장성들과 아이젠하워 대통령까지 포함한 색갈론을 주장했다는 이유로 1954년 12월 자기가 속한 상원에서 비난결의가 채택되었다. 그는 결국 정신병자와 같은 존재로 버림을 받았고 알콜 중독자가 되어 1957년 5월2일 만 48세의 젊은 나이로 미국 해군 베데스다 병원에서 포레스탈 국방장관 처럼 사망했다.

세계 2차 대전이 끝난 후 미국에서는 CFR을 중심으로 유엔이란 기구가 만들어져 새로운 세계질서를 만드는 과정에서 독일의 볼세비키 공산당들과 소련의 공산당들이 대거 미국으로 몰려 들어왔다. 그중의 거룩한 거짓말로 유명한 네오콘의 대부인 네오 스트라우스도 포함되었다. 결국 매카시 의원은 공산당을 색출하여 척결시키는 매카시즘 운동을 일으켰지만 진짜 공산당들은 살려 주고 새로운 세계질서 체제를 반대하는 민주세력들을 제거하는데 이용을 당하고 자신 또한 토사구팽 당하는 꼴이 되고 말았다. 메카시는 가난한 가정에서 태어나 20세에 고등학교에 들어갔다. 예수회 이그나티우스 로욜라가 설립한 마켓 법과 대학원을 나와 변호사가 되어 위스콘신주 지방 판사가 되었다. 1946년 공화당 상원이 되었다. 젊은 나이에 명예욕에 사로잡힌 매카시 의원은 또 한 사람의 신세계질서 제물이 되었다.

2차 세계 대전이 끝나고 1949년 10월1일 중화인민공화국이 건국되었다. 매일 수십 만 명의 반공산당 시위가 베이징에서 일어났다. 1950년 6월25일부터 시작된 한국전쟁에서 중공군은 인해전술이란 해괴망측한 전술로 120만 명의 반공산당 민주세력들을 제거하였다.

제임스 퍼를로프, 계획된 한국전쟁

The Korean War: Another Conflict that Served the Illuminati Agenda

일루미나티의 아젠다를 위한 갈등

제임스 퍼를로프 미국 정치 평론가는 한국전쟁은 세계 2차 대전이 끝나고 유엔 중심의 새로운 세계질서를 위해 유엔을 세계적인 권력기관으로 세우기 위한 일루미나티의 어젠다였다고 고발을 한다. 미국의 정치 평론가 제임스 퍼를로프에 의하면, 세계 2차 대전 후 동유럽과 중국의 공산화는 일루미나티의 각본이었으며, 또한 역대 미국의 적은 모두 미국이 스스로 만든 것이며, 미국의 실제 지배세력은 공산주의자들이라고 한다. 바로 “바빌로니안 탈무디즘”과 “카발라”를 섬기는 사바테안 프랑키스트 세력이다.

한반도의 남북 분단과 한국 전쟁도 배후에서 미국을 지배하는 특정 세력의 의도에서 이루어진 것이다. 원래 한반도에서 전쟁이 벌어질 이유는 전혀 없었으나, 적의 창조를 통해 각자의 대중들을 결속시킬 수 있는 모티브를 제공하는 의미에서 절반씩 갈라먹는 대치상황을 만들어 냈다는 것이다. 미국이 정(正), 소련이 반(反)이 됨으로써, 두 요소의 갈등을 해결하는 과정에서 자연스럽게 합(合)이라는 결과를 도출해 내고자 하는 의도라고 한다. 이 합이 될 뉴 월드 오더의 세계 정부를 추구하는 세력이 있으며, 한반도의 비극은 바로 이 세계 정부의 초기 모델인 “유엔”의 존재 이유를 세계가 받아들이도록 하기 위해 미·소 합의하에 만들어진 전쟁이라는 것이다.

한국전쟁은 평화 유지자로서의 유엔을 세상에 입증하기 위한 연극이자, 세계 정부에 동의하게 만들려는 작전이었으며, 38선과 휴전선이 실질적으로 거의 같다는 것은 이 전쟁이 인구 축소를 동반한 그저 한 판의 광대극에 불과했다는 것을 보여준다고 한다.

남북분단은 뉴 월드 오더로 가는 중간단계

2차 대전중 미국은 유럽에서 독일과 싸웠고, 아시아에서는 일본과 싸웠다. 죠세프 스탈린의 폭정 치하였던 소련은 이 전쟁에서 미국의 우방이었다. 그러나 소련은 독일과만 싸웠고, 일본과는 불가침 조약을 지켰다. 그러나 테헤란과 얄타의 빅3 회담(처칠, 루스벨트, 스탈린 모두 동일한 마스터를 섬기는 33° 프리메이슨 유대인이다)에서, 루스벨트 대통령은 스탈린에게 일본과의 불가침 조약을 깨고 태평양 전쟁을 시작하는 것이 어떻겠냐고 주문했다. 스탈린은 동의했다. 소련 극동군의 원정에 필요한 모든 무기와 차량, 물자를 미국이 지원해주는 조건이었다. 스탈린은 전쟁이 끝나기 5일 전까지 극동에 군대를 보내지 않았다. 일본은 이미 원자폭탄을 얻어 맞고 항복할 준비가 되어 있었다. 중국으로 들어간 소련군은, 매우 제한적인 전투끝에, 일본의 항복을 받아냈고 막대한 무기고를 차지했다. 소련군은 미국이 대여해 준 무기들과 일본군으로부터 포획한 무기들을 마오쩌뚱의 공산혁명군에게 넘겼다. 때문에 중국 공산당은 국민당 정부를 뒤집을 수 있었다.

남북분단과 신탁통치는 미국의 아이디어

2차 세계대전 이전에 한국은 일본의 보호령이었다. 1944년 4월 외교협회(CFR: Council on Foreign Relations) 잡지 Foreign Affairs 는 전후 세계의 한국이라는 글을 출간했다. 이 글은 러시아와 함께 한국을 신탁 통치할 것을 제안하고 있었다. 자연스럽게, 스탈린은 이 제안에 동의했고 공식적으로 논의되기 시작했다. 소련은 북한을 얻었고, 미국은 나머지 남한 절반을 얻었다. 소련은 미국 덕분에 중국과 북한을 거저 얻었다. 스탈린은 재빠르게 김일성 정권을 수립했고, 15만의 병력과 수 백 대의 탱크, 전투기, 대포를 가진 군대를 만들었다. 반면 미국은 가진 것이라곤 소형 화기 뿐인 1만 6천 정도의 남한인 경찰 병력만 남겨 놓고 떠났다.

멈추지 않는 공산주의의 확장 역사를 돌이켜 볼 때, 이 불균형은 남한 침공을 불가피하게 만들었다. 김일성은 1949년 마오쩌뚱(스컬 & 본스 비밀결사)의 공산 정권이 안정화될 때까지 기다렸다. 마오쩌뚱은 그의 뒤를 지켜줄 것이기 때문이었다. 1950년 1월, 김일성은 한국 통일의 해를 천명했고, 완벽한 전쟁 준비를 지시했다. 2주 후, 미국 역사상 가장 흥미로운 인물중의 하나인 국무장관 딘 애치슨(CFR 멤버,300인 위원회)은 마치 김일성에게 무언가 선물을 주려는 것 마냥, 남한은 극동에서 미국의 방어선 바깥에 있다는 연설을 한다.

애치슨 라인은 들어오라는 사탄의 메시지

미국 국무장관 애치슨은 미국이 방어할 애치슨 라인을 발표하면서 만약 이 방어선 바깥에서 어떤 공격이 발생한다면 피해자는 유엔 헌장에 의거한 전체 문명 세계의 책임에 의지해야 한다고 천명했다. 이 발언은 일루미나티의 아젠다에서 한국 전쟁이 맡을 역할과 밀접하다. 일루미나티는 사탄주의자들이다. 그들은 세계 지배를 노린다. 성경은 적그리스도 또는 짐승이 모든 부족, 사람, 언어, 국가를 지배할 것이라고 계시하고 있다.(계시록 13:7). 세계를 지배하기 위해선 세계정부가 필요하다. 이것은 자명하다.

명백하게 예언적인 시온 장로들의 의정서는 세계 정부를 공개적으로 제안하고 있다. 이 의정서가 가짜일 것이라고 믿는 사람은 Truth Is a Lonely Warrior 18장을 보라. 예를 들면, 의정서 5장 11절에서 저자는 그들의 카르텔이 점진적으로 모든 국가를 흡수할 것이며 수퍼 정부를 구성할 것이라고 천명하고 있다.

유엔은 외교협회(CFR)의 창조물

미국에서 점진적 세계 정부의 수립 임무는 1921년 설립된 외교협회(CFR)에게 맡겨졌다. 외교협회는 미국의 국제 연맹 가입을 결정한 1920년 베르사이유 조약에 대한 상원의 거부를 해결하기 위해 설립되었다. 국제 연맹이 실패한 후 그 승계자는, 당연히도, 국제 연합(UN)이었다. 유엔의 설립 계획은 비밀히 국무부의 CFR 회원들에 의해 구상되었다. 그들은 스스로를 비공식 아젠다 그룹으로 불렀으며, 이 거슬리지 않게 들리는 이름은 그들이 계획하고 있는 것에 대한 의회의 의심을 없애기 위해서 신중하게 선정되었다.

국제 연맹(League of Nations) : 국제 연맹은 1차 대전이 끝난 1920년 일루미나티들이 주도한 파리 평화 조약에 의해서 설립되었다. 로스차일드의 심복들 즉 일루미나티가 프랑스 혁명과 나폴레옹 전쟁의 결과로 만든 세계정부 최초 모델인 비엔나 의회를 러시아의 짜르가 무산시켰기 때문에 로스차일드가 세계정부의 최대 장애물인 짜르를 없앨 계획을 수립한 것이 러시아 볼셰비키 혁명이다.

1945년 유엔의 창립 총회가 샌프란시스코에서 열렸을 때, 미국 대표의 대부분인 47명은 CFR 멤버였다. 후일 소련의 스파이로 판명된 앨저 히스가 이 총회의 총장이었다. 당시 유엔 부지 구입비 850만 달러를 기부한 건 존 D. 록펠러였고, 오랫동안 회장을 지낸 그의 동생 데이비드는 CFR의 명예회장이었다.

세계 정부로서의 유엔의 가치 입증

일단 유엔이 설립되자, 그 다음 단계는 권위를 부여하는 것이었다. 평화 유지자로서의 유엔의 가치를 증명하는 것이 필요했다. 유엔 헌장에 적혀있는 그 존재의 첫 번째 목적은 국제 평화와 안보 유지였기 때문이다. 이 각본을 위해서 필요했던 것이 한국 전쟁이다. 한국 전쟁이 발발하고 거의 2년이 지난 1952년 4월, 아들라이 스티븐슨은 다시 외교협회(CFR) 잡지 Foreign Affairs 에 한국의 전망이라는 글을 썼다.

"내 주장의 요지는, 생존 가능한 집단적 안보 시스템 수립을 향한 역사적 진전을 한국에서 이루어냈다는 우리의 경험적 의미에 기반하고 있다." 집단 안보 라는 문구는 위선이다. 한국 전쟁 기간 중 유엔군의 90%는 미군이었다. 비록 15개의 다른 국가들이 군대를 보내긴 했지만, 그것은 수치로 말하면 상징적인 극히 작은 것이었다. 수만 명의 미군들이 유엔 깃발 아래에서 숨졌다.

중국의 공산화와 압록강 인해전술은 미국의 연출

유엔군 사령관 더글라스 맥아더는 고생 끝에 북한군 격퇴에 성공했을 뿐 아니라, 중국과의 경계인 압록강까지 북한의 대부분을 공산주의로부터 해방시켰다. 이 시점에 붉은 중국은 병력을 쏟아 부었다. 맥아더는 중공군이 넘어 오지 못하도록 하기 위해 압록강 철교 폭파를 명령했다. 그러나 그의 명령은 몇 시간이 지나지 않아 국방부 장관 조지 마샬에 의해 철회되었다. 마샬은 CFR과 한 패였으며, 5성 견장을 달고 있는 가룟 유다였다. 그는 1941년에도 일본의 진주만 공격에 대한 사전 정보를 숨김으로써 그의 장병들을 배신한 바 있다.

1945년부터 1949년 동안 중국 특임 대사와 국무 장관을 지낸 그는 공산주의를 대표한 조작을 통해서 수백 만의 중국인들을 죽음으로 몰아 넣었다. 마샬의 정체를 제대로 파악하고 있던 조 매카시 상원의원은, 1951년 그의 책 America's Retreat from Victory: The Story of George Catlett Marshall 에서 마샬을 비난했다. 예상대로 매카시는 정신병자로 죽어야 했고, 그의 명예는 매카시즘이라는 강박관념으로 비하되었다. 반면 마샬은 1953년 노벨 평화상을 수상했다.

맥아더 장군은 압록강 철교를 건드리지 않은 채 병사들을 두고 그대로 떠나라는 마샬의 명령에 대해 다음과 같이 말했다.

"그 때 나는 처음으로 병사들과 부대의 안전을 보호하기 위한 나의 군사적 권한의 사용이 거부되었다는 것을 깨달았다. 내게 있어서, 이것은 비참한 한국의 미래 상황을 분명하게 예시하는 것이었으며, 내게 표현할 수 없는 충격을 주었다."

당시 수만 명의 미군 병사들이 희생되었고, 맥아더는 한국에서의 지휘권을 박탈당했다. 패튼 장군처럼, 일단 임무를 수행하고 난 그는 그저 소모품이었다.

트루만 쇼

해리 트루만 미국 대통령은 대만 장개석 국민당 군대가 중공군들의 한국전 참전을 계기로 중국 본토를 공격할까봐 대만 해협에 미 7함대를 정박시키고 장개석 국민당 군대가 중국 본토를 공격하지 못하도록 지켜 주었다. 사실상 트루만은 미군 병사를 살해하고 있던 공산군의 옆구리를 보호해 준 것이다.

유엔 안보리 소련대사 거부권 행사 거부

한국 전쟁의 가장 큰 아이러니는 소련 유엔 안보리 대사가 유엔군 한국 파병을 결의를 할 때 거부권을 행사하지 않는 사건이다. 소련은 유엔 안보리 상임 이사국이 가진 거부권을 행사함으로써 유엔의 한국전 개입을 간단히 막을 수 있었다. 김일성은 그들의 꼭두각시였다. 그러나 유엔의 한국전 개입을 결정하는 표결일에 소련 대표는 불참했다. 붉은 중국을 상임 이사국에 앉히기 위한 시도가 실패하자, 소련 대표단은 항의의 표시로써 퇴장하고 있었다. 유엔 사무총장 트뤼그베 리는 소련의 유엔 대사 야곱 말릭을 초대하여 투표를 권유했으나, 말릭은 거부했다. 역사가들은 이것을 소비에트의 실수로 묘사한다. 그러나 정치인들은 좀처럼 실수하지 않는 법이다. 만약 말릭이 실수했다면, 스탈린은 그를 벽에다 못박았을 것이다.

세계 정부를 위한 제물

한국전의 승리는 양측 모두에게 관심사가 아니었다. 그것은 평화 유지자로서의 유엔의 가치를 증명하기 위함이었다. 이 세계 정부의 제단위에서 민간인을 포함하여 3백만이 목숨을 바쳤다. 1953

년 전쟁이 끝났을 때 남북의 경계는 처음 시작할 때의 그 위치, 38선 그대로였다. 마크 클라크 장군은 이렇게 말한다.

"정부의 지시를 수행함에 따라서, 나는 승리없이 휴전에 서명한 최초의 미군 사령관이라는 오명을 뒤집어 쓰게 되었다."

제6장 마지막 구원 열차 세 종류의 교회

1. 마지막 구원 열차 시간표

"그가 장차 많은 사람으로 더불어 한 이레 동안의 언약을 굳게 정하겠고 그가 그 이레의 절반에 제사와 예물을 금지할 것이며 또 잔포하여 미운 물건이 날개를 의지하여 설 것이며 또 이미 정한 종말까지 진노가 황폐케 하는 자에게 쏟아지리라 하였느니라"(단9:27)

기독교 구원 열차는 마가의 다락방에 성령이 강림 하실 때부터 시작해서 성령께서 교회를 데리고 떠날때까지 계속된다. 그리고 마지막 구원 열차는 교회가 휴거하면서부터 시작되어 7년 대환난 기간 중에 순교자들을 태우고, 예수님의 재림 때 마지막 광야교회 성도들을 태워 첫째부활을 통해 천년왕국으로 들어간다.

2. 휴거의 바른 의미는 무엇이고, 누가 휴거하는가?

휴거의 바른 의미

많은 사람들이 휴거를 살아 있는 사람들이 들림 받아 올라가는 것으로만 이해를 한다. 그러나 그렇지 않다. 휴거는 살아 있는 사람만 올라가는 것이 아니고 예수님 시대부터 구원받고 죽은 모든 성도들이 변화하여 올라가는 것이다. 이것은 구원 받은 교회 전체가 세상을 떠나는 것을 의미한다. 휴거사건이 있을 때 살아 있는 구원 받은 성도들 중에서는 휴거에 참여해서 올라갈 수도 있지만 모두가 다 휴거하는 것이 아니다. 지혜로운 처녀들처럼 신랑을 맞을 준비가 되어 있는 성도들만 휴거하고 그렇지 못한 성도는 7년 대환난으로 들어가서 순교를 하든지 아니면 광야교회에서 양육을 받든지 해야 하는 것이다.

“형제들아 자는 자들에 관하여는 너희가 알지 못함을 우리가 원치 아니하노니 이는 소망 없는 다른이와 같이 슬퍼하지 않게 하려 함이라 우리가 예수의 죽었다가 다시 사심을 믿을찐대 이와 같이 예수 안에서 자는 자들도 하나님이 저와 함께 데리고 오시리라 우리가 주의 말씀으로 너희에게 이것을 말하노니 주 강림하실 때까지 우리 살아 남아 있는 자도 자는 자보다 결단코 앞서지 못하리라 주께서 호령과 천사장의 소리와 하나님의 나팔로 친히 하늘로 좇아 강림하시리니 그리스도 안에서 죽은 자들이 먼저 일어나고 그 후에 우리 살아 남은 자도 저희와 함께 구름 속으로 끌어 올려 공중에서 주를 영접하게 하시리니 그리하여 우리가 항상 주와 함께 있으리라 그러므로 이 여러 말로 서로 위로하라”(살전4:13-18)

살아서 휴거에 참여하는 사람들은 누구인가?

“평강의 하나님이 친히 너희로 온전히 거룩하게 하시고 또 너희 온 영과 혼과 몸이 우리 주 예수 그리스도 강림하실 때에 흠없게 보전되기를 원하노라”(살전5:23)

살아서 휴거에 참여할 수 있는 사람들에 대하여 사도 바울은 몸과 혼과 영이 흠없이 보전된 사람들이라고 하였다. 여기에서 중요한 것은 영혼 뿐 아니라 몸이 포함되어 있다는 것이다. 왜냐하면 살아있는 몸이 변화를 받아서 예수님을 만나야 하기 때문이다. 구약 성경에서 예를 들자면 애굽에서 60만 명의 남자들이 출애굽하여 가나안 땅에 들어간 사람은 갈렙과 여호수아 뿐이었다. 나머지는 모두 광야에서 죽었다. 이에 대하여 성경은 갈렙과 여호수아가 여호와를 온전히 순종하였기 때문이라 하셨다.

"그러나 내 종 갈렙은 그 마음이 그들과 달라서 나를 온전히 좇았은즉 그가 갔던 땅으로 내가 그를 인도하여 들이리니 그의 자손이 그 땅을 차지하리라"(민14:24)

휴거는 언제 일어나는가?

"형제들아 너희가 스스로 지혜 있다 함을 면키 위하여 이 비밀을 너희가 모르기를 내가 원치 아니하노니 이 비밀은 이방인의 충만한 수가 들어오기까지 이스라엘의 더러는 완악하게 된 것이라 그리하여 온 이스라엘이 구원을 얻으리라 기록된바 구원자가 시온에서 오사 야곱에게서 경건치 않은 것을 돌이키시겠고 내가 저희 죄를 없이 할 때에 저희에게 이루어질 내 언약이 이것이라 함과 같으니라"(롬11:25-27)

휴거는 이방인의 때가 찰 때 일어난다. 시기적으로 적그리스도가 나타나 이스라엘과 7년 평화조약을 맺고 예루살렘에 성전을 건축하고 구약제사를 드리는 이스라엘의 마지막 1이레 7년이 시작할 때 휴거가 있다. 이 시간이 이방인의 구원과 그동안 중단되었던 이스라엘의 구원의 시간표가 바뀌는 순간이다.

휴거에 약속을 받은 빌라델비아 교회

"빌라델비아 교회의 사자에게 편지하기를 거룩하고 진실하사 다윗의 열쇠를 가지신 이 곧 열면 닫을 사람이 없고 닫으면 열 사람이 없는 그이가 가라사대 볼찌어다 내가 네 앞에 열린 문을 두었으되 능히 닫을 사람이 없으리라 내가 네 행위를 아노니 네가 적은 능력을 가지고도 내 말을 지키며 내 이름을 배반치 아니하였도다 보라 사단의 회 곧 자칭 유대인이라 하나 그렇지 않고 거짓말 하는 자들 중에서 몇을 네게 주어 저희로 와서 네 발앞에 절하게 하고 내가 너를 사랑하는 줄을 알게 하리라 네가 나의 인내의 말씀을 지켰은즉 내가 또한 너를 지키어 시험의 때를 면하게 하리니 이는 장차 온 세상에 임하여 땅에 거하는 자들을 시험할 때라 내가 속히 임하리니 네가 가진 것을 굳게 잡아 아무나 네 면류관을 빼앗지 못하게 하라 이기는 자는 내 하나님 성전에 기둥이 되게 하리니 그가 결코 다시 나가지 아니하리라 내가 하나님의 이름과 하나님의 성 곧 하늘에서 내 하나님께로부터 내려 오는 새 예루살렘의 이름과 나의 새 이름을 그이 위에 기록하리라 귀 있는 자는 성령이 교회들에게 하시는 말씀을 들을찌어다"(계3:7-13)

빌라델비아 교회는 마지막 온 세상에 임하여 땅에 거하는 자들을 시험할 때를 면제 받은 유일한 교회이다. 빌라델비아 교회는 적은 능력을 가지고도 예수님의 말씀을 지키고 주의 이름을 배반하지 않았다. 적은 능력을 가졌다는 의미는 여러가지 환난과 고난을 당할 수밖에 없는 열악한 환경과 다른 사람들이 가지고 있는 많은 것들을 소유하지 못하는 궁핍함을 의미한다. 그럼에도 불구하고 빌라델비아 교회는 예수님의 말씀대로 살았고 그 이름에 배반하지 않는 정정당당한 삶을 살았다. 이는 믿음의 정체성을 확실하게 지켰다는 의미이다.

빌라델비아 교회는 인내의 말씀을 지켰다. 인내의 말씀이란 하나님의 말씀을 가지고 살아가는 동안 받은 수많은 시험과 미혹과 고통을 말한다. 신앙의 가치를 하나님의 말씀에 순종하는 것 자체에 두고 살아가는 성도들은 자신이 말씀에 순종해서 살아가는 동안 받은 수많은 시련과 고난이 닥쳐온다고 할지라도 상관하지 않고 그 길을 가는 성도들이다. 이런 사람들에게 예수님은 나타나시는 것이다. 바로 주님이 사시는 교회이다.

빌라델비아 교회는 자신들이 살지 않고 예수님이 자신들을 통해서 사시도록 오직 하나님의 말씀에만 순종하여 형제 사랑하기를 계속했다. 빌라델비아 교회안에는 자칭 유대인들이 있었다. 이들은 바리새파 유대인들이다. 바리새파 유대인들은 자칭 엘리트 인간이라고 하는 교만한 자들이고 자신들을 신인간이라고 하고 보통 인간들을 개 돼지와 같은 가축인간이라고 업신 여기는 자들이다. 그런데도 빌라델비아 성도들은 그들조차도 예수님의 사랑으로 사랑하고 그들에게 악을 악으로 갚지 않고 항상 사랑으로 그들을 용납하는데 성공을 했다. 그 결과 그들안에서 예수님이 직접 사셔서 그들의 무릎을 꿇게 하시고 하나님이 빌라델비아 교회를 사랑하는 줄 알게 하셨다.

이 땅의 교회는 예수님을 모시고 사는 예수님의 몸이다. 항상 언제나 주님이 사시도록 성도는 날마다 거룩한 산제사로 자신의 몸을 주님께 드려야 한다. 하나님께서는 악한 자들을 성도와 대면시키셔서 성도 안에 있는 원죄의 부패성을 연단하시고 제거하신다. 악한자들이 아니면 성도들 속에 있는 원죄의 부패성은 드러나지 않는다. 그래서 하나님은 절대적으로 악한 세력들에게 세상을 지배하도록 하셔서 사랑하는 예수님의 교회 지체들 속에 있는 죄의 모양이라도 걸러내어 버리게 하신다. 악화가 양화를 구축시키듯이 세상의 악한 자들은 땅에서 사는 성도들을 온전히 거룩하게 하시는 하나님의 도구들이다. 절대로 악한 자들을 대적하지 마시오, 만일 당신이 악한 자들을 대적하는 그 순간 당신은 철저하게 악한 자라는 죄목으로 악한 영들의 체포영장을 받은 순간이 될 것이다.

빌라델비아 교회 성도들은 예수님이 그러했던 것처럼 원수들에게 뺨을 맡겼다. 그들에 등을 맡겼다. 그러면서도 그들은 예수님께 받은 사랑을 잊지 않았다. 주님이 그들 속에 온전히 사실 수 있었기 때문에 그들은 공중 휴거에 참여할 수 있는 것이다.

바울은 공중 휴거에 참여할 수 있는 자격을 데살로니가 전서에 기록하였다.

"악은 모든 모양이라도 버리라 평강의 하나님이 친히 너희로 온전히 거룩하게 하시고 또 너희 온 영과 혼과 몸이 우리 주 예수 그리스도 강림하실 때에 흠없게 보전되기를 원하노라"(살전5:22-23)

3. 7년 대환난에서 순교한 교회

두루마기를 빠는 자들이 복이 있다

"그 두루마기를 빠는 자들은 복이 있으니 이는 저희가 생명 나무에 나아가며 문들을 통하여 성에 들어갈 권세를 얻으려 함이로다"(계 22:14)

“그 두루마기를 빠는 자들은 복이 있으니 이는 저희가 생명 나무에 나아가며 문들을 통하여 성에 들어갈 권세를 얻으려 함이로다”(계3:4)

“네가 말하기를 나는 부자라 부요하여 부족한 것이 없다 하나 네 곤고한 것과 가련한 것과 가난한 것과 눈 먼 것과 벌거벗은 것을 알지 못하는도다”(계3:17)

“내가 가로되 내 주여 당신이 알리이다 하니 그가 나더러 이르되 이는 큰 환난에서 나오는 자들인데 어린양의 피에 그 옷을 씻어 희게 하였느니라”(계7:14)

7년 대환난 기간 중에 더러워진 두루마기를 빠는 자들이 있다. 이들이 바로 순교자들이다. 이들은 순교를 통해서 두루마기를 빨고 첫째 부활에 참여하게된다.

순교하는 라오디게아 교회

“라오디게아 교회의 사자에게 편지하기를 아멘이시요 충성되고 참된 증인이시요 하나님의 창조의 근본이신 이가 가라사대 내가 네 행위를 아노니 네가 차지도 아니하고 더웁지도 아니하도다 네가 차든지 더웁든지 하기를 원하노라 네가 이같이 미지근하여 더웁지도 아니하고 차지도 아니하니 내 입에서 너를 토하여 내치리라 네가 말하기를 나는 부자라 부요하여 부족한 것이 없다 하나 네 곤고한 것과 가련한 것과 가난한 것과 눈 먼것과 벌거벗은 것을 알지 못하도다 내가 너를 권하노니 내게서 불로 연단한 금을 사서 부요하게 하고 흰 옷을 사서 입어 벌거벗은 수치를 보이지 않게 하고 안약을 사서 눈에 발라 보게 하라 무릇 내가 사랑하는 자를 책망하여 징계하노니 그러므로 네가 열심을 내라 회개하라 볼찌어다 내가 문밖에 서서 두드리노니 누구든지 내 음성을 듣고 문을 열면 내가 그에게로 들어가 그로 더불어 먹고 그는 나로 더불어 먹으리라 이기는 그에게는 내가 내 보좌에 함께 앉게 하여주기를 내가 이기고 아버지 보좌에 함께 앉은 것과 같이 하리라 귀 있는 자는 성령이 교회들에게 하시는 말씀을 들을찌어다”(계

3:14-22)

라오디게아 교회는 예수님이 입에서 토해 버리고 싶은 교회이다. 이들은 7년 대환난을 통해서 잃어버린 금을 사고, 안약을 사고, 흰옷을 사서 입어야 할 교회이다. 세상에 속해 타락한 교회이다. 세상 중심으로 살아가는 말세 교회이다. 교회안에는 세상 것들로 가득하다. 교회의 머리 되신 예수님은 교회 밖에서 문을 두드리고 있다.

그럼에도 불구하고 예수님은 사랑하는 자를 버리지 아니하시고 채찍으로 징계하셔서 다시 거룩하게 하신다. 고난을 통해 그들이 세상에 팔아버린 흰옷과 금과 안약을 사서 바르게 하여 다시금 예수님의 신부인 교회로 맞이하여 예수님이 앉으신 아버지 보좌에 함께 앉게 해 주신다. 이들은 7년 대환난에 들어가기 전에 이마에 표를 받고 짐승에게 경배하거나 그의 표를 받지 않고 순교를 통해서 흰옷을 입게 된다.

4. 후 삼년 반에 광야에서 양육 받은 교회

한 가지가 부족한 에베소 교회

"에베소 교회의 사자에게 편지하기를 오른손에 일곱 별을 붙잡고 일곱 금 촛대 사이에 다니시는 이가 가라사대 내가 네 행위와 수고와 네 인내를 알고 또 악한 자들을 용납지 아니한 것과 자칭 사도라 하되 아닌 자들을 시험하여 그 거짓된 것을 네가 드러낸 것과 또 네가 참고 내 이름을 위하여 견디고 게으르지 아니한 것을 아노라 그러나 너를 책망할 것이 있나니 너의 처음 사랑을 버렸느니라 그러므로 어디서 떨어진 것을 생각하고 회개하여 처음 행위를 가지라 만일 그리하지 아니하고 회개치 아니하면 내가 네게 임하여 네 촛대를 그 자리에서 옮기리라 오직 네게 이것이 있으니 네가 니골라당의 행위를 미워하는도다 나도 이것을 미워하노라 귀 있는 자는 성령이 교회들에게 하시는 말씀을 들을찌어다 이기는 그에게는 내가 하나님의 낙원에 있는 생명나무의 과실을 주어 먹게 하리라"(계2:1-7)

에베소 교회는 완벽한 교회였다. 그래서 그들은 스스로 자칭 유대인이라고 하는 바리새파 유대인들을 굴복시키고 이단들을 척결하여 교회를 정결하게 하는데 성공을 했다. 그런데 이런 영적인 싸움을 하는 동안 예수님의 첫 사랑을 잃어버리고 말았다. 그래서 예수님은 책망하시면서 처음 행위를 찾아서 소유하라고 하신다. 그렇지 않으면 촛대를 옮기시겠다고 경고를 하신다. 촛대를 옮긴다는 의미는 예수님의 영적인 신부로 인정하시지 않겠다고 선언을 하시는 것이다.

요한계시록 16장 15절에 자기 두루마기를 더럽히지 않는 자들은 복이 있다고 하셨다. 이는 예수님께서 구원 받을 때 입혀 주신 흰 두루마기를 세상에 살면서 더럽혔다면 그 더러운 것은 우리가 스스로 빨아서 깨끗하게 해야 한다. 이것이 바로 순교이다. 그러나 두루마기를 많이 더럽히지 아니하고 깨끗한 수준을 지켜온 성도들은 살아 있는 순교자와 같은 수준의 사람이기 때문에 육체적인 순교를 하지 않고 예수님께서 세례 요한과 같은 선지자들을 통해 예비해 놓으신 피난처 교회에서 부족한 신앙을 양육 받고 예수님 지상 재림 때 첫째 부활에 참여하여 천년왕국에서 제사장 나라로 왕 노릇하게 된다.

에베소 교회는 잃어버린 첫 사랑을 회복하고 부족한 것들을 채워서 환난을 이기고 순교하지 않고 주님을 만날 수 있는 유일한 교회이다. 말세 교회 중에서 에베소 교회와 같은 교회가 많이 있다. 정신을 차리고 깨어나서 잃어버린 형제 사랑을 회복해야 한다. 왜냐하면 교회는 예수님이 핏값으로 사 주신 예수님의 몸이기 때문이다. 그래서 형제를 사랑하는 것은 예수님을 사랑하는 것이고 형제를 미워하는 것은 예수님을 미워하는 것이다.

제7장 광야 피난처 교회

1. 광야 피난처 교회란 무엇인가?

후 삼년 반 동안 광야에서 양육 받은 교회

"그러므로 하늘과 그 가운데 거하는 자들은 즐거워하라 그러나 땅과 바다는 화 있을찐저 이는 마귀가 자기의 때가 얼마 못된 줄을 알므로 크게 분내어 너희에게 내려 갔음이라 하더라 용이 자기가 땅으로 내어쫓긴 것을 보고 남자를 낳은 여자를 핍박하는지라 그 여자가 큰 독수리의 두 날개를 받아 광야 자기 곳으로 날아가 거기서 그 뱀의 낯을 피하여 한 때와 두 때와 반 때를 양육 받으매 여자의 뒤에서 뱀이 그 입으로 물을 강 같이 토하여 여자를 물에 떠내려 가게 하려 하되 땅이 여자를 도와 그 입을 벌려 용의 입에서 토한 강물을 삼키니 용이 여자에게 분노하여 돌아가서 그 여자의 남은 자손 곧 하나님의 계명을 지키며 예수의 증거를 가진 자들로 더불어 싸우려고 바다 모래 위에 섰더라"(계12:12-17)

요한 계시록에 42개월 동안 양육을 받은 교회가 있다. 이는 후 삼년 반이 시작될 때 큰 독수리의 두 날개를 받아 광야 자기 곳으로 날아가 보호를 받으며 양육이 되는 광야 교회이다. 이때 용이 자기가 땅으로 내어 쫓긴 것을 보고 남자를 낳은 여자를 핍박한다. 남자를 낳은 여자는 교회이다. 뱀은 광야로 피하여 양육 받은 교회를 해하기 위해 물을 강같이 토하여 삼키려 하지만 하나님은 땅이 입을 벌려 뱀의 입에서 토한 강물을 삼켜서 죽이지 못하게 하신다. 결국 용은 포기하고 도시에 남아 있는 교회와 싸우려고 분노하여 돌아 선다. 이때부터 후 삼년 반 순교의 시대가 시작된다.

후 삼년 반에 짐승의 표를 받지 않는 사람들

후 삼년 반에 시작된 짐승의 배도는 전 세계인들의 오른손과 이마에 666표를 찍어 완벽 통제 사회를 구축하게 된다. 이때 짐승의 표를 받지 않는 사람들이 있다. 일단 구원 받은 성도들이다. 이들은 이미 요한 계시록에 기록된 짐승의 표를 알고 있기 때문에 짐승의 표를 거절한다. 다음으로 이스라엘 사람들이다. 이들 또한 유일하신 여호와를 섬기고 있기 때문에 적그리스도가 세운 짐승 우상 앞에 절하지 아니하고 짐승의 표를 거절한다. 그리고 도시 밖에 사는 사람들 중에 문명의 혜택을 누리지 못하는 사람들 중에도 짐승의 표를 받지 않는 사람들이 있다. 예를 들어서 지리산 속에서 사는 자연인과 같은 사람들이다. 이들은 상황이 모두 다르지만 짐승의 표를 받지 않는 사람들이다. 이중에서 짐승의 표를 받지 않는 사람중에 성도들은 두 종류로 분류가 된다. 하나는 도시안에서 순교하는 성도들이고 또 하나는 광야교회에서 양육을 받는 성도들이다. 그렇다면 어떤 성도는 순교자가 되고 어떤 성도는 광야교회에서 양육을 받고 보호를 받을 수 있는가?

광야 자기 곳으로 날아가 양육을 하는 독수리 사역

"내가 애굽 사람에게 어떻게 행하였음과 내가 어떻게 독수리 날개로 너희를 업어 내게로 인도하였음을 너희가 보았느니라"(출19:4)

출애굽기 19장 4절 말씀은 하나님께서는 모세를 통해서 이스라엘 백성들을 애굽에서 광야 시내산으로 인도하신 후 율법의 언약을 맺으시면서 하신 말씀이다. 하나님은 독수리 날개로 이스라엘 사람들을 업어서 인도 하였다 하신다. 여기에서 말하고 있는 독수리는 무슨 뜻일까? 바로 모세를 말한다. 여호와께서는 모세를 이미 40년 전에 애굽에서 광야로 인도하여 내신 후 다시 모세를 애굽으로 보내 이스라엘 백성들을 광야 자기 곳으로 인도해 내셨던 것이다.

독수리가 사는 곳은 광야이다. 하나님께서는 엘리야 세례 요한을 예수님 보다 6개월 먼저 보내셨다. 그리고 세례 요한은 광야에서 약대 털옷을 입고 메뚜기와 석청을 먹고 살았다.

예수님이 공생애를 시작하실 때 세례 요한의 광야 사역이 시작되었다. 세례 요한이 광야에서 외치면서 사역을 시작할 때 유대 모든 사람들이 세례 요한을 보려고 광야로 나왔다. 세례 요한은 그들에게 예수님을 소개하고 예수님의 사역을 위해 길을 평탄케 하였다.

예수님의 재림 때에도 엘리야 세례 요한이 나타나 예수님의 재림을 준비하게 하신다. 이들의 사역을 독수리 사역이라고 한다. 하나님께서는 먼저 깨어 있는 사역자들을 모세와 같이 광야 사역을 준비하게 하신다. 그리고 그들을 통해서 순교시대에 광야에서 양육을 받을 수 있는 교회를 불러 내신다. 이들 역시 깨어 있는 성도들이다. 하나님의 말씀을 가지고 살면서 주님의 재림으로 시작된 천년왕국을 사모하는 자들이다. 이 세상에서 사는 것을 나그네와 행인같이 여긴 자들이다. 세상에 욕심이나 미련이 없는 자들이다. 그러나 예수님의 재림이 가까운 말세지말에 깊은 영적인 잠을 자고 있는 성도들은 광야교회를 모른다. 그들에게는 낯설고 불편한 교회이다. 도시 중심의 편안함과 물질문명의 풍요로움을 만끽하고 사는데 익숙해져서 좀처럼 도시를 탈출하지 못하고 결국 스마트시티 유비쿼터스 안에 갇혀 버리고 만다. 그리고 남은 것은 순교뿐이다.

“외치는 자의 소리여 가로되 너희는 광야에서 여호와의 길을 예비하라 사막에서 우리 하나님의 대로를 평탄케 하라 골짜기마다 돋우어지며 산마다, 작은 산마다 낮아지며 고르지 않은 곳이 평탄케 되며 험한 곳이 평지가 될 것이요 여호와의 영광이 나타나고 모든 육체가 그것을 함께 보리라 대저 여호와의 입이 말씀하셨느니라”(사40:3-5)

예수님의 명령, 산으로 도망하라

“그러므로 너희가 선지자 다니엘의 말한바 멸망의 가증한 것이 거룩한 곳에 선 것을 보거든 (읽는 자는 깨달을찐저) 그 때에 유대에 있는 자들은 산으로 도망할찌어다 지붕 위에 있는 자는 집안에 있는 물건을 가질러 내려 가지 말며 밭에 있는 자는 겉옷을 가질러 뒤로 돌이키지 말찌어다"(마24:15-18)

예수님은 멸망의 가증한 것이 거룩한 곳에 선 것을 보거든 산으로 도망하라고 하셨다. 여기에서 산이라고 하는 곳이 곧 사람들이 살지 않는 광야이다. 도망할 때 지체하지 말고 도망하라고 하신다. 지붕에서 물건을 가지러 집으로 들어가지 말고 바로 도망하라 하신다. 밭에서 일을 하다가 바로 산으로 가라고 하신다. 이는 신속하게 도망하라고 하신 것을 강조하신 것이다. 그렇지 않고 이것저것 챙기다 보면 도망할 수 없다는 것이다. 불이 나서 타는 집에서 목숨을 건지기 위해 탈출하는 것처럼 그렇게 하라는 것이다.

천사들은 롯을 산으로 보내면서 뒤를 돌아보지 못하게 하였다. 그러나 롯의 처는 뒤를 돌아봄으로 소금기둥이 되고 말았다. 말세 세상에 사는 성도는 세상에 대한 모든 미련을 버려야 광야교회에서 양육을 받을 수 있다. 사도 요한 역시 바벨론에서 나오라고 하였다. 여기에서 바벨론이란 성은 도시를 말한다. 말세 성도는 도시에서 나와야 살 수 있다. 도시는 죄악의 온상이다. 도시에는 음행이 가득하고 살인, 사기, 강포, 겁탈, 불의한 재판, 위선, 사치, 탐욕, 욕심이 가득한 곳이다, 그래서 하나님의 심판은 도시에 집중적으로 부어진다. 도시를 중심으로 전쟁, 지진, 전염병, 대량살상 무기들이 퍼부어진다. 소돔과 고모라에 떨어진 유황불처럼 대도시마다 그렇게 된다.

"힘센 음성으로 외쳐 가로되 무너졌도다 무너졌도다 큰 성 바벨론이여 귀신의 처소와 각종 더러운 영의 모이는 곳과 각종 더럽고 가증한 새의 모이는 곳이 되었도다 그 음행의 진노의 포도주를 인하여 만국이 무너졌으며 또 땅의 왕들이 그로 더불어 음행하였으며 땅의 상고들도 그 사치의 세력을 인하여 치부하였도다 하더라 또 내가 들으니 하늘로서 다른 음성이 나서 가로되 내 백성아, 거기서 나와 그의 죄에 참예하지 말고 그의 받을 재앙들을 받지 말라 그 죄는 하늘에 사무쳤으며 하나님은 그의 불의한 일을 기억하신지라" (계18:2-5)

말세 사역자들 중에 복이 있는 자

"그러므로 깨어 있으라 어느 날에 너희 주가 임할는지 너희가 알지 못함이니라 너희도 아는바니 만일 집 주인이 도적이 어느 경점에 올 줄을 알았더면 깨어 있어 그 집을 뚫지 못하게 하였으리라 이러므로 너희도 예비하고 있으라 생각지 않은 때에 인자가 오리라 충성되고 지혜 있는 종이 되어 주인에게 그 집 사람들을 맡아 때를 따라 양식을 나눠 줄 자가 누구뇨 주인이 올 때에 그 종의 이렇게 하는 것을 보면 그 종이 복이 있으리로다 내가 진실로 너희에게 이르노니 주인이 그 모든 소유를 저에게 맡기리라 만일 그 악한 종이 마음에 생각하기를 주인이 더디 오리라 하여 동무들을 때리며 술친구들로 더불어 먹고 마시게 되면 생각지 않은 날 알지 못하는 시간에 그 종의 주인이 이르러 엄히 때리고 외식 하는 자의 받는 율에 처하리니 거기서 슬피 울며 이를 갊이 있으리라"(마24:42-51)

예수님께서는 말세 사역자들 중에 복이 있는 사람은 때를 따라 종들에게 양식을 나눠줄 자라고 하셨다. 그러면서 지혜로운 종이 되라고 하셨다. 여기에서 말하고 있는 양식은 하나님의 말씀을 의미한다. 그러나 예수님은 마태복음 24장에서 야곱의 대환난에 대하여 계속해서 말씀을 하시고 계신다. 그런 의미에서 볼 때 예수님께서 말씀하신 양식은 영의 양식만을 말씀 하시지 않고 육의 양식도 포함해서 말씀하시고 계신다. 이것을 전인 구원이라고 한다.

지금은 은혜의 시대이기 때문에 예수 믿고 죽으면 구원을 받는다. 그러나 야곱의 환난 때에 예수 믿고 사는 성도들은 살아서 적그리스도의 시험을 받아야 한다. 그래서 순교를 하든지 아니면 순교를 피하고 살아서 재림하시는 예수님을 만나야 한다. 이런 과정 속에서 필요한 구원이 전인구원(全人救援)인 것이다. 즉 영혼 뿐 아니라 육체도 지켜져야 하는 구원이다. 이 때 필요한 것이 영에 속한 양식과 육에 속한 양식인데 지혜로운 청지기는 때와 시기를 잘 분별해서 영의 양식과 육의 양식을 준비하여 먹일 수 있어야 한다는 것이다. 말세 이런 사역을 잘하는 종들을 세례요한의 사역자라고 한다. 엘리야의 광야 사역이다.

7년 대 풍년 7년 대 흉년

"요셉이 바로에게 고하되 바로의 꿈은 하나이라 하나님이 그 하실 일을 바로에게 보이심이니이다 일곱 좋은 암소는 일곱해요 일곱 좋은 이삭도 일곱해니 그 꿈은 하나이라 그 후에 올라온 파리하고 흉악한 일곱 소는 칠년이요 동풍에 말라 속이 빈 일곱 이삭도 일곱해 흉년이니 내가 바로에게 고하기를 하나님이 그 하실 일로 바로에게 보이신다 함이 이것이라 온 애굽 땅에 일곱해 큰 풍년이 있겠고 후에 일곱해 흉년이 들므로 애굽 땅에 있던 풍년을 다 잊어버리게 되고 이 땅이 기근으로 멸망되리니 후에 든 그 흉년이 너무 심하므로 이전 풍년을 이 땅에서 기억하지 못하게 되리이다 바로께서 꿈을 두번 겹쳐 꾸신 것은 하나님이 이 일을 정하셨음이라 속히 행하시리니 이제 바로께서는 명철하고 지혜 있는 사람을 택하여 애굽 땅을 치리하게 하시고 바로께서는 또 이같이 행하사 국중에 여러 관리를 두어 그 일곱해 풍년에 애굽 땅의 오분의 일을 거두되 그 관리로 장차 올 풍년의 모든 곡물을 거두고 그 곡물을 바로의 손에 돌려 양식을 위하여 각 성에 적치하게 하소서 이와 같이 그 곡물을 이 땅에 저장하여 애굽 땅에 임할 일곱해 흉년을 예비하시면 땅이 이 흉년을 인하여 멸망치 아니하리이다"(창 41:25-36)

요셉이란 인물은 메시아 되신 예수님의 예표로서 구원의 역사를 잘 설명해 주고 있다. 그 중에서도 7년 풍년과 7년 흉년 사건은 마지막 7년 대환난을 중심으로 일어날 심판을 대비한 중요한 교훈이다.

바로는 요셉을 총리로 세우고 7년 동안 풍년을 통해 해마다 곡물을 비축한다. 그리고 7년 흉년이 시작되었다. 백성들이 양식이 떨어지자 돈을 주고 샀다. 나중에 돈이 떨어지자 가축들로 양식을 샀다. 가축들이 없어지자 토지를 맡기고 곡식을 샀다. 나중에는 애굽의 백성들이 자기의 몸을 바로에게 팔고 곡식을 사서 먹어야 했다.

여기에서 두 가지 교훈이 있다 먹고 살기 위해 최종적으로 자신들의 몸을 종으로 팔았다고 하는 사실이다. 요한 계시록에도 영혼들을 사고 파는 기록이 나온다. 또 하나의 교훈은 준비하고 예비하면 모든 환난을 극복할 수 있다는 것이다. 야곱의 환난에도 역시 그러하다. 7년 동안 대환난이 있다. 이때 가장 심한 것이 기근이다. 적그리스도는 먹고 사는 물질을 이용하여 영혼들을 사냥한다. 죽기를 무서워하는 사람들의 최종적인 선택은 양식이다. 공산주의자들인 적그리스도의 세력들은 마지막 시대 성도를 미혹할 때 양식을 가지고 한다. 먹고 살기 위해 자신의 영혼을 팔아야 하는 것이다. 이러한 상황에서 때를 따라 양식을 공급해주는 지혜로운 청지기가 예수님께서 칭찬해 주시는 사역자이다.

2. 광야 교회는 어떻게 세울 수 있는가?

광야 교회 롤 모델은 아미쉬나 메노나이트 형제단들의 공동체이다. 이들은 종교개혁 당시 국가교회를 피하여 사람들이 살지 않는 오지로 들어가 공동체 교회를 세웠다. 이러한 공동체 교회는 초대 예루살렘 교회가 모델이다. 모든 성도들이 한 몸이 되어 재산을 공유하고 함께 살아가는 공동체였다. 아미쉬 공동체 역시 그런 공동체이다. 마지막 광야교회 역시 그런 공동체 교회를 세워야 한다. 그러나 그와 같은 재산을 공유한 공동체를 세우기 위해 시간이 필요하다. 지금은 오랜 세월동안 재산을 공유한 공동체를 세우기가 어렵다. 그래서 개인들이 독립적으로 집을 짓고 먹고 살 수 있는 양식들을 준비하는 공동체를 세워야 한다. 이런 공동체를 영적인 공동체라고 한다.

광야 교회는 교회의 원리에 따라서 세워져야 한다

"저희가 사도의 가르침을 받아 서로 교제하며 떡을 떼며 기도하기를 전혀 힘쓰니라 사람마다 두려워하는데 사도들로 인하여 기사와 표적이 많이 나타나니 믿는 사람이 다 함께 있어 모든 물건을 서로 통용하고 또 재산과 소유를 팔아 각 사람의 필요를 따라 나눠 주고 날마다 마음을 같이 하여 성전에 모이기를 힘쓰고 집에서 떡을 떼며 기쁨과 순전한 마음으로 음식을 먹고 하나님을 찬미하며 또 온 백성에게 칭송을 받으니 주께서 구원 받는 사람을 날마다 더하게 하시니라"(행 2:42-47)

초대 예루살렘 교회는 사도의 가르침을 받아서 서로 떡을 떼고 함께 하는 공동체 삶을 살았다. 광야 교회 역시 반드시 영적인 리더를 통해서 하나님의 생명의 말씀이 공급되어야 한다. 그리고 모든 지체들이 순종하고 함께 질서를 지켜야 한다. 이것이 교회의 원리이다. 공동체 교회의 생명은 하나의 영적인 리더쉽이 살아 있어야 한다. 그래야 광야 교회에서 신앙이 성장하는 양육이 이루어질 수 있다.

"오직 사랑 안에서 참된 것을 하여 범사에 그에게까지 자랄찌라 그는 머리니 곧 그리스도라그에게서 온 몸이 각 마디를 통하여 도움을 입음으로 연락하고 상합하여 각 지체의 분량대로 역사하여 그 몸을 자라게 하며 사랑 안에서 스스로 세우느니라"(엡4:15-16)

반드시 광야 교회는 하나님이 세우신 영적인 머리를 붙들어야 한다. 그리고 각 지체들이 서로 사랑하고 상합하여 그리스도의 장성한 분량까지 자라나야 하는 것이다.

성경 속에 있는 교회의 원리

마가의 다락방에 강림하신 성령은 휴거 사건을 통해서 떠나신다. 그러나 유일하게 7년 대환난 가운데에서도 성령께서 임재하시고 계신 사람들이 있다. 이미 이방인의 때에 생명책에 이름이 기록된 구원 받은 성도들이다. 이들은 비록 휴거에는 참여하지 못했지만 이미 구원을 받아 생명책에 이름이 있는 자들이기 때문에 이들 마음에 성령께서 임재하시고 계신다.요한 계시록 7장에서 7년 대환난이 시작되기 전에 이마에 인침을 받은 자들이다. 이들은 성령이 휴거와 함께 세상을 떠난 후에도 여전히 성령께서 성도들 마음에 계셔서 순교를 도우시고 광야교회에서 믿음이 자라나도록 역사하신다. 그래서 광야교회가 성경에 기록된 대로 교회를 세워야 하는 것이다.

성경에 기록된 교회의 원리는 성부 하나님이 세워주신 사역자와 예수님이 세워주신 봉사자와 성령께서 세워주신 거듭난 성도들로 이루어진다.

“은사는 여러 가지나 성령은 같고 직임은 여러 가지나 주는 같으며 또 역사는 여러 가지나 모든 것을 모든 사람 가운데서 역사하시는 하나님은 같으니”(고전12:4-6)

성부 하나님이 세우신 사역자들의 10가지 직분

“하나님이 교회 중에 몇을 세우셨으니 첫째는 사도요 둘째는 선지자요 세째는 교사요 그 다음은 능력이요 그 다음은 병 고치는 은사와 서로 돕는 것과 다스리는 것과 각종 방언을 하는 것이라”(고전12:28)

“그가 혹은 사도로, 혹은 선지자로, 혹은 복음 전하는 자로, 혹은 목사와 교사로 주셨으니 이는 성도를 온전케 하며 봉사의 일을 하게 하며 그리스도의 몸을 세우려 하심이라”(엡4:11-12)

성자 예수님이 세우신 봉사자들의 7가지 직분(집사,장로)

“내게 주신 은혜로 말미암아 너희 중 각 사람에게 말하노니 마땅히 생각할 그 이상의 생각을 품지 말고 오직 하나님께서 각 사람에게 나눠주신 믿음의 분량대로 지혜롭게 생각하라우리가 한 몸에 많은 지체를 가졌으나 모든 지체가 같은 직분을 가진 것이 아니니 이와 같이 우리 많은 사람이 그리스도 안에서 한 몸이 되어 서로 지체가 되었느니라 우리에게 주신 은혜대로 받은 은사가 각각 다르니 혹 예언이면 믿음의 분수대로, 혹 섬기는 일이면 섬기는 일로, 혹 가르치는 자면 가르치는 일로, 혹 권위하는 자면 권위하는 일로, 구제하는 자는 성실함으로, 다스리는 자는 부지런함으로, 긍휼을 베푸는 자는 즐거움으로 할 것이니라”(롬12:3-8)

성령 하나님이 세우신 성도들에게 주신 9가지 은사

"각 사람에게 성령의 나타남을 주심은 유익하게 하려 하심이라 어떤이에게는 성령으로 말미암아 지혜의 말씀을, 어떤이에게는 같은 성령을 따라 지식의 말씀을, 다른이에게는 같은 성령으로 믿음을, 어떤이에게는 한 성령으로 병 고치는 은사를, 어떤이에게는 능력 행함을, 어떤이에게는 예언함을, 어떤이에게는 영들 분별함을, 다른이에게는 각종 방언 말함을, 어떤이에게는 방언들 통역함을 주시나니 이 모든 일은 같은 한 성령이 행하사 그 뜻대로 각 사람에게 나눠 주시느니라"(고전12:7-11)

3. 광야 피난처 교회를 세우기 위해 준비해야 할 것들

피난처 교회의 롤 모델과 규모

피난처 교회의 롤 모델은 아미쉬 공동체 교회, 메노나이트 공동체 교회, 후터라이트 공동체 교회, 브루더호프 공동체 교회들이다. 이들은 참 종교 개혁자들로 반종교 개혁자들에게 재세례파라고 죄목의 누명을 쓰고 무참하게 살해 당하고 쫓겨난 후 500년 동안 문명사회를 등지고 그들만이 가지고 있는 순교자 거울이라는 책을 가지고 신앙을 지켜온 성경대로 사는 참 교회이다. 이들은 전 세계적으로 300만 명이 살고 있다. 이들은 적게는 75명에서 많게는 300명 단위로 마을을 만들어 자급자족하는 시스템을 구축해서 계속적으로 그들만의 공동체 교회를 확장시켜 나가고 있다. 5명을 한 가정으로 보면 15가정에서 60가정인데 30가정 150명 수준으로 하면 좋을 것 같다.

얼마동안 피난처 교회에 머물러야 하는가?

광야 피난처 교회는 최소한 10년 동안 자급자족하고 피할 수 있는 곳이 되어야 한다. 왜냐하면 7년 대환난을 전 후로 3차 세계대전이 일어나고 이 전쟁이 마무리 되면서 제 3의 유엔이 들어서게 되는데 전 세계는 신세계질서 체제로 전환이 되어 한 정부, 한 경제, 한 종교 형태의 단일 세계 정부가 7년 동안 이 땅에서 활동을 하게 된다. 특히 후 삼년 반이 시작될 때 적그리스도 짐승은 성경대로 예수를 믿은 성도들의 신앙을 빼앗아 가기 위해 짐승의 우상을 예루살렘 성전에 세우고 배도를 선포한다. 그리고 그 우상에 경배하지 않고 그 짐승의 표를 받지 않는 사람들에게 매매를 하지 못하게 하고 목을 베어 죽이는 일을 한다. 이때 성도들은 순교를 하게 되는 것이다.

제 3차 대전이 일어나는 순간부터 7년의 대환난 기간 동안 자급자족할 수 있어야 한다. 제 3차 세계 대전이 일어나기 전부터 전쟁을 일으킬 준비를 하게 되는데 그 방법이 바로 경제공황, 테러, 기상무기를 통한 천재지변, 그리고 전염병을 통해 사회질서를 혼란시키게 되므로 정상적인 경제활동이 불가능하게 된다. 그래서 최소한의 경제 활동을 할 수 있어야 집을 짓고 비상식량과 생활용품들을 준비할 수 있다. 만일 제 3차 세계 대전이 일어나서 비상사태가 선포 되면 아무것도 준비할 수 없게 된다. 미리 10년 전부터 10년 동안 자급자족할 수 있는 비상체제를 준비해야 하는 것이다.

이미 코비드-19를 통해서 신세계질서가 시작되었다. 코비드-19 바이러스는 끊임없이 돌연변이를 일으켜 모든 코로나 백신을 무용지물로 만들면서 완벽한 통제사회 시스템으로 이미 만들어진 ID2020 시스템을 도입하게 될 것이다. ID2020 시스템은 코로나 바이러스가 감염되어 열이 나기 시작할 때부터 조기 발견하여 초기에 환자를 격리시킬 수 있는 고도의 생체 정보를 송수신 할 수 있는 하이드로겔 루시페라제 센서가 작동하는 나노칩이다. 이렇게 되면 결국 코비드-19에 대한 완벽 방역 시스템이 구축이 되는 것이다. 이것이 바로 전 세계를 상대로 한 신세계질서 통제 시스템을 완성하는 것이다. 이것을 완성하기 위한 실험들이 전 세계인들을 대상으로 이루어지고 있는 것이다. 현재 코비드-19 면역 백신 주사는 전 세계인들의 70% 대상을 목표로 하고 있다. 70%만 달성하여도 이들을 통한 인구조절이 가능하기 때문이다.

코비드-19는 세계적인 봉쇄를 통해 자본주의 경제 시스템이 붕괴가 되고 국가부도와 식량위기를 통한 폭동으로 제 3차 세계 대전으로 확대된 후 세계 인구 2/3 이상의 인종 청소가 된다. 그 후 제 3유엔의 등장과 함께 신세계질서가 시작된다. 그때부터 마지막 7년이 시작 되는 것이다. 이로 보건데 자급자족 할 수 있는 광야교회를 준비할 수 있는 기간은 2021년부터 2022년 전반기까지 1-2년 밖에 기회가 없게 된다. 2021년부터 세계경제포럼인 다보스 포럼에서 세계적인 Great Reset를 시작한다. 이것은 자본주의 경제를 주저 앉히고 블록체인 디지털 화폐로 전환하는 것을 말한다. 이것의 종합적인 전략이 ID2020인 것이다. 유엔의 지속가능개발정책이 2030년에 완성하는 것을 목표로 삼고 있기 때문에 2030년까지는 전 세계적으로 천지개벽 할 일들이 많이 일어날 것이다.

광야 피난처 교회에 필요한 사람들과 물품들

지금은 제한적으로 통제가 되고 있지만 앞으로 제 3차 대전이 시작될 때에는 전 국가적인 통제가 이루어지는 비상사태가 선포되고 전염병이 확산되면 모든 도로 모든 환경이 차단이 된다. 그러므로 있는 곳에서 자급자족을 해야 하는 것이다. 우선 안전한 집들이 필요하다. 지진으로 인해 보호를 받고, 핵 전쟁이나 오염된 전염병균을 차단할 수 있는 집이다. 집안에 저장고가 있어야 한다. 추위를 막기 위해 벽난로도 필요하다. 전기와 가스가 끊어지기 때문에 발전기가 필요하다. 창문은 철 셔터로 안전하게 닫을 수 있어야 한다. 필요하면 가족과 친척들이 와서 함께 할 수 있어야 한다. 깊은 곳에서 나온 샘물과 콘크리트로 만들어진 물을 저장할 수 있는 시설이 필요하다. 의료시설과 의사들이 필요하고 자체적으로 응급치료가 가능하도록 해야 한다. 약사들을 중심으로 비상약들을 준비하여 자체적으로 치료를 해야 한다. 실버 시설을 만들어 노인들이 함께 생활할 수 있어야 한다. 작은 학교와 어린이 집을 만들어 신앙교육과 보육을 함께 해야 한다. 대피시설을 만들어 핵 전쟁과 전염병과 전쟁을 준비해야 한다. 방앗간을 만들어 벼를 도정하고, 각종 기름을 짜고, 두부 및 각종 떡과 음식을 만들어 먹을 수 있어야 한다. 각 가정별로 비상식량 체제를 준비해야 한다. 지금 떠오르고 있는 비상식량은 곤충이다. 그리고 식용 굼벵이와 같은 것들이 있다. 벼, 쌀, 보리, 밀가루, 잡곡, 콩, 팥 등은 필수다. 땔감이 필요하고, 석유곤로, 석유 등 들이 필요하다. 보일러와 기계들을 운영할 수 있는 최소한의 연료이다. 생필품, 옷들과 의류들이다. 각종 양념류, 된장, 고추장, 고추가루 등과 같은 저장식품들이다. 식용유 및 참기름 들기름 등이다. 라디오, 각종 연장들이 준비 되어야 한다. 각종 치솔, 치약, 면도기, 신발, 휴지들이 필요하다. 비상 운반기구들이 필요하다. 최소한의 농기구가 필요하다. 핵 낙진과 방사능, 전염병균과 오염으로부터 막을 수 있는 비닐하우스에서 채소와 곡물 재배지가 필요하다. 어린아이들을 위해 우유, 분유, 기저귀, 이유식들이 필요하다. 구두 신발 슬리퍼 등이 필요하다 이불과 매트리스, 최소한의 각종 운동기구들이 필요하다.

말세 지말의 안전한 곳은 거룩한 성도들이 한 몸이 되어 서로를 섬기고 사랑할 수 있는 공동체이다. 이런 공동체는 한 사람의 힘으로 불가능하다. 모든 지체들이 받은 은사와 능력을 가지고 힘을 합해야 한다. 하나님은 모든 사람에게 달란트를 나누어 주셨다. 의사들이 있어야한다. 약사도 있어야 한다, 한의사, 침술사, 정원사, 영양사, 기술자, 보일러 기술, 냉동기술, 축산기술, 건축가, 교사, 복지사, 노인 요양사, 물리치료사, 농산물 가공업자, 방앗간, 어린이 교사, 이발사, 미용사 등이 필요하다 최소한 150명의 공동체 안에서 필요 없는 지체는 아무도 없다. 우리가 하나가 될 때 놀라운 일들이 일어날 수 있다.

광야 피난처 교회가 될 수 있는 장소는 어떤 곳이어야 하는가?

가능한 대로 도시에서 멀리 떨어져야 한다. 소돔성이 망할 때 천사들은 롯에게 산으로 도망하라고 하였다. 그러나 롯은 산이 너무 멀어 소알성으로 가기를 허락받고 가서 구원을 얻었다. 예수님은 다니엘의 말한바 멸망의 가증한 것이 거룩한 곳에 서는 것을 보거든 산으로 도망하라고 하셨다. 요한 계시록에 있는 피난처 교회도 독수리 날개를 업고 광야로 나갔다. 최초의 도시는 가인의 후예들이 세운 에녹성이다. 성경에서 마지막 불에 타서 망한 바벨론 성은 큰 도시이다. 성경에서 도시는 타락의 상징이고 심판의 상징이다.

마지막 심판은 도시에 집중된다. 특히 도시는 죽음의 감옥이 된다. 사스, 메르스, 코로나 바이러스와 같은 전염병은 도시를 마비시킨다. 일단 제 3차 세계 대전은 사람을 죽여서 청소를 하는 전쟁이다. 그래서 대량살상 무기들이 도시에 집중적으로 퍼부어진다. 전쟁이 일어나면 도시의 모든 출입구가 봉쇄되어 도시인들은 전멸을 하게 된다. 도시는 평상시에는 천국이지만 전쟁시에는 지옥이 된다. 전기가 없다. 물이 없다. 가스도 끊어진다. 생필품이 사라진다. 여름에는 더위에 죽고, 겨울에는 얼어 죽는다. 고층 아파트는 걸어서 이동을 해야 하고 화장실에는 물이 없어 쓰레기장이 된다. 도시를 중심으로 지진이 일어난다. 알래스카 하프를 통해 좌표만 찍어 전리층을 들어 올리면 정확하게 땅은 춤을 추며 뒤틀린다. 바닷가에 있는 도시들은 바닷물이 50m까지 높아지는 해일로 물에 잠긴다. 그동안 하나님의 품을 떠난 탕자의 문명이 쌓아 놓은 모든 것들이 순식간에 사라진다. 그리고 그것을 즐기던 가축인간들 역시 물질과 함께 사라진다. 이것이 성경에서 말하고 있는 "The Day" 심판의 날이다. 이런 엄청난 심판으로부터 보호를 받을 수 있는 장소가 필요하다. 바로 깊고 높은 산이다. 노아는 산에 방주를 만들어 들어갔다. 그러나 예수님의 심판은 불로 나타나신다.

최소한 읍 단위 이하 면 단위가 좋다. 유비쿼터스 스마트 시티의 완벽통제 사회는 최소 2만 명 이상의 도시에서 시행이 된다. 군청이 있는 읍 단위 이상이다. 면 단위 이하에서 장소를 찾아야 한다. 도로에서 떨어져 깊은 곳으로 들어 갈수록 좋다. 물이 있어야 한다. 자급자족이 가능한 농지가 있어야 한다. 집을 짓고 살 수 있어야 한다. 산에는 나무들이 많아 연료를 쉽게 구할 수 있다.

특별하게 추진하고 있는 지역별 광야 공동체 교회

특별한 목회자 모임에서는 전국적으로 몇 군데 광야 공동체 교회를 추진하고 있다. 서울, 인천, 경기 강원 지역으로 수도권(서울, 경기, 인천, 강원) 중심의 광야 공동체 교회를 준비하고 있다. 충청권을 중심으로(충남, 충북, 대전시) 공동체 교회를 준비하고 있다. 부산, 김해지역(부산, 김해, 창원, 경남), 대구지역(대구, 경산, 경북) 중심으로 준비하고 있다. 전주지역(전북, 전주), 광주지역(전남, 광주, 목포), 순천지역(여수, 광양, 순천, 보성) 중심으로 광야 공동체 교회를 준비하고 있다. 한 곳에 10가정-30가정 규모로 준비하고 있다. 그리고 한 지역 교회에서 공동체 광야 교회를 세우기를 원하는 교회가 있다면 도와 드릴 수 있다. 그리고 각 지역에서 교회들이 연합하여 공동체 교회를 세우기를 원해도 역시 노하우를 전수해 드릴 수 있다.

특히 다시 한 번 당부의 말씀을 드리는 것은 광야 공동체 교회의 생명은 하나 됨에 있다. 생명을 나눌 수 있는 형제애로 뭉쳐 있어야 한다. 신앙의 인격과 가치관이 일치해야 한다.

그래서 공동체 교회에 대한 훈련도 받아야 한다. 종말에 대한 이해와 신앙의 정체성을 확립하는 교육들도 받아야 한다. 또 주위에 광야 공동체 교회를 할 수 있는 적합한 장소가 있다면 연락을 부탁 드린다. 광야 공동체 교회를 세울 수 있는 최적의 장소는 전(田)을 포함한 임야가 있어야 한다. 전은 최소한 5000평 이상, 임야는 1만평 이상이면 좋다. 광야 공동체 교회에 대한 문의 사항이 있는 분들은 상담할 수 있다.

10년 동안 피난처 교회에서 필요한 비용이 얼마나 되는가?

말세지말의 돈이란 의미가 없다. 아무리 부동산이 많고, 주식이 많고, 돈이 은행에 많이 있을지라도 일단 질서가 무너져 비상사태가 선포되면 모든 화폐는 휴지가 되고, 모든 부동산은 가치가 땅에 떨어지고, 모든 주식은 허공으로 날아가 버린다. 성경에 보면 전쟁이 일어나서 기근이 올 때 곡물가격은 상상을 초월하게 올라간다. 2차 세계대전 때 헝거리에서는 곡물 인플레가 1조% 올랐다. 전쟁이 나면 생필품이 자산이다. 식량, 기름, 생필품이 재산이다. 돈은 종이에 불과하다. 금도 역시 마찬가지다. 누가 금을 먹고 살 수 있는가?

지금은 풍년의 시대이다. 모든 것들이 차고 넘친다. 그러나 이제 기근의 때가 온다. 물을 마음대로 마시지 못하는 시대가 다가오고 있다. '더 데이'라고 하는 여호와의 날이 다가오고 있다. 공동체 교회는 공동체가 준비할 것들이 있다. 그리고 각 가정들이 준비할 것이 있다. 공동체 멤버들은 힘있는 대로 전체를 준비하되 최소한 자기들의 몫을 준비해야 한다. 그래서 비상사태가 선포될지라도 지체들에게 부담을 주지 말아야 한다.

4. 한 가족 5인 10년 기준 비용(각 가정 형편에 따라 변동)

1. 유류준비 2040만원

1) 등유(보일러유) 10년*1000리터=10,000리터*700원=700만원
2) 경유(발전기용) 10년*1000리터=10,000리터*1200원=1200만원
3) 휘발류(비상용) 10년*100리터*1400원=140만원
4) 저장창고 건축 300만원

2. 전기 시설 및 제품 605만원

1) 발전기5kw 디젤 200만원
2) 렌턴 및 건전지 15만원
3) 전기용품 20만원
4) 정미기계 150만원
5) 건조기 120만원
6) 석유스토브 20만원*5 =100만원

3. 곡물류 1490만원

1) 쌀 1인 1년 80kg(20만원)*10년*5인=4,000kg
   (벼 40kg*150가마) 1,000만원
2) 밀가루 20kg 18,000*100포대=180만원
3) 옥수수가루 20kg 25,000*30포=75만원
4) 전분가루 20kg 45,000*10포=45만원
5) 찹쌀 40Kg 140,000*10포 140만원
6) 잡곡(보리, 팥, 콩, 수수) 50만원

4. 저장식품 총 15,738,500원

1) 재래식 된장 30kg(430,000원)10통=430만원
2) 재래식 고추장 20kg(350,000원)*5통= 175만원
3) 통조림
 (1) 꽁치통조림 400g 25개 60,000원*10박스=600,000원
 (2) 참치통조림 200g 36개 70,000원*10박스= 700,000원
 (3) 닭고기통조림 375g 65,450원*10박스=654,500원
 (4) 소고기통조림 375g 24개 70,000원*10박스=700,000원
4) 조선간장 60리터 250,000원
5) 진간장 100리터 200,000원
6) 소금 20kg 50포대*20,000원=100만원
7) 과일통조림
 (1) 복숭아 통조림 400g 24개입 30,000원*10박스=300,000원
 (2) 포도 통조림 400g 24개입 53,000원*10박스=530,000원
8) 건빵 1부대 10,000*20자루=200,000원
9) 라면 30개입 1박스 13,800원*30박스 = 414,000원
10) 식용유 1.8리터 15,000원 50개=750,000원
11) 참기름 1.8리터 30,000원*10병=300,000원
12) 들기름 1.8리터 30,000원*10병=300,000원
13) 식초 1.8리터 18,000원*10병 =180,000원

14) 볶은 참깨 10kg 300,000원
15) 볶은 들깨 10kg 110,000원
16) 엿기름 20KG 100,000원
17) 젓갈
 (1) 멸치젓 20kg 200,000원 4통=800,000원
 (2) 까나리 액젓 20kg 200,000원*2통=400,000원
 (3) 새우젓 20kg 100,000원 *5통 =500,000원
18) 미역, 김 30만원
19) 다시마 10만원

5. 양념류 220만원

1) 고춧가루 10근 10년 100근*15,000원 150만원
2) 마늘 1축 15000원 40축 60만원
3) 다시다 10만원

6. 화장품 50만원

7. 신발, 침낭, 양말, 의류 100만원

8. 화장실 물품(면도기,비누,삼푸) 20만원

9. 차종류 커피 20만원

10. 비상약품 100만원

11. 생활필수품 124만원

1) 건전지 10만원
2) 화장지 40만원
3) 라이타 140원 1000개 14만원
4) 휴지 30개 12,000원*50개 60만원

12. 건축자재 155만원

1) 시멘트 100포대 5000원=50만원
2) 못 5만원
3) 철근 100만원

13. 어린아이 용품 (선택)

1) 기저귀
2) 분유
3) 옷
4) 이유식

5인 10년 총비용	**64,978,500원**
5인 1년 비용	**6,497,850원**
5인 1달 비용	**541,487원**
1인 10년 비용	**12,995,700원**
1인 1년 비용	**1,299,570원**
1인 1달 비용	**108,297원**

5. 누가 광야 공동체 교회 안에 들어 갈 수 있는가?

광야 공동체 교회는 아무나 들어 가는 것이 아니다. 돈이 있다고 들어 가는 것이 아니다. 돈이 없다고 들어 가지 못한 것도 아니다 운이 좋다고 들어 가는 것도 아니다. 광야 공동체 교회는 하나님께서 택하시고 허락한 사람들만 들어 갈 수 있다. 소돔성에서 롯의 가족들이 구원을 받은 것처럼 특별한 은총을 받아야 한다. 이미 이사야 선지자는 광야 공동체교회 안에 참여할 자가 누구인지를 기록하고 있다. 롯의 처는 소돔성에서 나오기는 했지만 그는 자격이 없어 소금기둥이 되고 말았다. 세상에 미련이 있는 자들과 세상에 욕심이 있는 자들은 누구든지 들어 갈 수 없다.

순교자적인 삶을 사는 자들만이 들어 갈 수 있다

사33:13-16 "너희 먼데 있는 자들아 나의 행한 것을 들으라 너희 가까이 있는 자들아 나의 권능을 알라 시온의 죄인들이 두려워하며 경건치 아니한 자들이 떨며 이르기를 우리 중에 누가 삼키는 불과 함께 거하겠으며 우리 중에 누가 영영히 타는 것과 함께 거하리요 하도다 오직 의롭게 행하는 자, 정직히 말하는 자, 토색한 재물을 가증히 여기는 자, 손을 흔들어 뇌물을 받지 아니하는 자, 귀를 막아 피 흘리려는 꾀를 듣지 아니하는 자, 눈을 감아 악을 보지 아니하는 자, 그는 높은 곳에 거하리니 견고한 바위가 그 보장이 되며 그 양식은 공급되고 그 물은 끊치지 아니하리라 하셨느니라"

본문에서는 히스기야가 돈을 주고 동맹을 맺은 앗수르가 북 왕조 에브라임을 멸망시키고 이제 유다와 맺은 언약을 파기하고 유다를 멸망시키기 위해 쳐들어와 성을 에워쌀 때 시온의 경건치 않는 죄인들이 앗수르 왕이 가져온 불같은 시험을 앞두고 떨면서 말하기를 누가 삼키는 불과 함께 거하겠으며 우리 중에 누가 영영히 타는 불의 심판을 이길 수 있느냐고 탄식을 한다. 이것에 대하여 이사야는 오직 의롭게 행하는 자, 정직히 말하는 자, 토색한 재물을 가증히 여기는 자, 손을 흔들어 뇌물을 받지 아니하는 자, 귀를 막아 피 흘리려는 꾀를 듣지 아니하는 자, 눈을 감아 악을 보지 아니하는 자, 그들이 높은 곳에 거하리니 견고한 바위가 그 보장이 되며 그 양식은 공급되고 그 물은 끊치지 아니하리라 하셨다고 선포를 하고 있는 것이다.

이는 마지막 7년 대환난 후 삼년 반이 시작될 때 적그리스도 짐승이 7년 언약을 파기하고 예루살렘을 에워싸고 666표를 받지 않고 짐승에게 경배하기를 거부한 이스라엘 백성들과 교회를 향해 양식과 물을 주지 않고 목베어 죽이려 할 때 이 모든 것을 이길 수 있도록 하나님께서 높은 곳을 예비하시고 먹을 양식과 마실 물을 공급하여 주실 것이라고 예언을 하고 있는 것이다. 이사야가 높은 곳에서 불같은 시험을 이기고 물과 양식을 하나님께로부터 공급을 받을 사람들의 특징을 말하고 있다. 이 사람들은 하나님께서 택하여 주신 성민(聖民)을 사랑하는 사람들이다. 즉 하나님의 이스라엘 제사장 나라 공동체를 지킨 자들이다. 신약교회의 한 몸의 공동체 교회를 이룬 성도들과 같다.

요한 계시록에는 첫째 부활에 참여한 세 종류의 사람들이 나온다. 첫째는 휴거에 참여한 자들이다. 둘째는 7년 대환난 기간 중에 목베임을 받아 순교한 자들이다. 셋째는 대환난 기간에 육체적인 순교를 하지 않지만 순교자의 신앙을 가지고 광야 공동체 교회안에서 환난을 이기고 첫째 부활에 참여한 사람들이 있다. 광야 공동체 교회안에 있는 자들이 요한 계시록 12장에 기록된 피난처 교회이다. 이들은 이미 은혜시대에 순교자적인 사랑과 섬김을 통해서 그들의 신앙이 인정을 받아서 하나님께서 독수리 날개로 업어 광야교회에서 보호하시고 양육을 받게 하신 것이다. 이것은 이미 이사야를 통해 유다가 망할 당시에도 이런 자들에 대하여 여호와께서 구원을 베풀어 주실 것을 약속하면서 이중적으로 마지막 교회가 심판을 받을 때 높은 곳에서 보호를 받고 물과 양식을 공급받은 자들에 대하여 기록을 하고 있는 것이다.

순교는 두 가지 방법이 있다

육체적으로 죽는 순교가 있고, 순교자적인 삶을 살아서 순교하는 영적인 순교가 있다. 눈에 보이는 형제를 사랑하려면 반드시 영적인 순교가 내 안에서 이루어져야 가능하다. 내가 죽지 않고 다른 지체를 살릴 수 없는 것이다. 마지막 피난처 교회의 특징은 살아 있는 순교자들의 교회인 것이다. 이것을 이사야는 거룩한 여호와의 피난처라고 하였다.

에스겔 역시 거룩한 성소가 피난처가 된다고 하였다. 거룩한 피난처는 성도들의 마음속에 있는 성전을 말한다. 내 마음에 있는 성전 안에는 이미 하나님의 나라가 이루어져 있어야 한다. 원수를 사랑하고 핍박자를 위해 기도하는 성전이다. 우리 마음의 성전에서는 사자와 어린양이 함께 공존해야 한다. 독사굴에 어린이가 손을 넣고 장난쳐도 물지 않아야 한다. 성도들 마음에 이미 영적인 천국이 완성이 되어야 천년왕국에서 왕노릇 할 수 있다.

은혜 시대에 흰옷을 더럽힌 자는 다시 불같은 시험을 통해서 연단을 받아 금보다 더 귀한 옷을 입어야 하기 때문에 먹지 못하고 마시지 못하고 짐승인 적그리스도를 통해 목베임을 받아 순교를 해야 하지만 이미 연단을 받아 순교자적인 삶을 살면서 형제를 위해 목숨을 바쳐 사랑하고 자신을 위해 살지 않는 참 예수님의 교회 지체들은 불같은 시험에서 건져 주시고 높은 곳을 예비하사 광야교회에서 후 삼년 반 이 땅에 부어질 불같은 시험을 이길 수 있도록 해 주시는 것이다. 예수님께서 말씀 하시기를 너희의 죄가 호리만큼이라도 있을 지라도 지옥의 형벌을 피하지 못하리라 말씀 하셨다. 호리라 함은 할,푼,리,모,사,호로 0.000001을 말하는 것으로 티끌보다 더 작은 것을 의미한다. 바울은 7년 대환난을 통과하기 위해서는 악은 모양이라도 버려야 한다고 하였다.

나는 예수님께서 입혀 주신 의의 옷을 얼마만큼 지키고 사는가 생각해 본다. 이사야가 말한 대로 나는 오직 의롭게 행하는 자, 정직히 말하는 자, 토색한 재물을 가증히 여기는 자, 손을 흔들어 뇌물을 받지 아니하는 자, 귀를 막아 피 흘리려는 꾀를 듣지 아니하는 자, 눈을 감아 악을 보지 아니하는 자로 나를 부인하고 지체를 위해 산제물로 드려지는 삶을 살고 있는가를 점검해 보아야 한다.

욥이 당한 순교자적인 연단 과정

욥은 고백을 한다 “그 때는 내가 나가서 성문에 이르기도 하며 내 자리를 거리에 베풀기도 하였었느니라 나를 보고 소년들은 숨으며 노인들은 일어나서 서며 방백들은 말을 참고 손으로 입을 가리우며 귀인들은 소리를 금하니 그 혀가 입 천장에 붙었었느니라 귀가 들은즉 나를 위하여 축복하고 눈이 본즉 나를 위하여 증거하였었나니 이는 내가 부르짖는 빈민과 도와줄 자 없는 고아를 건졌음이라 망하게 된 자도 나를 위하여 복을 빌었으며 과부의 마음이 나로 인하여 기뻐 노래하였었느니라 내가 의로 옷을 삼아 입었으며 나의 공의는 도포와 면류관 같았었느니라 나는 소경의 눈도 되고 절뚝발이의 발도 되고 빈궁한 자의 아비도 되며 생소한 자의 일을 사실하여 주었으며 불의한 자의 어금니를 꺾고 그 잇사이에서 겁탈한 물건을 빼어 내었었느니라 내가 스스로 말하기를 나는 내 보금자리에서 선종하리라 나의 날은 모래 같이 많은 것이라 내 뿌리는 물로 뻗어나가고 내 가지는 밤이 맞도록 이슬에 젖으며 내 영광은 내게 새로와지고 내 활은 내 손에서 날로 강하여지느니라 하였었노라 무리는 내 말을 들으며 나의 가르치기를 잠잠히 기다리다가 내가 말한 후에 그들이 말을 내지 못하였었나니 나의 말이 그들에게 이슬 같이 됨이니라 그들이 나 바라기를 비 같이 하였으며 입을 벌리기를 늦은 비 기다리듯 하였으므로 그들이 의지 없을 때에 내가 함소하여 동정하면 그들이 나의 얼굴 빛을 무색하게 아니하였었느니라 내가 그들의 길을 택하고 으뜸으로 앉았었나니 왕이 군중에 거함도 같았고 애곡하는 자를 위로하는 사람도 같았었느니라"(욥29:7-25)

이런 욥도 후 삼년 반에 부어질 불같은 시험을 받아서 정금처럼 다시 태어나야 했다. 귀로 듣기만 했던 믿음이 눈으로 보는 신앙으로 성숙했다. 욥은 순교자가 받을 모진 죽음의 고난을 통과하고 육체 밖에서 주를 볼 수 있는 부활의 신앙을 소유할 수 있었다. 왜 말세에 사는 성도들이 마지막 7년 대환난을 두 가지 방법으로 반드시 통과를 해야 하는가? 살아서 예수님을 만나는 특권을 가지고 있기 때문이다. 어떤 방법으로든지 예복을 깨끗하게 빨아야 한다.

6. 거룩한 피난처 되신 여호와

"만군의 여호와 그를 너희가 거룩하다 하고 그로 너희의 두려워하며 놀랄 자를 삼으라 그가 거룩한 피할 곳이 되시리라"(사8:13-14)

시대가 흉흉할수록 이단들이 넘쳐나고 점쟁이와 순간의 고통을 면해 주는 거짓 선지자들이 판을 치고 자신들이 의지할 수 있는 부자나 강대국들을 찾아 맹약을 하고 값을 지불하는 사태가 속출한다. 이사야 8장에 나와 있는 유다가 바로 그런 상황에 처해 있다. 에브라임과 아람 나라의 공격을 눈앞에 두고 아하스 왕은 성전의 금과 은을 다 뜯어서 앗수르 왕에게 도움을 청하지만 하나님의 말씀을 무시하고 규례를 등 뒤로 던져버린 유다에게는 오히려 이것들이 심판을 앞당기는 꼴이 되고 만다는 이사야의 예언이다.

진정한 구원이 무엇이며, 진정한 행복이 무엇인가? 과연 이 세상에 어디로 가야 안전하게 피할 수 있는 피난처가 있을까 찾아 헤매는 유다인들에게 거룩하신 하나님이 피난처이시며 하나님을 두려워하는 것이 모든 두려움에서 해방 받은 유일한 길임을 강조하고 있다. 거룩하신 하나님은 죄인들에게는 올무와 함정과 멸망과 심판의 돌이 되지만 거룩한 백성들에게는 구원이 되고 피난처가 된다는 것이다. 특히 이사야는 하나님의 거룩한 성소가 거룩한 자들에게는 피난처가 될 것을 예언을 하고 있다. 거룩한 백성들과 거룩한 성소는 바로 신약의 교회를 의미한다. 의인은 없나니 하나도 없지만 오직 예수 그리스도의 속죄의 은총을 받은 교회만이 거룩한 하나님의 성소가 되고 백성이 되는 것이다.

지난 2000년 교회시대에 참 교회인 재세례파교회는 이 세상에서 유일하게 피할 수 있는 영원한 피난처는 강대국들이나 제국들이 아니고 예수님의 피로 구속받은 거룩한 교회가 하나님의 피난처임을 일찍부터 알았던 것이다. 거룩한 성소는 구약에 제사장들이 들어가서 하나님을 섬겼던 장소이다. 신약에서는 교회가 바로 거룩한 성소이고 그곳에서 구원받은 교회가 이 세상에서 제사장으로 하나님을 섬기면서 예수님의 몸 된 교회로 지어져 가고 있는 것이다. 이것이 바로 영적인 교회요 영적인 예배인 것이다.

세상 사람들이 알지 못하는 사이에 비밀스럽게 구원 받은 성도들의 심령속에 세워져가고 그곳에서 이루어지고 있는 제사장들의 거룩한 제사는 구원 받은 성도들의 모임인 공동체 안에서 이루어지고 있는 것이다. 구원 받은 성도 개개인은 영적인 예수님의 몸으로 서로가 서로를 지켜주고 세워주고 먹여주고 보살펴 주기에 이 세상이 적그리스도에게 넘어가 완벽통제사회속에서 먹고 살기 위해 가축인간으로 전락하게 될 때 유일한 피난처가 되는 곳이다. 이것이 이사야가 보았던 하나님의 나라이며 다윗의 왕국의 모형인 것이다.

유다는 전쟁으로 무너지고 강대국들과 권세 있는 자들을 의지하며 맹약했던 자들은 스스로 판 함정과 올무에 모두 멸망을 하지만 거룩하신 여호와 하나님을 두려워하고 오직 그분의 말씀에 순종한 자들은 하나님이 지켜 주심으로 보호를 받을 수 있는 것이다. 이것이 바로 교회의 비밀이다. 내 몸이 아름답고 건강하게 유지되고 편한 것은 내 몸의 모든 지체들이 서로를 위해 희생하고 보살펴 주기 때문이듯 세상에 있는 구원 받은 성도로 이루어진 영적인 교회도 이 세상이 죄악으로 팔려가 무너질 때 유일하게 생존할 수 있는 하나님의 피난처가 되는 것이다.

내 안에서 이루어지고 있는 비밀스런 장소인 마음의 성소가 지체들과의 관계에서 예수님의 한 몸인 교회로 온전케 되어 말세지말에 피난처가 될 수 있도록 강력한 성령의 역사를 위해 기도해야 한다. 진정 나 자신이 예수님의 피로 구속함을 얻었다면 나의 모든 존재는 예수님께서 핏값으로 산 교회 지체들을 위해 존재해야 한다. 초대 예루살렘 교회가 탄생했을 때 바로 그 교회가 참 교회의 롤 모델이다.

세상 사람들은 물질을 신(神)으로 섬겨서 세상이 망할 때 불에 타서 사라지지만 예수님의 피로 구원을 받은 교회는 주님이 그러하셨듯이 영혼들을 목숨 바쳐 사랑하기에 불이 태울 수 없는 것이다. 주님이 계시지 않는 모든 곳은 사라지지만 주님이 계신 성소는 영원하다.

세상은 멸망을 향해 치닫고 있고 세상 사람들은 스스로 판 올무와 함정에 빠져 들어가지만 구원 받은 성도는 안전한 교회안에서 든든히 세워져 가고 있다.

지난 2000년 동안 세상의 국가교회는 지상에 왕국을 세우기 위해 철학으로 신학을 만들고 신학으로 교리를 만들어 철옹성처럼 세상을 지배해 왔다. 그러나 물과 성령으로 거듭나 하늘에 속한 참된 교회인 재세례파 교회는 국가교회를 통해 순교의 역사를 지켜야 했다. 그럼에도 불구하고 그들이 지금까지 세상에 생명의 복음을 전해 줄 수 있었던 것은 그들만이 지켜온 광야 공동체 교회였다. 북아프리카 사막, 터키 갑바도기아, 알프스 깊은 산골짜기와 같은 외롭고 적막한 곳에서 그들은 자신들이 성전이 되어 서로를 섬기면서 세상을 향해 복음을 전했던 것이다.

"만군의 여호와 그를 너희가 거룩하다 하고 그로 너희의 두려워하며 놀랄 자를 삼으라 그가 거룩한 피할 곳이 되시리라 그러나 이스라엘의 두 집에는 거치는 돌, 걸리는 반석이 되실 것이며 예루살렘 거민에게는 함정, 올무가 되시리니 많은 사람들이 그로 인하여 거칠 것이며 넘어질 것이며 부러질 것이며 걸릴 것이며 잡힐것이니라 너는 증거의 말씀을 싸매며 율법을 나의 제자 중에 봉함하라 이제 야곱 집에 대하여 낯을 가리우시는 여호와를 나는 기다리며 그를 바라보리라 보라 나와 및 여호와께서 내게 주신 자녀들이 이스라엘 중에 징조와 예표가 되었나니 이는 시온산에 계신 만군의 여호와께로 말미암은 것이니라"(사8:13-18)

분노가 지나기까지 밀실로 들어가 숨으라

"내 백성아 갈찌어다 네 밀실에 들어가서 네 문을 닫고 분노가 지나기까지 잠간 숨을찌어다 보라 여호와께서 그 처소에서 나오사 땅의 거민의 죄악을 벌하실 것이라 땅이 그 위에 잦았던 피를 드러내고 그 살해 당한 자를 다시는 가리우지 아니하리라"(사26:20-21)

성경은 하나님이 정하신 창세 이후 가장 고통스런 날을 말하고 있다. 야곱의 환난날이다. 이사야는 이날을 남자가 해산하는 날이라고 했다. 예수님은 창세 이후로 이런 날이 없을 것이라고 하셨다. 세상의 모든 것들을 다 멸하고 새로운 나라를 시작하시기 위해 일어난 최후의 심판의 날이다. 이 날은 7년 대환난 중에서 후 삼년 반에 해당하는 42개월, 1260일이다.

하나님께서는 이사야 선지자를 통해 마지막 혹독한 심판이 올 때 잠간 동안 밀실(密室)에 들어가 여호와의 분노가 지나기까지 피하라고 하신다. 간밤에 무섭게 바람이 불었다. 어느날 갑자기 불어 닥친 회오리 바람이 있었다. 나무들이 바람에 흔들리면서 제트 비행기 소리를 냈다. 조용하다가 갑자기 불어 닥치곤 하는 회오리 바람은 아주 낯설고 희귀한 현상이었다. 잠자리에 누웠는데 전깃줄이 울어대는 소리와 물건들이 날아가 부닥치는 소리에 두려움마저 들었다. 이런 환경에 천둥벼락이 치고 지진까지 일어나 내가 누운 땅을 흔들어 대면 어떻게 될까 생각하니 소름이 돋는다. 그날이 오고 있다.

성경에서 말하고 있는 마지막 심판의 날이다. 성경은 이 날을 지목하여 '그 날', '더 데이', 또는 '여호와의 날'이라 하였다. 하나님의 품을 떠난 탕자의 문명이 심판을 받는 날이다. 성경은 땅과 하늘이 사람들의 죄악 때문에 저주를 받아 사람들을 토해내는 시간이라고 말을 하고 있다. 그날에 큰 지진이 나며 해가 총담같이 검어지고 달이 피 같이 되며 하늘의 별들이 무화과나무가 대풍에 흔들려 선 과실이 떨어지는 것같이 땅에 떨어지며 하늘은 종이 축이 말리는 것같이 떠나가고 각 산과 섬이 제 자리에서 옮기우고 땅의 임금들과 왕족들과 장군들과 부자들과 강한 자들과 각 종과 자주자가 굴과 산 바위틈에 숨어 산과 바위에게 이르되 우리 위에 떨어져 보좌에 앉으신 이의 낯에서와 어린 양의 진노에서 우리를 가리우라 그들의 진노의 큰 날이 이르렀으니 누가 능히 서리요 한다고 하였다.

땅의 기초가 진동하고 땅이 깨어지고 깨어지며 땅이 갈라지고 갈라지고 땅이 흔들리고 흔들리며 땅이 취한 자 같이 비틀비틀하며 침망 같이 흔들리며 그 위의 죄악이 중하므로 떨어지고 다시 일지 못하리라 하신다. 일월성신에는 징조가 있겠고 땅에서는 민족들이 바다와 파도의 우는 소리를 인하여 혼란한 중에 곤고하리라 사람들이 세상에 임할 일을 생각하고 무서워하므로 기절하리니 이는 하늘의 권능들이 흔들린다고 하였다. 핵폭탄이 터져 도시들은 쑥대밭이 되고 환경은 방사능으로 오염이 되고, 사람들의 마음은 패닉 상태에 빠져 초처럼 녹아내리고, 수원지가 오염되어 물을 마시고 죽고, 바다의 생물이 다 죽고, 땅의 수목들이 불타고, 기근이 와서 굶어 죽고, 전쟁이 일어나 칼과 뜨거운 불에 타서 죽고, 전염병으로 모든 사람들의 시체가 산과 들에 널려 있을 것을 경고하신다.

주님은 나에게 이런 날이 올 때 밀실에 들어가 문을 닫고 잠깐 여호와의 분노가 지나기까지 피해 있다가 나오라 하신다. 주님은 제자들에게 이런 날이 올 때 산으로 도망하라고 하셨다. 요한 계시록에는 적그리스도 짐승의 폭풍 같은 박해를 피하여 광야에서 후 삼년 반 동안 보호를 받고 있는 광야교회가 있다. 노아가 100년을 방주를 준비하여 폭풍같은 비가 오기 7일전에 안전하게 방주에 들어가 구원의 조상이 되었다. 롯은 소돔성에서 새벽녘에 소알성으로 빠져 나와 불과 유황으로부터 구원을 받았다.

과연 하늘의 권능이 흔들리고 핵전쟁과 모든 땅들이 취한 듯 비틀거리며 무너지고 지진이 일어 나는데 내가 피할 수 있는 밀실은 어디에 있을까 생각을 해 본다. 그 밀실은 분명 이 모든 재난을 피할 수 있는 곳이어야 할 것이다. 전염병, 지진, 핵 전쟁, 비 바람, 태풍, 기근, 마시는 물, 폭우, 허리케인, 우박, 테러, 강도, 살인, 폭행 등에서 안전하게 보호를 받을 수 있는 곳이어야 할 것이다. 세상 왕들이 지진으로부터 구원을 받기 위해 바위틈에 숨어 바위들에게 그들 위에 떨어져 어린양의 진노에서 자신들을 구원해 달라고 청하는 모습이 보인다. 내가 피할 밀실은 바위보다 더 단단해야 함을 깨닫게 된다. 그곳에는 내가 살아가야 할 모든 것들이 준비되어야 한다. 거룩한 하나님의 성소인 내 마음에 그 모든 답이 있다. 내 마음의 성전이 더럽혀져 있다면 나는 폭풍 속에 있을 것이고 내가 마음의 성전에 미움으로 가득차 있다면 나는 반드시 전쟁 속에 있을 것이다.

7. 한 사람도 피하지 못하는 심판이 오고 있다

심판 받은 이스라엘

"내가 보니 주께서 단 곁에 서서 이르시되 기둥 머리를 쳐서 문지방이 움직이게 하며 그것으로 부숴져서 무리의 머리에 떨어지게 하라 내가 그 남은 자를 칼로 살륙하리니 그 중에서 하나도 도망하지 못하며 그 중에서 하나도 피하지 못하리라 저희가 파고 음부로 들어갈찌라도 내 손이 거기서 취하여 낼 것이요 하늘로 올라갈찌라도 내가 거기서 취하여 내리울 것이며 갈멜산 꼭대기에 숨을찌라도 내가 거기서 찾아낼 것이요 내 눈을 피하여 바다 밑에 숨을찌라도 내가 거기서 뱀을 명하여 물게 할 것이요 그 원수 앞에 사로잡혀 갈찌라도 내가 거기서 칼을 명하여 살륙하게 할 것이라 내가 저희에게 주목하여 화를 내리고 복을 내리지 아니하리라 하시니라 주 만군의 여호와는 땅을 만져 녹게 하사 무릇 거기 거한 자로 애통하게 하시며 그 온 땅으로 하수의 넘침 같이 솟아오르며 애굽 강 같이 낮아지게 하시는 자요 그 전을 하늘에 세우시며 그 궁창의 기초를 땅에 두시며 바다 물을 불러 지면에 쏟으시는 자니 그 이름은 여호와시니라 여호와께서 가라사대 이스라엘 자손들아 너희는 내게 구스 족속 같지 아니하냐 내가 이스라엘을 애굽 땅에서, 블레셋 사람을 갑돌에서, 아람 사람을 길에서 올라 오게 하지 아니하였느냐 보라 주 여호와 내가 범죄한 나라에 주목하여 지면에서 멸하리라 그러나 야곱의 집은 온전히 멸하지는 아니하리라 이는 여호와의 말씀이니라 내가 명령하여 이스라엘 족속을 만국 중에 체질하기를 곡식을 체질함 같이 하려니와 그 한 알갱이도 땅에 떨어지지 아니하리라 내 백성 중에서 말하기를 화가 우리에게 미치지 아니하며 임하지 아니하리라 하는 모든 죄인은 칼에 죽으리라"(암 9:1-10)

마지막 야곱의 환난 날은 여호와의 심판의 날이다. 어마어마하게 무섭고 아무도 그 심판을 피할 수 없다. 만일 이 심판을 피해서 남은 자가 된다면 그 사람은 하나님께서 특별한 은총을 베풀어준 사람일 것이다. 아모스 선지자는 야곱의 환난 날에 대하여 말하고 있다. 성전 단 곁에 서서 기둥머리를 쳐서 머리에 떨어지게 하고 남은 자를 칼로 살륙하되 하나도 도망하거나 피하지 못하게 하신다. 저희가 파고 음부로 들어갈찌라도 하늘로 올라갈찌라도 거기서 취하여 내며 갈멜산 꼭대기에 숨을찌라도 거기서 찾아낼 것이고 여호와의 눈을 피하여 바다 밑에 숨을찌라도 뱀을 명하여 물게 할 것이라고 말씀 하신다. 그들이 그 원수 앞에 사로잡혀 갈찌라도 거기서 칼을 명하여 살륙하게 할 것이라 말씀 하신다. 여호와께서 저희에게 주목하여 화를 내리고 복을 내리지 아니하리라 하신다.

여호와께서 땅을 만져 녹게 하사 무릇 거기 거한 자로 애통하게 하시며 그 온 땅으로 하수의 넘침 같이 솟아오르며 애굽 강 같이 낮아지게 하시고 바다 물을 불러 지면에 쏟으시게 하신다. 이런 심판의 날을 누가 과연 피할 수 있겠는가? 그런데 놀라운 사실은 이 모든 심판을 피하고 살아 남은 자를 있게 하신다. "그러나 야곱의 집은 온전히 멸하지는 아니하리라 이는 여호와의 말씀이니라 내가 명령하여 이스라엘 족속을 만국 중에 체질하기를 곡식을 체질함 같이 하려니와 그 한 알갱이도 땅에 떨어지지 아니하리라 내 백성 중에서 말하기를 화가 우리에게 미치지 아니하며 임하지 아니하리라 하는 모든 죄인은 칼에 죽으리라"

악은 모양이라도 버려라

악은 모양이라도 버려야 한다. 그래야 그나마 고통을 덜 받을 수 있다. 구원 받은 그리스도인이라도 살아서 주님을 만나는 성도는 모든 죄들은 모양이라도 버려야 한다. 그렇지 않으면 버리지 아니한 죄의 모양 때문에 녹이고 연단하는 과정을 반드시 거쳐야 한다. 성도들이 버려야 할 죄목들이 있다. 짐승화 되어 가는 말세지말의 타락한 세상에서 하나님의 아들과 거룩한 예수님의 신부와 성령의 거하시는 전이 되기 위해서 버려야 할 더러운 것들은 다음과 같다.

"또한 저희가 마음에 하나님 두기를 싫어하매 하나님께서 저희를 그 상실한 마음대로 내어 버려두사 합당치 못한 일을 하게 하셨으니 곧 모든 불의, 추악, 탐욕, 악의가 가득한 자요 시기, 살인, 분쟁, 사기, 악독이 가득한 자요 수군수군하는 자요 비방하는 자요 하나님의 미워하시는 자요 능욕하는 자요 교만한 자요 자랑하는 자요 악을 도모하는 자요 부모를 거역하는 자요 우매한 자요 배약하는 자요 무정한 자요 무자비한 자라"(롬1:27-31)

"네가 이것을 알라 말세에 고통하는 때가 이르리니 사람들은 자기를 사랑하며 돈을 사랑하며 자긍하며 교만하며 훼방하며 부모를 거역하며 감사치 아니하며 거룩하지 아니하며 무정하며 원통함을 풀지 아니하며 참소하며 절제하지 못하며 사나우며 선한 것을 좋아 아니 하며배반하여 팔며 조급하며 자고하며 쾌락을 사랑하기를 하나님 사랑하는 것보다 더하며 경건의 모양은 있으나 경건의 능력은 부인하는 자니 이같은 자들에게서 네가 돌아서라"(딤후3:1-5)

8. 남은 자와 회복될 나라, 천년왕국

"그 날에 내가 다윗의 무너진 천막을 일으키고 그 틈을 막으며 그 퇴락한 것을 일으켜서 옛적과 같이 세우고 저희로 에돔의 남은 자와 내 이름으로 일컫는 만국을 기업으로 얻게 하리라 이는 이를 행하시는 여호와의 말씀이니라 여호와께서 가라사대 보라 날이 이를찌라 그 때에 밭 가는 자가 곡식 베는 자의 뒤를 이으며 포도를 밟는 자가 씨 뿌리는 자의 뒤를 이으며 산들은 단 포도주를 흘리며 작은 산들은 녹으리라 내가 내 백성 이스라엘의 사로잡힌 것을 돌이키리니 저희가 황무한 성읍을 건축하고 거하며 포도원들을 심고 그 포도주를 마시며 과원들을 만들고 그 과실을 먹으리라 내가 저희를 그 본토에 심으리니 저희가 나의 준 땅에서 다시 뽑히지 아니하리라 이는 네 하나님 여호와의 말씀이니라"(암9:11-15)

여호와께서는 이스라엘을 심판하시는 목적이 아주 멸하시려는 것이 아니고 회복하시기 위하여 일하시고 계심을 알려주고 있다. 이스라엘 족속을 만국 중에 체질하기를 곡식을 체질함 같이 하려니와 그 한 알갱이도 땅에 떨어지지 아니하리라. 여호와께서는 남은 자들은 남기셔서 정결하게 하시고 깨끗하게 하사 회복될 다윗의 나라를 주신다. 그들이 포도원을 가꾸고 영원토록 다윗을 왕으로 섬기면서 하나님께 은총을 받게 된다. 이것이 야곱의 환난 이후에 있을 천년왕국이다. 하나님께서 예비한 밀실에 들어가 잠시동안 폭풍을 피한 자들은 이런 영광스런 나라를 유업으로 받을 사람들이다.

에필로그(Epilogue)

2021년 1월 28일 목요일 오후 3시 미리 알려진 일기 예보처럼 갑자기 돌풍이 불기 시작했다. 잠시 조용했다가 다시 세차게 바람이 불어오기를 계속했다. 나는 그때 아내와 함께 방에서 ID2020 마지막 구원 열차 원고를 준비하고 있었다. 그런데 갑자기 제트 비행기가 초음속으로 돌파할 때와 같은 굉음이 들리면서 폭풍이 몰아쳐 방안까지 새하얀 눈들이 몰아 닥쳤다. 그리고 밖에서는 빌딩이 무너지는 크고 요란한 소리가 계속 들려 왔다. 소스라치게 놀라 커텐을 살짝 열어제치고 보니 예배당 지붕 한쪽이 바람에 날려 없어지고 말았다. 전문가가 지은 가장 튼튼한 예배당 지붕 한 쪽이 완전히 뜯겨져 나가 반대편으로 엎어져 있는 것이었다. 꿈인가 생시인가 놀라 밖으로 나가보니 사실이었다. 예배당 보다 튼튼하지 못한 다른 건물들은 그냥 있는데 가장 튼튼하게 지은 예배당 건물이 그렇게 된 것이다. 눈 앞에 펼쳐진 믿어지지 않는 현실 앞에 망연자실하여 기도를 했다. 하나님 이게 어떻게 된 일입니까? 어떻게 이런 일이 일어날 수 있습니까? 물었다. 제가 무엇을 그렇게 잘못한 일이 있었는지요? 왜 하나님께서 이런 일들을 허락하셨는지 궁금하기도 했다.

갑자기 욥의 아들들이 생각났다. 생일잔치를 하는데 돌풍이 불어와 욥의 자녀 10남매가 동시에 죽임을 당했던 사건이 떠올랐다. 그렇다면 이것도 하나님께서 허락하신 사건일까? 하는 생각이 들어 구체적으로 기도를 하면서 그 이유를 물었다. 딱 한 가지 떠 오른 것은 앞으로 지구촌에 일어나는 크고 작은 재난에 대하여 하나님께서 경고하시는 교훈이란 생각이 들었다. 그리고 앞으로 지을 집들을 튼튼하게 지으라는 뜻일지 모르겠다는 생각도 했다. 그러나 딱히 들려주시는 말씀은 없었다. 예배당을 건축한 사장님께 전화를 하니 그분은 나보다 더 놀라셨다. 눈을 감고 기도를 하면 눈물부터 나왔다. 이런 말도 안되는 일이 일어난 것에 대하여 하나님께 섭섭한 마음도 스치곤 했다. 목요일에 일어난 사건이다.

2021년 2월 1일 주일 새벽 2시 30분에 잠이 깼다. 또 다시 예배당 지붕이 생각났다. 눈물이 다시 났다. 이 일을 어떻게 처리해야 할지 모르는 눈물이기도 했다. 또 다시 기도를 했다. 하나님! 왜 이런 일들을 허락하셨는지요? 하나님께서 능치 못하심이 없는 줄 알지만 이 일은 너무 하시는 것 아니신지요? 나는 도저히 이해할 수 없다고 하나님께 응답을 요청했다. 무슨 뜻이 있는지요? 왜 이런 일들을 허락하셨는지요? 그때 바로 응답이 왔다. 앞으로 지상에서 이루어질 하나님의 혹독한 심판이 올 것이란 사실을 알려 주셨다. 그리고 오늘 주일 예배시 하나님이 행하시는 엄중한 심판에 대하여 성도들에게 경고하라고 하셨다. 앞으로 모든 성도들의 지붕 뿐 아니라 세상의 모든 집들이 이렇게 무너져 내릴 것을 알리라는 것이다.

그러면서 강풍 뿐 아니라 지진이 도시를 덮칠 것이고, 해일, 전염병, 전쟁으로 도시가 마비될 것을 경고하셨다. 이것이 이번에 하나님께서 허락하신 기적과 같은 사건의 교훈이라고 하셨다. 놀라운 일이었다. 그래서 주일 낮 예배 설교 시간에 그대로 성도들에게 경고의 말씀을 전했다. 그리고 에필로그에 이 사실을 또 기록하고 있는 것이다.

하나님께서 에스겔에게 내일 아침에 너의 아내를 데려 갈테니 슬퍼하거나 울지 말라고 하셨다. 그 이유는 에스겔의 아내가 죽은 날 예루살렘이 망하여 불탈 것을 가르쳐 주시기 위함이라고 하셨다. 아침에 일어나 보니 에스겔의 아내가 죽었다. 사람들은 놀라서 물었다. 그때 에스겔은 여호와께서 말씀 하신대로 했다. 하루는 에스겔에게 빨리 새벽에 짐을 싸서 이사를 하라고 하신다. 그래서 에스겔은 새벽에 이삿짐을 싸서 이사를 했다. 사람들은 놀라 물었다. 에스겔은 하나님께서 가르쳐 주신대로 오늘 예루살렘에 살아남은 자들이 바벨론 포로로 끌려 오는 날이라고 가르쳐 준다.

하나님께서는 이사야 선지자에게 3년 동안 벌거벗고 다니라고 하셨다. 그래서 이사야 선지자는 3년 동안 벌거벗고 다녔다. 이는 메시아 되신 예수님께서 하나님의 영광의 옷을 벗으시고 인간이 되셔서 벌거벗고 사시는 3년의 공생애를 말씀하신 것이다. 하나님께서는 선지자들에게 크고 작은 아픔과 고통을 주셔서 하나님께서 하시는 일을 교훈하고 가르쳐 주시기를 원하신다. 그런데 무지한 인간들은 욕심과 탐욕 때문에 하나님과 동행하여 파숫꾼의 사명을 감당하지 못하고 힘들고 어려운 일이 생기면 무조건 원망하고 불평하고 세상으로 도망치기 바쁘다. 그래서 너도나도 모두가 망하고 만 것이다.

성경에서는 마지막 하나님의 심판에 대하여 기록하고 있다. "주의 날", "여호와의 날", 더 데이"The Day" 라고 하는 날이 이를 때 천지가 개벽하면서 지금 살고 있는 우주가 사라질 것을 말씀 하셨다. 그 심판의 시간이 바로 지금 오고 있는 것이다. 코비드-19로 시작된 전 세계적인 전염병은 전 세계적인 기근으로 확장되고 다음으로 전 세계 전쟁이 일어나 멸망의 시대로 들어갈 것을 말씀 하신 것이다.

이 책을 읽고 있는 독자 여러분들에게도 하나님은 경고의 말씀을 전하라고 하셨다. 지금 안전하게 살고 있는 여러분들의 집들이 눈깜짝할 사이에 무너져 내리고 지진으로 사라질 날들이 다가오고 있다는 사실이다. 그러니 소돔과 고모라가 망하기 전에 롯에게 소돔성을 떠나라고 하신 것처럼 여러분들도 앞으로 다가올 재난을 준비하라고 경고하신 것이다. 특히 하나님의 마지막 심판은 도시를 중심으로 집중적으로 일어난다. 왜냐하면 죄악이 집중적으로 몰려 있는 지역이기 때문이다. 그러니 도시를 떠야 하는 것이다. 그리고 안전지대에 튼튼한 거처를 마련해야 하는 것이다. 이것이 지붕 사건과 같은 기적을 통해서 하나님께서 가르쳐 주신 교훈이다.

앞으로 천지개벽할 사건들을 피할 수 있는 방법으로 첫째는 세계 3차 대전을 피하는 것이다. 전 세계적으로 일어나는 전쟁을 피할 수 있는 방법은 없다 그러나 최소한의 방법으로 피할 수 있는 길은 있다. 먼저 전쟁이 시작되기 전에 도시에서 빠져 나오는 것이다. 전쟁이 일어나면 도시는 지옥으로 변한다. 모든 폭격과 파괴가 도시에서 일어난다. 전기와 수도와 도시가스가 끊어진다. 생필품이 고갈이 된다. 그리고 도시에 전염병과 대량살상무기가 쏟아진다. 그래서 도시는 공동묘지가 되고 만다. 그래서 3차 세계 대전을 통해 세계 인구 2/3가 청소가 된다. 그러나 전쟁 전에 도시를 탈출하여 최소한의 양식과 생필품을 준비한 사람들은 피해를 최소화 할 수 있다.

두 번째 방법은 제 3차 세계 대전 후 있을 휴거에 참여하는 것이다. 그러나 휴거에 참여할 수 있는 성도는 몸과 혼과 영이 흠없이 보전 되어야 하기 때문에 쉽지 않다. 극히 소수의 사람들만이 살아서 휴거에 참여할 수 있다.

세 번째 방법은 광야 피난처 교회에 참여하는 것이다. 그러나 이것 또한 쉽지 않다. 왜냐하면 3차 세계대전이 일어나면 경제활동이 마비되고 인플레가 되어 생필품이나 건축자재를 사서 준비를 할 수 없게 된다. 그러니 3차 세계 대전이 시작되기 전에 모든 준비를 마쳐야 하기 때문에 어려운 것이다. 그러나 조금이라도 준비한 사람들은 구사일생으로 3차 세계 대전이 시작되기 전에 도시에서 탈출 할 수 있을 것이다. 일단 3차 세계 대전이 시작되면 모든 도시들은 완벽하게 봉쇄가 된다는 사실을 알아야 한다. 인터넷이 차단된다. 모든 현금인출이 끝난다. 도시 내에서조차 이동이 금지된다. 지금 살고 있는 방에서 독안에 갇힌 쥐와 같이 되어 버릴 것이다. 그리고 그곳에서 죽어야 한다. 나와 사랑하는 모든 가족들이!

네 번째 야곱의 환난을 피할 수 있는 방법은 일찍 순교를 하는 것이다. 그래서 요한 계시록 14장 13절에서 주 안에서 죽은 자들이 쉼을 얻는다고 하셨다.

"또 내가 들으니 하늘에서 음성이 나서 가로되 기록하라 자금 이후로 주 안에서 죽는 자들은 복이 있도다 하시매 성령이 가라사대 그러하다 저희 수고를 그치고 쉬리니 이는 저희의 행한 일이 따름이라 하시더라"(계14:13)

필자는 1975년 2월 25일 새벽에 예수님의 제자로 헌신을 하여 지금까지 47년간 주님을 섬기고 있다. 2011년 5월 10일에 세상을 지배하고 있는 비밀결사들의 정체를 알고 타작기 책을 써서 2012년 3월 10일 출간을 한 후 지금까지 10년 동안 목사님들을 깨우는 사역을 하고 있다. 어쩌면 ID2020 마지막 구원 열차 라는 책이 마지막 책일 수도 있다. 그리고 앞으로 모든 정보들이 인터넷이 차단됨으로 사라지기 때문에 소유하고 있는 책을 통하지 않고서는 세상을 분별할 수 있는 지식과 정보를 얻을 수 없게 된다. 바라기는 지금이라도 책 뒷면에 있는 책들을 구입하여 보관하여 두시는 것이 앞으로 영적인 상황을 분별할 수 있는 기회가 될 수 있을 것이라는 사실을 알려 드린다.

그리고 마지막으로 부탁의 말씀을 한다. 아니 당부의 말씀을 드리려 한다.

"사랑하는 자들아 너희를 시련하려고 오는 불시험을 이상한 일 당하는것 같이 이상히 여기지 말고 오직 너희가 그리스도의 고난에 참예하는 것으로 즐거워하라 이는 그의 영광을 나타내실 때에 너희로 즐거워하고 기뻐하게 하려 함이라 너희가 그리스도의 이름으로 욕을 받으면 복 있는 자로다 영광의 영 곧 하나님의 영이 너희 위에 계심이라 너희 중에 누구든지 살인이나 도적질이나 악행이나 남의 일을 간섭하는 자로 고난을 받지 말려니와 만일 그리스도인으로 고난을 받은즉 부끄러워 말고 도리어 그 이름으로 하나님께 영광을 돌리라 하나님 집에서 심판을 시작할 때가 되었나니 만일 우리에게 먼저 하면 하나님의 복음을 순종치 아니하는 자들의 그 마지막이 어떠하며 또 의인이 겨우 구원을 얻으면 경건치 아니한 자와 죄인이 어디 서리요 그러므로 하나님의 뜻대로 고난을 받는 자들은 또한 선을 행하는 가운데 그 영혼을 미쁘신 조물주께 부탁할찌어다"(벧전4:12-19)

베드로 사도가 언급한 것처럼 심판은 교회에서부터 시작된다. 그러니 앞으로 닥칠 불같은 시험을 당할 때 조금도 이상하게 생각하지 말아야 한다. 그 말씀은 조금도 당황하거나 원망하거나 두려워하지 말고 흔들리지 말라고 하신 것이다. 오히려 그리스도의 고난에 참예하는 것으로 기뻐하라고 하신다. 절대로 죄가 있어 매를 맞고 고난을 당하지 말라고 하신다. 이 말씀은 욕심이나, 탐욕이나, 자존심이나 다른 사람들의 죄를 간섭하므로 고난을 당하지 말라고 하신 것이다. 그리고 끝까지 정신줄을 놓지 말고 선을 행하는 가운데 영혼을 주물주께 맡기고 살라는 것이다. 상대편이 나를 어찌 대하든지 상관하지 말고 하나님의 아들답게 선을 행하는 가운데 영혼을 창조주께 맡기고 살라는 것이다.

앞으로 무슨 일을 당하든지 당황하지 말라. 누구를 다시 만나지 못한다 할지라도 슬퍼하지 않게 하라. 천지가 개벽하고 섬들이 바다에 빠지고 산들이 무너져 내린다 해도 놀라지 마라. 스스로 마음을 다잡고 사랑하는 성도들과 가족들과 굳센 믿음의 언약을 하고 천국에서 만날 것을 기약하면서 언제든지 세상을 떠날 준비를 하고 살아라. 사랑해야 할 사람을 끝까지 사랑하라. 용서할 사람을 끝까지 용서하라. 나중에 어리석은 자가 되어 후회하고 통곡하지 말고 지금부터 마음을 굳게 하여 물러서지 마라.

앞으로 원수가 가족들이 될 수 있다. 원수가 친한 친구가 될 수 있다. 이 말은 가장 가까운 친구가 내 생명을 요구할 수 있고, 가룟 유다처럼 나를 팔아 버릴 수도 있다. 나의 사랑하는 가족 중에 누군가가 나의 생명을 요구할 때 놀라지 않고 기꺼이 내어 줄 수 있어야 한다. 예수님께서 자신의 몸에 못을 박은 로마 군인들을 용서하셨듯이, 스테반 집사가 자기 몸에 돌을 던진 사람들을 용서하고 죽었듯이 그렇게 이 세상을 떠나야 한다. 이것이 천국의 시민권을 가진 자들의 영광스런 종말이고 특권인 것이다. 주님께서 자신의 몸과 피를 제자들에게 주신 것처럼 구원 받은 성도는 처음부터 끝까지 그렇게 살아야 예수님의 제자가 되는 것이다. 앞으로 하나님께서 또 다시 허락하신다면 다른 책들을 통해서 만날 수 있겠지만 이것이 마지막 책이 된다면 마지막 구원 열차 아무칸에서라도 만났으면 좋겠다.

2021년 2월 25일
이 형 조 드림

세계제자훈련원 출판사 도서 소개

기독교 종말론 가이드 북
타 작 기

2012년 3월 10일 출간 타작기 가격 13,000원

목 차

1. 적그리스도의 정의
2. 적그리스도의 목적
3. 적그리스도의 역사
4. 적그리스도의 혈통
5. 적그리스도의 종교
6. 적그리스도의 전략
7. 적그리스도의 무기
8. 적그리스도의 기독교 파괴 프로그램
9. 적그리스도의 단체
10. 적그리스도에 대한 준비

2012년 3월 10일 출간 타작기 가격 13,000원

적그리스도의 유전자 비밀
타 작 기2

2013년 7월 10일 출간 타작기2 가격 15,000원

목 차

제1장 가짜 유대인의 정체

제2장 적그리스도 세력들이 사용하고 있는 성경적 종말론

제3장 적그리스도 세력들의 유전자의 비밀

제4장 세계 역사를 움직이는 프리메이슨

1. 한국의 프리메이슨
2. 영국의 프리메이슨
3. 일본의 프리메이슨
4. 중국의 프리메이슨
5. 미국의 프리메이슨

2013년 7월 10일 출간 타작기2 가격 15,000원

십자가 복음과 교회의 승리

타 작 기 3

2014년 3월 25일 출간 타작기3 가격 20,000원

목 차

제 1장 말세지말에 필요한 요한의 복음
제 2장 사탄 기독교의 진앙지 알렉산드리아 학파
제 3장 바리새파 유대인의 정체와 로마 카톨릭
제 4장 기독교 사상가들의 허와 실
제 5장 종교개혁과 장미십자단
제 6장 기독교 이단
제 7장 기독교 이단 신학, 교리와 사상가들
제 8장 성경 번역의 역사
제 9장 순교 역사로 기록된 2000년 기독교회사

2014년 3월 25일 출간 타작기3 가격 20,000원

마지막 시대 복음

배도자지옥(背道者 地獄) 순교자천국(殉教者 天國)

출간 2015년 2월 25일 "배도자지옥 순교자천국" 가격 15,000원

목 차

1부 배도자 지옥(背道者 地獄)

제 1장 배도(背道)란 무엇입니까?

1. 배도(背道)의 정의(定義)
2. 배도(背道)의 목적(目的)
3. 배도(背道)의 주체(主體)
4. 배도(背道)의 시기(時期)
5. 배도(背道)의 장소(場所)
6. 배도(背道)의 방법(方法)
7. 배도(背道)의 범위(範圍)
8. 배도(背道)의 신앙(信仰)
9. 배도(背道)의 신학(神學)
10. 배도(背道)의 결과(結果)

제 2장 배도자의 신앙(背道者 信仰)

제 3장 배도자의 신학(背道者 神學)

제 4장 배도자의 비밀 함정(背道者 祕密 陷穽)

2부 순교자 천국(殉教者 天國)

제 1장 순교(殉教)란 무엇입니까?

1. 순교(殉教)의 정의(定義)
2. 순교(殉教)의 목적(目的)
3. 순교(殉教)의 주체(主體)
4. 순교(殉教)의 시기(時期)
5. 순교(殉教)의 이유(理由)
6. 순교(殉教)의 범위(範圍)
7. 순교(殉教)의 방법(方法)
8. 순교(殉教)의 대상(對象)
9. 순교(殉教)의 신앙(信仰)
10. 순교(殉教)의 능력(能力)

3부 결론 : 순교자 신앙고백(殉教者 信仰告白)

출간 2015년 2월 25일 "배도자지옥 순교자천국" 가격 15,000원

성경중심 구속사 중심 복음중심

교회와 요한계시록

출간 2016년 2월 25일 "교회와 요한계시록" 가격 20,000원

목 차

출간 2016년 2월 25일 "교회와 요한계시록" 가격 20,000원

성경중심 구속사 중심 복음중심

교회와 요한계시록 설교집

출간 2016년 2월 25일 "교회와 요한계시록 설교집" 가격 20,000원

목 차

제 3편 요한계시록 2-3장
제 4편 요한계시록 4장
제 5편 교회는 환난전에 모두 휴거합니까?
제 6편 요한계시록 5장
제 7편 일곱 인봉한 책과 요한계시록
제 8편 일곱 인봉한 책과 과학의 바벨탑 심판
제 9편 그리스도의 제사장 교회
제 10편 요한계시록에 나타난 교회의 다른 이름들
제 11편 요한계시록 6장
제 12편 7년 대환난과 다니엘의 70이레
제 13편 요한계시록 7장
제 14편 요한계시록 144,000명의 정체
제 15편 요한계시록 8-9장
제 16편 요한계시록 10-11장
제 17편 구약의 이스라엘과 신약의 교회는 같은가? 다른가?
제 18편 요한계시록 12장
제 19편 적그리스도의 나라인 열 뿔 짐승의 정체
제 20편 새끼 양 같은 두 번째 짐승의 정체
제 21편 일곱 머리 열 뿔인 유엔 탄생의 비밀
제 22편 2차 세계대전과 미국과 소련을 중심으로 태어난 유엔
제 23편 니므롯의 후예들
제 24편 일루미나티 유엔 과업을 위해 준비된 한국전쟁
제 25편 예루살렘 회복운동은 배도 운동
제 26편 열 뿔 적그리스도의 나라
제 27편 666 짐승의 표와 이름, 그 수의 비밀
제 28편 짐승의 수를 세어 보라
제 29편 666시스템과 양자 컴퓨터 시대
제 30편 666 짐승의 이름과 복음
제 31편 환단고기와 666 우주론 시스템
제 32편 666은 신세계질서의 시스템

제 33편 요한계시록 14장
제 34편 666은 바벨론 태양신 3위1체 비밀
제 35편 요한계시록 15장
제 36편 요한계시록 16장
제 37편 요한계시록 17장
제 38편 바벨론 음녀의 정체
제 39편 역사적으로 나타난 적그리스도의 혈통
제 40편 일루미나티 세력들이 지배하고 있는 미국속에 감춰진 유엔
제 41편 유엔의 NGO 운동과 짐승의 나라
제 42편 요한계시록 18장
제 43편 요한계시록 19장
제 44편 요한계시록 20장
제 45편 첫째 부활에 참여한 자
제 46편 천년왕국
제 47편 천년왕국 그리스도의 심판대
제 48편 요한계시록 21장
제 49장 요한계시록 22장

출간 2016년 2월 25일 "교회와 요한계시록 설교집" 가격 20,000원

종교개혁 500주년 기념 평가책

역사적 기독교 성경적 기독교

출간 2017년 3월 20일 "역사적 기독교 성경적 기독교" 672P 가격 30,000원

목 차

제 1장 역사적 기독교와 성경적 기독교는 어떻게 다른가?
제 2장 종교개혁 500주년 기념 평가와 재세례파 공동체 교회들
제 3장 성경적 기독교
제 1권 복음
제 2권 구원의 확신
제 3권 그리스도인으로 자라남

제 4권 교회
제 5권 열매 맺는 삶
제 6권 그리스도인의 생활
제 7권 제자로서의 성장
제 8권 성숙한 제자
제 9권 세계선교
제 10권 재림과 종말

출간 2017년 3월 20일 "역사적 기독교 성경적 기독교" 672P 가격 30,000원

성경적 신학적 과학적 **천년왕국**

2019년 2월 25일 출간 값 13,000원

제 1부 성경적 천년왕국
  1장 하나님의 섭리와 천년왕국
  2장 구약에서 말한 천년왕국
    1. 이사야가 기록한 천년왕국
      1) 이사야의 역사적 중요성과 우주적이고 종말론적인 예언의 목적
      2) 이사야와 다니엘에 기록된 하나님의 특별한 섭리, 70년 포로생활과 70이레 비밀
      3) 이사야에 기록된 구속사와 천년왕국
  3장 신약에서 말한 천년왕국

제 2부 신학적 천년왕국
  1장 무천년주의 종말론과 천년왕국
  2장 신칼빈주의 문화대명령
  3장 칼 바르트와 신정통주의 윤리신학
  4장 신복음주의 사회복음신학
  5장 신사도주의 운동과 신세계질서 적그리스도의 나라

제 3부 과학적 천년왕국

1장 과학적 천년왕국이란 무슨 뜻입니까?
2장 현대과학이 밝힌 우주의 신비

제 4부 천년왕국에 대한 중요한 주제에 대한 질문과 답

1장 천년왕국이 이루어지기 전에 어떤 일들이 일어납니까?
2장 천년왕국의 비밀은 무엇입니까?
3장 천년왕국이 끝난 후 어떤 일들이 있습니까?

에필로그

참고도서

성경적 신학적 과학적 천년왕국 2019년 2월 25일 출간 값 13,000원

과학적 공산주의 혁명과 통제사회 시스템

제 4차 산업혁명과 신세계질서

출간 2019년 2월 25일 값 13,000원

제 1부 제 4차 산업혁명과 과학적 공산주의 혁명

제 2부 일곱 머리 열 뿔, 세상 임금과 비밀 결사

1장 성경에서 말하고 있는 세상
2장 일곱 머리 열 뿔인 붉은 용의 정체
3장 일곱 머리 열 뿔인 붉은 용이 다스리는 나라들
4장 일곱 머리 열 뿔인 붉은 용이 다스리는 나라의 종교
5장 세계를 움직이는 비밀결사와 일곱 머리 열 뿔
6장 하나님의 통치 방법과 비밀결사
7장 세계를 지배하고 있는 비밀 결사들

1. 장미십자단
2. 프리메이슨
3. 일루미나티
4. 유대 카발라

제 3부 적그리스도의 배도의 나라

1장 적그리스도 배도의 나라와 공산주의

출간 2019년 2월 25일 값 13,000원

하나님의 비밀인 예수 그리스도와

영광스런 교회

출간 2020년 2월 25일 값 30,000원

목 차

4) 사유제산 제도 파괴
5) 상속세 제도 파괴
6) 애국주의 제도 파괴
7) 세계정부 수립
3. 장미 십자회 신세계질서 10계명
1계명 인구감축 5억
2계명 인간복제
3계명 언어통합
4계명 공산주의 통제사회 확립
5계명 국제 사법 재판소를 통한 통치
6계명 열 권역 분권제도로 한 정부
7계명 과학적 획일주의로 자동화 통치
8계명 전체주의 확립
9계명 뉴 에이지 종교
10계명 자연주의 숭배 종교
에필로그

2020년 2월 25일 출간 값 30,000원

세계제자훈련원 제자훈련 10단계 교재

출판 1988년 각 권당 1,200원

1권 복음

1과 성경이 왜 하나님의 말씀인가?
2과 하나님의 뜻과 중생
3과 복음이란 무엇인가?
4과 예수 그리스도의 보혈의 능력
5과 예수 그리스도의 십자가의 능력

2권 구원의 확신

1과 왜 구원의 확신을 갖는 것이 중요한가?

2과 구원의 확신 점검
3과 신앙고백과 간증하는 법
4과 성 삼위 하나님 안에서 확신
5과 세례와 성찬

3권 그리스도인으로 자라남

1과 왜 그리스도인은 자라나야 하는가?
2과 말씀의 중요성과 우선순위(Q.T)
3과 기도하는 법
4과 성도의 교제와 교회의 비밀
5과 순종의 축복

4권 교회

1과 교회란 무엇입니까?
2과 교회의 본질과 비밀
3과 교회안에 있는 은사
4과 교회안에 있는 직분
5과 교회의 목적

5권 열매맺는 삶

1과 성도의 삶의 목적은 무엇인가?
2과 전도
3과 양육
4과 헌금
5과 예배

6권 그리스도인의 생활

1과 그리스도인의 개인생활
2과 그리스도인의 가정생활
3과 그리스도인의 교회생활
4과 그리스도인의 사회생활
5과 그리스도인의 국가생활
6과 그리스도인의 세계생활

7권 제자로서의 성장

1과 제자란 누구인가?

2과 제자의 도와 비전

3과 훈련의 중요성

4과 헌신과 하나님의 뜻 발견

5과 십자가의 도(종의 도)

8권 성숙한 제자

1과 성숙한 제자란 어떤 사람인가?

2과 성숙한 제자와 상담

3과 성숙한 제자와 성경공부인도

4과 성숙한 제자와 절대주권(로드쉽)

5과 성숙한 제자와 영적 전투

9권 세계선교

1과 세계선교란 무엇인가?

2과 한국교회의 사명

3과 한국교회와 이단종교

4과 각종 비전과 사역의 다양성

5과 세계선교전략

10권 재림

1과 재림의 징조

2과 이스라엘과 정치적 종말

3과 군사적 과학적 종말

4과 종교적 경제적 종말

5과 재림의 신앙

1988년 출간 각 권당 1,200원

지도자 지침서 12,000원

새신자 제자훈련 교재

1998년 출간 값 2,000원

세례자 제자훈련 교재
1998년 출간 값 3,000원
교사 제자훈련 교재
1998년 출간 값 3,000원
구역장 제자훈련 교재
1998년 출간 값 3,000원
제직 제자 훈련 교재
1998년 출간 값 3,000원
요한계시록 성경공부 책
2019년 3월 25일 출간 값 13,000원

지은이

백석신학대학
백석신학대학원
총신대선교대학원
연세대연합신학대학원
미국Faith신학대학원
미국California신학대학원
전 필리핀 선교사
현 백석교단 강남교회 담임목사

총판 : 생명의 말씀사

ID 2020
마지막 구원 열차

초 판 2021. 2. 25.
지은이 이형조
펴낸곳 도서출판 세계제자훈련원
06261 서울시 강남구 도곡로22길 5
(강남구 도곡동 544-13)
전화 : (02) 562-5634 H.P : 010-4434-7188
E-mail ehj1953@Kakao.com
등록 제16-1582 (1988. 6. 8)

온라인 번호 062-01-0126-685 국민은행 이형조
정가 10,000원
ISBN 978-89-87772-27-1